카파창작 솔루션,
오씨캠프

카피창작 솔루션,
오씨캠프

2021년 8월 20일 초판 인쇄
2021년 8월 25일 초판 발행

지은이 오창일 | **펴낸이** 이찬규 | **펴낸곳** 북코리아
등록번호 제03-01240호 | **전화** 02-704-7840 | **팩스** 02-704-7848
이메일 sunhaksa@korea.com | **홈페이지** www.북코리아.kr
주소 13209 경기도 성남시 중원구 사기막골로 45번길 14 우림2차 A동 1007호
ISBN 978-89-6324-795-3 (93320)

값 20,000원

* 이 연구(책)는 서울예술대학교의 2020학년도 연구과제로, 제작비의 일부를 지원받았습니다.

Communication

Copy

Creative

카피창작 솔루션,
오씨캠프

Creative Copywriting Solution,
5C CAMP

오창일 지음

Concept

Customer

북코
리아

서문

"아마추어(Amateur)는 '꿈'만 생각하지만, 프로(Professional)는 '땀'을 생각한다."
"아마추어는 '학생'을 끝내고 살지만, 프로는 '학생'으로 살면서 끝낸다."
"아마추어는 광고주의 의뢰 후 '기획'하지만, 프로는 광고주의 의뢰 전 '제안'한다."

지금은 4차 산업혁명 시대라고 한다. 이 용어는 2016년 6월 스위스에서 열린 다보스 포럼(Davos Forum)의 의장이었던 클라우스 슈밥(Klaus Schwab)이 처음으로 사용하면서 이슈화됐고 세계적인 화두가 됐다. 당시 슈밥 의장은 "이전의 1, 2, 3차 산업혁명이 전 세계적 환경을 혁명적으로 바꿔놓은 것처럼 4차 산업혁명이 전 세계 질서를 새롭게 만드는 동인이 될 것"이라고 밝힌 바 있다. 4차 산업혁명은 디지털 트랜스포메이션으로 대전환되는 시기이며, 정보통신기술(ICT)의 융합으로 이뤄지는 차세대 산업혁명으로, '초연결', '초지능', '초융합'으로 대표된다. 특히 인공지능(AI), 빅데이터, 사물인터넷(IoT), 로봇기술, 자율주행차, 가상현실(VR), 드론 등이 주도하는 차세대 산업혁명을 말한다.

이런 디지털 트랜스포메이션 시대에 세상사 모든 것이 혁신되며 인류의 사고방식과 행동양식은 물론 의사결정 방법도 모두 변혁되고 있다. 시대도 바뀌고 사회도 바뀌며 소비자도 바뀌는 퀀텀 점프(Quantum Jump) 시대라 광고 크리에이티브(카피)도 **디지털 마켓 센싱**(Market Sensing)을 가지지 않으면 경쟁력은 물론이고 생존할 수가 없게 됐다. 나아가서 시대의 첨병으로서 세상에 필요한 생활정보와 라이프 스타일을 제안해야 하는 광고 크리에이티브가 선도적으로 대응해야 할 방법론이 필요하다고 본다.

시장(Market)에서 요구하는 수준은 '하이 콘셉트(High Concept)'에 '솔루션(Solution)'이다. 이에 광고 크리에이터는 창의성이라는 무기로 '기회'를 잡을 수 있다고 생각한다. 기존의 광고 크리에이터에 대한 개념을 확산하고 창의력의 영역을 확장한다면 가능하기 때문이다. 실제로 프랑스의 칸 국제 광고제의 명칭도

2011년부터 '국제 창의성 축제(International Festival of Creativity)'로 바꿔 사용하고 있다. 이는 광고(Advertising)의 핵심이 창의성(Creativity)으로 확장됐음을 국제광고업계가 선견지명으로 인정했다는 것이고, '선행적으로' 혁신하고 있음을 반영했기 때문이다. 그러므로 4차 산업혁명 시대의 광고 크리에이터에게 새로운 혁신이 이제 필수불가결하다고 본다. 더구나 코로나19의 팬데믹으로 '블랙 스완'의 등장 같은 예측 불가능성이 높아졌고, 언택트(Untact) 시대엔 정보의 전염병(Infodemic)이 창궐할 수가 있기에 미디어 리터러시(Media Literacy) 차원에서 '메시지 검역활동'이 중요해지리라 생각한다.

광고 크리에이터는 크리에이티브 비전 설계자(Vision Architect)

첫째, 광고 크리에이터는 누구인가를 생각해봐야 한다. 광고소비자인가 광고생산자인가를 따져봐야 한다. 기존의 광고 크리에이티브(카피) 이론서들은 광고소비자로서 좋아하는 광고 크리에이티브 카피를 골라서 인상비평하는 수준이었다. 광고는 예술품이 아니고 갤러리에서 감상하는 순수예술이 아니다. 시장 통에서 지하철에서 인터넷에서 수시로 등장하고 사라지는 신출귀몰한 홍길동으로 봐야 한다. 물론 잘 만든 광고를 많이 보면 그만큼 창작능력도 생길 수 있다고 봐서 그렇게 교실에서 공부하고 있었을 뿐이다. 이제는 바뀌어야 한다. '후행적인 소비자 관점'에서 '선행적인 생산자 관점'으로 전환이 필요하다. 이를 확장하면 세상사에 모두 적용할 수 있는 패러다임이라고 하겠다. 우리는 광고소비자가 아니라 '광고생산자'이다.

둘째, 다 외울 수도 없는 광고이론만 나열하거나, 마음에 와닿지도 않는 외국 사례만 나열한 교재로는 크리에이티브(카피)를 단 한 줄도 쓸 수 없다. 주례사 비평 같은 광고평론으로 광고천재 흉내 내면 광고창작의 광장에 한 발짝도 들어갈 수 없다. 또한 반짝하는 아이디어로 한 건 처리했다는 데 안주한다면 '지속 가능성'이 없다.

셋째, 광고 크리에이티브(카피)는 '크리에이티브' 해야만 하기에 창작의 기본 속성을 잘 알고 있어야 한다. 다만 이론만 나열하는 게 아니라 구체적인 작품을 보면서 창작 노하우를 찾아내고 발상할 수 있는 역량을 키울 수 있어야 한다. 특히 예술대학교에서 광고창작을 가르쳐야 한다는 당위성을 말할 수 있어야 한다.

광고는 이제 마케팅의 수단을 넘어 창의성의 신세계를 열고 있다. '광고를 넘어(Beyond Advertising)' 다음 세계를 설계하고 있다. 이른바 'What is Next'이다.

넷째, 광고 크리에이티브(카피)는 '비즈니스 라이팅'이다. 순수창작물을 만드는 작업이 아니다. 수익창출을 유도하고 마케팅에 기여하면서도 브랜드의 자산을 형성할 수 있는 기본 메시지를 만들어야 한다. 비주얼 영상시대라고 하더라도 그 심층구조에 있는 '개념(Concept)'을 텍스트로 바꿀 수 있는 기술을 가지고 있어야 한다. 하나의 적확한 의미를 전달하기 위해서 수사학을 동원하고 소비자 심리를 꿰뚫는 혜안을 가지고 있어야 한다.

다섯째, 광고 크리에이티브(카피)는 세상과 소통하면서 인간과 세상의 연결고리가 돼야 한다. 브랜드 하나 기업 하나의 문제를 해결하는 게 아니라 인류의 고민을 해결하고 생태계의 중요성을 담보할 수 있는 '사고의 확장'을 말하고 있어야 한다. 그런 교육과 학습이 이루어져야 광고카피의 중요성은 물론 광고 크리에이터의 존재감이 커질 수 있을 것이다.

여섯째, 미디어의 활성화와 다매체 시대에 매체 자체의 무한경쟁이 일어나고 있고, 그 콘텐츠의 하나로 광고 크리에이티브가 '생존전략'을 구사해야 한다. 그 기본(Backbone)이 광고 크리에이티브(카피)이기에 카피라이터는 무엇을 학습해야 하고 어떤 경쟁력을 길러야 하는지 알아야 한다. 창작방법론을 선행적으로 바꾸는 변화가 필요하다. 엔터테인먼트와 경험을 발굴하는 원천이 돼야 한다.

일곱째, '영역파괴의 주동자'가 돼야 한다. 광고는 콘텐츠이고 나아가서 솔루션이 돼야 한다. 융합하고 연계·순환·통합하여 새로운 '창조적 파괴'의 본령을 보여줘야 한다. 새로운 경험과 미학을 창출하는 기획자가 돼야 한다. 광고카피는 상업적 글쓰기나 비즈니스 라이팅의 강점을 살릴 수 있어야 한다. 카피 하나가 사회문화의 연성화에 기여하고 유연한 사고를 전파하는 전도사가 돼야 한다. 카피는 하나의 의미생산체계로서 자리 잡아야 하고, 우리 경제사회·문화계에 '발상의 전환'이 중요함을 전파시킬 수 있어야 한다. 사후약방문이 아니고 사전처방전을 발행할 수 있어야 한다.

여덟째, '4차 산업혁명 시대의 핵심단어(Key Word)'를 제안할 수 있어야 한다. 시대의 반영이고 사회의 거울이며 '미래의 선체험'으로 인간이 무엇이며 어디로 가며 무엇을 해야 하는지를 고민한 결과를 메시지로 만들어내야 한다. 최근 코로나19(COVID-19)의 팬데믹(Pandemic) 현상에서 크리에이터(카피라이터)는 무엇을 할 수 있는지를 고민하고 구체적인 대안들을 생산할 수 있는 **크리에이티브 비전 설계**

자(Vision Architect)가 돼야 한다.

　　이런 접근법을 활용하여 대공황을 초래하고 있는 전염병(COVID-19)의 위기에서 탈출하여 새로운 패러다임을 제안하는 기회까지 만들 수 있어야 한다. 홍보도 좋고 스핀오프도 좋고 사회 캠페인도 좋다. 길게 보면 기계와 인공지능(AI)에 밀려 잉여인간이 양산되는 시대를 대비해야 한다. 특히 인간의 의식혁명사는 코로나19 전후로 분리될 전망이다. 이에 커뮤니케이션 업계와 학계에서도 패러다임을 전환하여 언택트(Untact) 시대의 라이팅에 대한 성찰과 혁신이 필요한 시점이다.

　　이런 급격한 환경변화와 예측 불가능성으로 미래세계에서 광고와 크리에이티브(카피)의 개념과 방법론을 '생산자의 관점'에서 고민하고 논의하는 지침서가 필요하다고 본다. 다양한 관점에서 다양한 크리에이터(카피라이터)를 만나서 방향성을 타진하고 가능성을 정리할 수 있는 기회를 만들어야 한다. '광고의 확장'을 통해 크리에이티브의 심화를 이끌어내고, '사회가치의 공유'를 유도하는 혁신을 실행해야 할 것이다. 이 연구의 의미는 기존의 상투적인 크리에이티브 가이드라인이 아니라, 혁신적인 역발상과 '선행적인 발상법'의 '구체적인 대안'을 제시하고 '크리에이티브 카피라이팅의 솔루션'을 제안하는 데 목표를 두고 있다는 것이다.

　　그동안의 국내·외 연구동향과 광고업계에 알려진 광고카피 책은 대부분 광고이론과 카피이론을 소개하고, 최신 광고 CM 사례를 통해 배우는 크리에이티브(카피라이팅) 방법을 안내하는 수준이다. 일부 수사학을 연계하면서 실습을 시켜보는 사례를 담고 있다. 이런 기존 연구의 한계점은 광고 크리에이티브(카피라이팅)를 발상하는 데 '후행성'을 갖고 있다. 기존 광고카피가 우수하다는 것을 알아차릴 수 있는 정도이기 때문이다. 어떤 광고작품이나 크리에이티브(카피라이팅)가 탁월하다는 평가는 그리 어렵지 않게 쓸 수 있다는 것이다. 다만 어려운 것은 그런 카피가 어떤 '사고과정'을 거쳐서 나왔으며, 어떤 **통찰력**'을 통해서 만들어졌는가는 하는 원초적인 생산자 관점의 '선행성'이 부족하다는 것이다.

　　예를 들면 기존의 연구는 이런 식이다. 크리에이티브(카피라이팅)의 무수한 이론을 모두 안다고 카피를 잘 쓸 수 있는 것은 아니다. 그렇다고 무작정 광고회사는 신입사원이 카피를 잘 쓸 수 있을 때까지 기다려주지 않는다고 말한다. 그리고 나서는 소비자의 마음을 잡아끄는 카피라이팅 원리와 공식을 제공한다. 결국 학생이나 일반 생활자가 생활 속에서 창의적인 해법을 강구하고자 할 때 필요한 방법론을 제시하지 못하고 있다. 이론 부분에서는 특히 저자들이 오랫동안 카피라이터로 일하면서 얻은 개인적인 크리에이티브 카피발상(Thinking) 원칙, 카피라이팅(Copywriting) 원칙을 소개하고 있다. 50년도 넘은 미국 중심의 고전적인 세일즈 프로모션 시대의 판촉 카피라이팅을 보여주고 있다. 이어 크리에이티브(카피라이팅) 과정을 설명하고 카피라이팅 기법을 4~6가지 방법의 원리로 설명했다. 말하자면 '해가 뜨고 난 뒤에 우는 부엉이'처럼 후행성이라는 것이다. 신 상품이 기획되거나 출시되기 전에 '창조적인 솔루션'을 미리 제안하고, 카피라이팅으로 표현해내는 선행성에는 '역부족'이라는 생각이다.

후행성의 한계는 탈피, 선행성의 제안은 새로운 규범

이런 원리와 공식이 먹힐 것이라고 주장하는 것은 무책임하다고 할 수 있다. 창작의 다양성과 세렌디피티(Serendipity)를 소중히 하지 않는 도발이라고 생각한다. 인간의 지문처럼 개별적이고 복잡해진 소비자 심리를 단순화하여 보여주기에 현대적인 크리에이티브(카피라이팅)로 인정할 수가 없을 것이다. 비록 인간의 소비심리는 저변에 공통적인 구매행동 심리를 갖고 있다 하더라도 현대적인 감성과 욕망을 만족시키기에 한계가 있을 수밖에 없다. 리듬, 이미지, 비유, 강조의 수사학 원리를 터득하며 크리에이티브 카피라이팅을 할 수 있도록 한다고 주장하고 있지만 '역시 역부족'이다.

기존 연구는 이런 수사학을 동원하는 원초적인 능력과 실력을 함양하기 위해 무엇을 해야 하는지에 대한 고찰과 제안은 아주 미흡하다고 본다. 각 장별로 나오는 연습문제는 단순히 배운 과정의 복습이 아니라 창의적이고 핵심을 꿰뚫는 카피를 쓸 수 있는 기초를 다질 수 있도록 질문을 구성했다고 주장한다. 그러나 어려운 수학 문제를 직면했을 때처럼 막막하고 몇 가지 내면화된 방법론이 생각나지 않아 당혹스러울 때가 많다.

이런 현상은 '광고 크리에이티브(카피)'에 대한 기존 연구와 관점의 '후행성' 때문이라고 본다. 좋은 광고카피를 보고 나서, 비평가의 관점에서 공부하고 교육하기 때문이다. 광고창작은 그래서는 안 된다고 본다. 라이프 스타일을 제안하고 솔루션을 '생산자의 관점'에서 표현해야 하기 때문이다. 생산자의 관점에서 '선행성'에 대한 창작실습과 사고방식을 경험하도록 대혁신이 일어나야 할 시점이다. 지금은 4차 산업혁명 시대이면서 팬데믹으로 불확실성의 시대이기 때문이다. 또한 카피라이팅에서 가장 중요한 가치는 독창성이다. 관행과 습관에 길들여져 있는 사람들의 주목과 관심을 끌기 위해서는 전혀 예측하지 못했던 새로운 것을 제시해야 하기 때문이다.

그러나 기존 연구는 광고가 독창적으로 느껴지게 하기 위해서는 아이러니하게도 꼭 지켜야 할 원칙들이 있다고 말한다. 원칙을 부수고 새로운 규범(New Normal)을 만들어야 하는데 크리에이티브의 당위성에 대한 고민이 미흡하다고 생각한다. 그럼에도 불구하고 카피라이팅은 독창성이라고 강조하면서 원칙은 준수하도록 강요하는 것은 모순어법이라고 할 수 있다. '광고는 유(有)에서 유(有)를 창조한다'고 하지만, 이는 '후행성'의 관점이다. '광고는 무(無)에서 유(有)를 창조한다'는 지향성을 가져야 한다. 독창성 추구는 어려운 작업이지만 그런 목표수준을 가질 때 도달할 수 있는 '고난도의 지적 게임'이며 '선행성'을 가지기 때문이다. 선행성은 지적 재산권을 갖는 특허로 비유될 수 있을 것이다.

이 책의 연구내용 및 모색방법은 기본적으로 광고 카피라이팅은 크리에이티브의 핵심으로서 작동하고 캠페인의 중심이라는 생각을 넘어 '선행성'의 강조다. 콘셉트를 바탕으로 아이디어나 견해가 자유롭게 커뮤니케이션하게 만들어주어야 한다는 것이다. 광고주(Client)와 소비자(Customer) 사이에 보이지 않는 '견제와 균형'의 상호작용이나 감시기능은 물론 소통의 장벽을 제거해 길을 터주는 것이 '카피라이팅의 선결요건'이다. '자립형 카피라이팅, 선행적 카피라이팅, 제안형 카피라이팅'의 삼위일체론이다. 이런 카피를 생산하기 위해서는 외부적인 요건도 중요하지만, 카피라이터 개인의 내부적인 요건이 더 중요하다고 할 수 있다. 카피라이터의 비상(飛上)활주로에는 '지식과 통찰력'을 함양하는 계류장이나 베이스캠프가 중요하다는 인식의 전환이 요구된다고 하겠다.

개인 창업가나 패션 디자이너들도 자신의 정체성을 확립하고 상품과 퍼포먼스로 대중의 공감을 얻기 위해서 지속적으로 사회를 연구하고 소비자를 연구하고 있다. 시대정신이 무엇인지를 고민하고 작품을 생산해야 한다고 한다.

이런 교육계와 창의기업의 '콘텍스트와 텍스트'를 바탕으로 할 때, 4차 산업혁명 시대 카피라이터의 임무로서 '5C'를 기반으로 하는 '오씨캠프(5C Camp)'는 필수라고 본다. 지식과 관점을 제시하고 필요한 이슈를 담아야 하며, 질문과 토론을 통해 차별성과 독창성을 육성할 수 있는 왕도를 제시하고 공유해야 할 시점이다. 그 기본 유전자로써 다양한 주제를 안내하고 집중분석하는 시간을 가져야 할 것이다. 그래서 먼저 유명 전·현직 CD나 카피라이터를 면담하며 창의성 발상경험과 카피라이팅 사례를 수집하고 타 예술영역의 창의적 카피 사례를 분석할 예정이다.

이른바 '골든 서클'의 방법론을 생각하며 구체적인 카피라이팅의 실천 가이드북으로서 혁신적인 창작방법론(New Normal)으로 활용되길 기대한다. 구체적인 5C는 창의적인 카피라이팅(Creative Copywriting)의 원천으로 서술하려고 한다. 5C CAMP의 5C는 5개의 C가 '연계·순환·통합 시스템'으로 작동한다는 생각이다. 이런 카피 개념과 발상과정을 학습해야 '선행형, 자립형, 제안형' 카피라이팅이 가능하다는 주장을 공론화하고자 한다. 특히 코로나19의 팬데믹 쇼크 이후의 사회문화·예술의 대전환시대를 반영한 크리에이티브(카피라이팅) 솔루션의 뉴노멀이고자 한다.

이 연구(책)는 크리에이티브(카피라이팅)을 하기 위해서는 선행적으로 '과연 무엇을 알아야 하고, 어떻게 생각하고, 왜 공부해야 할 것인가'를 설명할 수 있을 것이다. 결론은 개인 카피라이팅을 위한 생각의 산책로에서 읽어 보면 예술적 창의성을 높일 수 있는 축지법이고 싶다. 시대정신을 반영하면서 새로운 이슈를 제안하는 비즈니스 라이팅의 창작방법론을 알려주는 가이드 북이 되고자 한다.

이 책의 기대효과 및 활용방안은 다음과 같다. 기존 연구에 비판적으로 접근하여, 크리에이티브 카피라이팅의 공론장에서 새 규범으로 논의되길 바라며, 다음과 같이 활용할 수 있고 그 효과를 지향하고 있다. 카피라이팅의 생산 3단계(프리 프로덕션, 프로덕션, 포스트 프로덕션)에서 프리 프로덕션 단계에 집중하면서 기획 부문과 협업하여, 기존의 관행인 포스트 카피라이팅의 후행성을 극복하고자 한다. 광고주(Client)와 사회의 모든 문제를 해결하기 위해서는 사전 기획과 콘셉트 추출 및 키워드의 생산이라는 '광고화(Advertising Translation)'와 '창의적 솔루션(Creative Solution)'이라는 창조과정을 거쳐야 하기 때문이다. '무엇을 말할 것인가'와 '어떻게 말할 것인가'라는 '카피 발(發), 비주얼 착(着) 사고'를 바탕으로 해야 한다는 것이다.

'선행형, 자립형, 제안형' 카피창작으로 혁신적인 방법론(New Normal)을

첫째, 카피라이팅의 기본은 박학다식한 지식이다. 카피라이팅에서 필요한 경험과 지식을 일목요연하게 정리하고 영역지식(Domain Knowledge)의 저장고에 쌓아

놓았을 때 비로소 아이디어 발상의 도약대를 만든 효과가 있다. 급변하는 세상의 드러난 지식과 숨어있는 지식을 나열해 보고 창발적으로 생각하는 질료를 알 수 있을 것이다.

둘째, 카피라이팅에서 해결할 필요가 있는 세상 문제를 파악하고 해결책을 도출하는데 촉매가 되길 바란다. 세상은 준비된 **프로페셔널 카피라이터**를 기다리고 있다. 프로는 자신을 내세우지 않고 능력을 앞세운다. 프로의 자질과 요건으로 제시하고 싶다.

셋째, 카피라이팅론이나 크리에이티브 분석론의 강의에서 선수과목이나 참고도서로 추천한다면 학생들의 능력계발에도 도움을 줄 것이다. 나아가서 일반 교양인을 위한 '비즈니스 글쓰기(Business Writing)'로 추천받을 수 있으면 효과적이라고 생각한다.

넷째, 카피라이팅 관점과 작법에 대한 과정에 대한 지식과 시각 및 창의성을 함양한다면 취업전선에서도 유리한 고지를 차지할 것이다. 다양한 질문과 면접의 검증단계에서도 당황하지 않고 자신의 역량을 발휘하는 데 도움을 줄 것이다.

다섯째, 5W1H가 있다. 사건을 완전히 파악하기 위한 기사 작성의 요건으로 알려져 있다. 이 요건은 'why, what, how'의 문제와 'who, when, where'의 문제로 나눌 수 있다. 그러나 'who, when, where'의 문제는 개인이 통제하기에 한계가 있다. 결국 'why, what, how'의 문제다. 개인이 상대적으로 잘 통제할 수 있는 부문이다. 개인이 콘셉트를 생각하고 주제(Issue)를 선정하고 카피라이팅의 방법을 찾아내는 작업이기 때문이다.

2021년 5월
서울예술대학교 안산캠퍼스에서
오창일

카피창작 솔루션, 오세캠프

차례

3장
트렌드
68

4장
광고화
87

카피창작 솔루션, 오씨캠프

10장
'카피 발(發) 비주얼 착(着)'(발상과 표현)
200

11장
'카피 발(發) 비주얼 착(着)'(발상과 표현)
217

12장
광고회사의 광고
235

카피창작 솔루션, 오세캠프

1장
카피, 카피라이터,
카피창작의 환경

"아마추어는 '해결할 문제'가 많지만, 프로는 '해결한 문제'가 많다."
"아마추어는 '베스트셀러'를 노리지만, 프로는 '스테디셀러'를 즐긴다."
"아마추어는 '전공자'임을 자랑하지만, 프로는 '전문가'임을 자랑한다."

우리는 하루에 몇 개 정도의 광고에 노출될까? 일반 소비자들은 하루에 평균 2천 개 내외의 광고에 노출된다고 한다. 말하자면 하나의 광고는 소비자의 시선을 잡기 위해서는 2천 대 1의 경쟁률을 뚫고 살아남은 것이라고 할 수 있다. 광고 만들기가 얼마나 어려운지 알 수 있고, 그만큼 광고 크리에이티브가 중요하다는 것을 알 수 있다. 그렇다면 광고를 기획한다고 하는 것은 크리에이티브의 파워와 카피의 파워를 제고하는 것이다. 소비자에게 기억되려면 어떻게 해야 할까? 먼저 광고 크리에이티브와 카피에 대한 이야기를 포괄적으로 해볼까 한다.

머릿속에 침대 광고를 떠올려보라고 하면 아마도 에이스 침대 광고가 상기될 것이다. 30년 이상 에이스 침대 광고를 봐왔고 '침대는 가구가 아닙니다, 과학입니다'라는 카피가 강해서 그럴 것이다. 특별히 기억나는 그림이나 상황은 없다. 그에 비하면 2010년대에 나온 시몬스 침대 광고는 색다른 공간연출과 고급스러운 색감으로 TVCM을 보여주었지만 소비자의 기억 속에 확실히 자리 잡고 있지는 못하다. 시몬스 침대 광고의 카피는 '흔들리지 않는 편안함'이었는데 연간 캠페인으로 2020년에는 새로운 카피를 사용했기 때문이기도 하다. 아무리 카피가 인상적이고 차별화돼 있다고 하더라도 광고 카피의 '지속성'이나 '누적효과' 측면에서 성과를 얻지 못하면 광고 영향력은 줄어든다고 생각한다.

시몬스 광고는 다른 침대 광고와의 차별화 전략을 잘 구사했다. 첫째, 제품이 등장하지 않는다. 광고의 주인공인 상품이 나오지 않는다. 그냥 '편안함'이 연상되도록 한 것이다. 소비자가 침대를 사용해서 얻게 되는 혜택(Benefit)을 연상하도록 만든 것이다. 둘째, 시몬스 침대는 브랜드 인지도가 약하다. 그래서 광고목표를 브랜드 인지도 제고에 두었기에 브랜드만 강조하는 표현을 쓴 것이다. 셋째, 스토리텔링 같은 극적인 이야기가 없다. 15초 CM이기에 브랜드 연상효과만 부각시키는 전략이었다. 넷째, 화면 전개를 단순화시키고 여백을 잘 살려 편안한 화이트 톤의 색감을 잘 활용했다. 그러니까 시몬스 침대 광고는 카피 메시지를 전달하는 것보다는 150년 전통의 매트리스가 주는 '편안함'이라는 혜택을 더 중시한 것 같다. 물론 카피도 상품 차별화를 해주는 '흔들리지 않음'이란 스프링 효과와 침대의 핵심가치를 전달하려고 감성적인 '편안함'에 방점을 찍었다고 본다. 시몬스 침대는 경쟁 브랜드와의 메시지 차별전략과 표현의 간결성으로 좋은 표현전략을 구사했다고 판단한다. 특히 시몬스 침대 TVCM의 차별점은 BGM이 중요한 역할을 하고 있다. '저 노래가 뭐지', '가사가 뭐지' 하고 전술적으로 호기심을 유발시킨 BGM 선곡이다. 침대라는 상품분류(Category)나 시몬스라는 브랜드와 연결이 잘 되는 거 같다.

그럼에도 불구하고 에이스 침대는 소비자가 잘 기억하고 있지만, 시몬스 침대는 잘 기억하지 못한다. 이런 인지도 격차를 광고 노출 시간 30년과 10년의 대비나 '노출빈도의 차이'로만 평가할 수 있을까?

라면 광고를 떠올려보라면 신라면 광고가 먼저 생각날 것이다. '사나이 울리는 맛'이라는 카피(메시지)도 강했다고 본다. 광고 크리에이티브가 우수하더라도 30년 내외로 쌓아온 '메시지 누적효과'를 지나치면 안 된다는 사실이다. 도대체 광고에서 카피의 역할은 무엇인가? 카피의 발상은 어떻게 할까? 카피라이터는 얼마나 중요한가?

카피의 개념과 구성

카피(광고언어)란 광고의 본문과 광고에 쓰여 읽히는 요소 전부다. 즉 문자로 쓴 전체이면서, 광고를 구성하는 일체의 것이다. 인쇄광고의 카피라이터에게는 광고 비주얼과 시너지효과를 이뤄 핵심메시지를 전달하는 글이며, 전파광고 카피라이터에게는 문자나 말로 구성된 TVCM의 구성요소이다. 카피는 TVCM과 RCM과 인터넷 광고의 스크립트이며, 인쇄광고의 헤드라인, 바디카피, 슬로건, 캡션 등 문자로 쓰인 구성요소인 셈이다.

카피, 카피라이터, 카피창작의 환경

카피의 구성은 헤드라인, 오버헤드, 서브헤드, 리드카피, 바디카피, 슬로건, 캐치프레이즈, 캡션, 로고타입, 심볼마크 등이다.

인쇄광고 카피 구분

① 헤드라인(Headline)

헤드라인이란 아이디어에 맞게 크리에이티브 콘셉트를 비약시켜 표현하는 광고의 핵심메시지이다. 인쇄광고에서 헤드라인은 가장 큰 글씨체로 가장 잘 보이는 곳에 위치시키고, 광고 비중은 80%라고 할 정도로 중요하다. 전파광고의 헤드라인 역시 가장 강조하여 표현하는 것이 일반적이다. 헤드라인은 수용자의 주목 유발, 수용자의 선택, 전체 메시지 전달, 바디카피로 유인 같은 기능을 가진다. 헤드라인 하나만으로 메시지의 전달이 미흡한 경우 헤드라인 위에 오버헤드(Over Headline) 또는 헤드라인 아래에 서브헤드(Sub Headline)를 활용하여 헤드라인을 뒷받침하기도 한다. 헤드카피(Head Copy)라고도 말한다. 태그 헤드라인(Tag Headline)은 헤드라인을 보조하기 위해 붙이는 카피다.

② 리드카피(Lead Copy)

리드카피는 헤드라인에서 알리지 못한 정보를 전하기 위해서 작성한다. 보통 바디카피 칸의 위에 놓는다. 헤드카피에서 사로잡은 시선을 계속 이어가게 만들어야 한다. 소비자에게 혜택이 되는 메시지는 물론 행동을 촉구하는 내용이 많다.

③ 바디카피(Body Copy)

바디카피는 헤드라인을 읽고 난 독자에게 보다 구체적인 정보를 전달하기 위해 추가하는 광고메시지의 몸체 부분이다. 바디카피는 소비자의 구매욕구를 높이기 위해 흥미성, 통일성, 단순성, 강조성, 설득성 등의 요소가 조화를 이루어야 한다.

④ 슬로건(Slogan)

슬로건은 제품의 혜택이나 기업의 철학 등을 짧고 기억하기 쉬운 언어로 표현하여 장기간 반복적으로 사용하는 문구이다. 보통 단어의 운율을 맞추고 대구

형식을 취한다. 'I.SEOUL.U'가 대표적이다.

⑤ 캐치프레이즈(Catch Phrase)

캐치프레이즈는 슬로건에 비해 단기간 사용되는 목적으로 창작되며, 소비자의 구체적인 구매행위를 촉구하는 문구이다. 동사형 단어를 많이 쓴다. 제품 캐치프레이즈는 물론 광고 캠페인 캐치프레이즈, 선거 캐치프레이즈 등으로 활용한다. 'I love New York'이 대표적이다.

⑥ 캡션(Caption)

캡션은 광고에 제시된 상품, 일러스트레이션, 쿠폰, 인물 등의 광고사진에 관한 내용을 설명하는 문구이다. 캡션은 바디카피와는 별도로 활용되며, 소비자가 사진에 대한 자의적 해석을 못 하게 하는 역할을 한다. 그래서 캡션은 의미고정 효과(Anchorage Effect)를 가진다. 광고에서 헤드라인이 80% 역할을 한다고 했을 때 캡션이 20%의 비중을 차지할 정도로 잘 읽힌다.

⑦ 로고타입(Logotype)과 심볼마크(Symbol Mark)

로고타입은 기업명이나 브랜드명(Brand Name)을 말하며 줄여서 로고라고도 한다. 심볼마크는 기업이나 브랜드의 의미나 가치를 상징하는 그래픽 표현을 말한다. 줄여서 심볼이라고도 한다. 브랜드(Brand)는 상품 이름은 물론 서체나 상징물을 포함해서 사용한다. BI(Brand Identity)나 CI(Corporate Identity) 제작을 통해 이미지 자산을 만드는 데 크게 기여한다.

⑧ 스펙(Specification)

캡션을 달리 달 때 쓰는 구체적인 상품의 특장점이다. (예: "갤럭시 s20의 화소는 1억 8백만 개"를 조그마하게 써줌)

⑨ 보더라인(Borderline)

신문 광고에서 양 사각 테두리를 말한다.

⑩ 블러브(Blurbs, Baloon)

말풍선을 말한다. (예: 올해도 푸르덴셜?)

● 신문광고의 규격

세로 15단(신문의 전체 크기를 세로로 15개 단으로 나눴다는 것)에 가로 12칼럼(신문 가로의 전체 37cm를 12개의 칼럼으로 나눴다는 뜻)으로 이루어져 있다. 신문광고를 할 때 광고비를 계산하는 것은 사이즈(면적)에 달려 있기 때문이다. 항상 인쇄광고는 '15단×37cm 전면광고'를 하는 게 아니고 '변형광고'가 많기 때문이다. 예를 들어 '9단×20cm'로 만들 수 있다. '1단×1cm'가 광고비 계산의 기본단위이다. 이 기본단위가 10만 원이면, 10×9×20=1,800만 원이 집행할 광고비다. 신문광고는 사이즈로, 전파광고는 시간으로 가격을 책정한다.

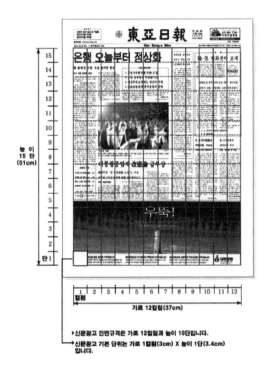

▶신문광고 전면규격은 가로 12컬럼x 높이 15단입니다.
▶신문광고 기본 단위는 가로 1컬럼(3cm) X 높이 1단(3.4cm)입니다.

● 인쇄광고의 종류

인쇄광고는 디지털 시대인 최근엔 많이 없어지는 경향이지만, 기본 정보를 상세히 담을 수 있어 자동차, 화장품, 홈쇼핑 채널, 고급아파트 분양, 기업홍보 등의 판촉물에서 많이 활용되고 있다.

- 브로슈어(Brochure): 가장 상위 개념. 기업 브로슈어(20p 이상). 가장 두껍고 화려하다.
- 카탈로그(Catalogue): A4로 10p 내외의 분량으로 상품 안내서에 주로 사용한다.
- 팸플릿(Pamphlet): B5 이하의 규격으로 4~8p로 구성한다. 표지와 속지가 같은 용지를 쓴다. 보험 안내 팸플릿에 많다. 북렛(Booklet)이라고도 한다.
- 리프렛(Leaflet): 접지 형식으로서 1~2p의 낱장으로 팸플릿보다 작은 페이지로 구성된다(묶음 철이 없음).
- 인서트(Insert): 가장 하위 개념으로 전단지로 낱장이 많다. 플라이어(Flyer)와 비슷하다. 속어로 '찌라시'라고도 말한다.

Q. 슬로건(Slogan)과 캐치프레이즈(Catch Phrase)의 차이는?

A. 슬로건은 대중의 행동을 조작(操作)하는 선전에 쓰이는 짧은 문구다. 본래 스코틀랜드에서 위급할 때 '집합신호'로 외치는 소리(Sluagh-Ghairm)를 슬로건이라고 한 데서 나온 말이다. 내용이 이해하기 쉽고 표현이 단순하며, 단정적(斷定的)이라는 점 등이 중요한 요소로 돼 있다. 대중의 태도가 동요적이고 미확정적일 때일수록 슬로건의 호소력은 크다. 주로 정치선동에서 유래했다.

캐치프레이즈는 타인의 주의를 끌기 위해 내세우는 기발한 문구다. 캐치프레이즈의 구비 요건으로는 내용의 핵심을 단적으로 표현할 것, 짧을 것, 눈에 띄기 쉬울 것, 인상적이고 강렬한 글귀일 것 등을 들 수 있다. 광고의 내용(카피)을 읽도록 유도하는 구실을 하며, 광고주·상품명을 쉽게 상기할 수 있어 일반 소비자들로부터 호감을 사고 있다.

캠페인 슬로건과 캐치프레이즈를 다르게 할 수 있다. 슬로건과 다르게 그 광고에 맞는 캐치프레이즈가 있을 수 있다. 슬로건은 캠페인을 지속적으로 2~3년 전개할 때 주로 사용한다. 캐치프레이즈는 단기적이고 슬로건은 장기적인 게 큰 차이다. 헤드라인 옆에 또 슬로건이 들어가면 캐치프레이즈라고 할 수 있다. 일본에선 슬로건을 캐치프레이즈라고 하는 사람들도 있다. 두 영어의 기능에서 뚜렷이 구별할 필요가 없을 정도 비슷하다. 표어(Motto)와 함께 사용된다.

전파광고 카피 구분

● **한화손해보험(백설공주) 편**

스토리보드(Storyboard)를 중심으로 동영상 광고의 주요 용어를 풀이한다.

'남자만 조심하면 되는 줄 알았지~'

등장인물이 말하는 카피로 어나운스멘트(Announcement)와 멘션(Mention)이 있다. 광고계 현장에선 멘트(Ment)라고 줄여서 말하기도 한다. 화면 밖에서 제3자가 이야기하는 말을 내레이션(narration)이라고 한다.

"마음 놓고 행복하세요."

카피의 크기는 메시지의 중요성을 강조하는 카피라이터의 의사표현이다.

- Ann(Announcement): 광고에 출현하는 모델이 하는 말이며, 멘션(Mention)이나 멘트(Ment)라고도 한다.
- NA(Narration): 화면 밖에서 제3자가 이야기하는 말이다.
- V.O(Voice Over): 화면에 인물이 나오는데 화면 밖에서 다른 목소리가 겹쳐 나온다.
- Catch Prase: 핵심 메시지를 지속적으로 쓰려고 할 때 쓰는 헤드카피 같

은 것이다.

- CM(Commercial Message) Song: 소비자들의 참여를 독려하는 커머셜 노래다. (예: 서울사이버 대학)
- S.E(Sound Effect): 사운드 효과이다.(달리는 말의 발굽 소리, 비바람 소리, 파도치는 소리, 바람 소리 등), 주로 폴리(Forley) 스튜디오에서 다양한 도구나 물질을 이용하여 인위적으로 만들어 쓴다. 폴리는 음향효과 예술가 잭 폴리(Jack Forley)의 이름을 딴 만들어진 소리라는 뜻이다. 원래 음은 그만큼 사실적으로 안 들리니까 기억요소가 되는 부분을 강조한다.
- Jingle: 브랜드를 알리는 간략한 멜로디이다. 브랜드 송(Brand Song)이다. 이름을 잘 기억시키기 위해 브랜드명(Brand Name)이 끝날 때나 로고 송 뒤에서 받쳐주는 음향효과이다. (예: 농심 새우깡)
- Sizzle: 음식의 식감을 자극하여 식욕을 돋구는 효과음이다. '아 맛있다' 하고 탄성이 나오게 하는 소리로서 음향효과(Sound Effect)의 하위 개념이라고 봐도 된다. ASMR같은 것으로 사용되기도 한다. 자연음이 아닌 효과음을 만드는 폴리 스튜디오에서 만들어 쓰는 것이다. (예: 펩시 병 따는 소리, 찌개 끓는 소리 등)
- VFX(Visual Effect): 비주얼 효과이다. (예: 사이다 거품, 늘어나는 치즈, 폭죽효과 등)
- Subtitle: 타이틀 보조, 서브 헤드카피와 같은 개념이다.
- 시선 잡기(Eye Catcher): 시선을 잡는 표현요소이다. 헤드라인이나 의외성이 있는 비주얼 같은 요소나 손글씨로 쓴 캘리그라피나 카피 내용 자체의 의외성이 있고 세련된 카피로 포괄적으로 시선을 잡는 요소를 모두 포함한다. 시선을 잡는 카피가 강력한 아이캐처 역할을 하며 섹스어필 같은 표현은 일반 소비자들이 광고에 주목하게 하지만 오래가지 못하고 브랜드를 연상시키지 못하는 한계를 보여주어 흡혈귀 그림(Vampire Video)이라고도 한다.

디지털 옥외광고로 DOOH(Digital Out Of Home)가 있다. 디지털 전광판이라고 말하며 뉴욕 맨해튼이나 서울 삼성역의 SM타운 사례가 유명하다.

- 디지털 사이니지(Digital Signage)란 디지털 기술을 활용해 디스플레이 스크

린이나 프로젝터에 영상이나 정보를 표시하는 광고매체로, 네트워크를 통해 원격 관리할 수 있다.

- 텔레비전, 컴퓨터, 휴대폰에 이어 제4의 스크린 미디어로 주목받는 디지털 사이니지는 광고 시장의 차세대 성장 동력으로 각광을 받고 있다. 서울 강남역의 '미디어 폴'에서 아파트 엘리베이터 안의 LCD 디스플레이, 키오스크에 이르기까지, 디지털 사이니지는 온라인을 통해 언제 어디에서든지 정보와 콘텐츠를 전달하고 있다.
- 기둥 디스플레이에서 광고 나오는 것, 삼성역 미디어 터널이 있다.
- 대형 미디어 광고판도 DOOH의 일종이라고 할 수 있음, 온라인 원격으로 송출 가능하다.
- Television, PC, Mobile + DOOH → 제4의 스크린 미디어다.
- 미디어 파사드는 건물에 미디어영상을 쏘는 형태로, 서울역 앞의 서울 스퀘어 빌딩이나 롯데월드타워 등에서 정기적으로 노출되고 있다.

방송광고 종류와 시간(광고총량제 실시)

● 광고총량제(2015년) 실시

방송광고의 광고총량제는 방송광고의 총 허용량을 제한하고 시간과 횟수 또는 방법 등에 관한 사항은 방송사 자율로 정하는 제도이다. 우리나라의 방송통신위원회는 지상파 방송과 유료방송을 대상으로 광고 형태 구분을 없애고, 각 방송사업자의 전체 광고 시간만 규제하는 광고총량제 도입을 2015년 허용했다. 개정 이전의 지상파 방송광고는 프로그램 광고 시간당 6분, 토막광고 회당 1분 30초(시간당 2회), 자막광고 회당 10초(시간당 4회), 시보광고 회당 10초(시간당 2회) 등으로 제한돼 있었다.

그러나 광고총량제 도입 이후, **지상파** 방송 광고 허용시간은 프로그램 시간당 100분의 15(시간당 9분) 이내, 최대 100분의 18(시간당 10분 48초) 범위다. SA 시간대에 광고시간이 늘어날 수 있어 광고수입이 늘어나는 효과가 있다. 한편, 유료방송은 프로그램 시간당 100분의 17(시간당 10분 12초) 이내, 최대 100분의 20(시간당 12분) 범위로 규정돼 있으며, 토막광고와 자막광고는 각각 시간당 2회에 회당 1분 40초, 시간당 6회에 회당 10초로 제한돼 있었다. 그러나 광고총량제 도입 후

토막 · 자막광고별 규제는 사라졌고 프로그램 편성시간당 평균 10분 12초, 최대 12분 이내에서 광고가 허용되었다(네이버).

● 방송광고 유형

- 프로그램 광고가 있다. 이는 프로그램의 스폰서로 참여하는 본 방송 전후에 방송되는 광고이다. TV에서 프로그램 방송시간의 1/10 사용하고, 15초 정도로 사용된다. (60분 방송 드라마라면 54분 드라마에, 6분 광고시간이다.)
- 토막 광고가 있다. 이는 프로그램과 프로그램 사이(Station Break)의 광고이다. 매시간 2회로 1분 30초 이내로 사용되고, 20~30초 정도 사용된다.
- 자막 광고(ID, 곧이어)가 있다. 이는 방송 순서 고지('곧이어' 프로그램 안내)의 역할과 방송국 명칭 고지(ID) 시 화면 하단에 방송되는 자막 형태의 광고이다. 10초 정도 사용된다.

유형	TV		RADIO		비고
	허용량	초수	허용량	초수	
프로그램 광고	프로그램의 10/100	15"	프로그램의 10/100	20"	프로그램의 스폰서로 참여하여 본 방송 전후에 방송되는 광고
토막 광고 (SB)	매 시간 2회 1분 30초 이내	20" 30"	매 시간 4회 1분 20초 매 시간 5분 이내	20"	프로그램과 프로그램 사이의 광고
자막 광고 (ID, 곧이어)	매 시간 4회 1회 10초, 화면 1/4 이내	10"	–	–	방송 순서 고지(곧이어), 방송국 명칭 고지(ID) 시 화면 하단에 방송되는 자막 형태의 광고
시보 광고	매 시간 2회 1일 10회 1회 10초 이내	10"	매 시간 2회 매회 10초 이내	10"	현재 시간 고지 시 함께 방송되는 광고
간접 광고	프로그램의 5/100 이내	–	–	–	방송 프로그램 안에서 상품을 소품으로 활용하여 그 상품을 노출시키는 형태의 광고(PPL)
가상 광고	프로그램의 5/100 이내	–	–	–	방송 프로그램에 컴퓨터 그래픽을 이용하여 만든 가상의 이미지를 삽입하는 형태의 광고

- 시보 광고가 있다. 현재 시간을 고지할 때 함께 방송되는 광고이다. 이는 우리나라에서 개발되어 다른 나라에서도 시행되고 있는 광고라고 할 수 있다. 이 또한 10초 정도 사용된다.
- 간접 광고가 있다. 이는 방송 프로그램 안에서 상품을 소품으로 활용하여 그 상품을 노출시키는 형태의 광고 PPL(Product Placement)을 의미한다.
- 가상 광고가 있다. 이는 방송 프로그램에 컴퓨터 그래픽을 이용하여 만든 가상(AR)의 이미지를 삽입하는 형태의 광고이다. 스포츠 경기의 중계방송 화면 중간에 등장하는 광고를 예로 들 수 있다.

카피(광고언어)에 대한 생각

사람이 마음과 몸으로 구성돼 있고, 보이지 않는 **속마음**과 보이는 **겉모습**으로 유기체를 작동시키고 있다. 속마음이 내용물이라면 겉모습은 내용물을 담는 형식(그릇)이라고 할 수 있다. 예술 장르는 주제의식과 표현방식으로 분석할 수 있다. 주제의식은 예술작품의 탄생배경이나 맥락을 알아야 잘 이해할 수 있다. 표현방식은 예술사에서 보듯 다양한 관점과 재료에 따라 다양한 기법을 보여주고 있다. 광고창작도 크리에이티브 사고과정에서 태어나기에 장르의 요건으로 분석하고 이해할 수 있다.

비유하면, 광고창작도 '무엇을 말할 것인가' 하는 주제의식과 '어떻게 말할 것인가' 하는 표현방식으로 나누어 생각할 수 있다. 인간의 주제의식은 뚜렷이 보이지는 않지만 속마음처럼 경험과 사색을 통해 축적된 가치관이라고 할 수 있다. 표현방식은 피부색이나 키나 목소리 등으로 다르게 나타난다. 사람에게 속마음과 겉몸(겉모습)이 있듯, 카피에도 속마음과 겉몸이 있다. 속마음은 전략이고 콘셉트이며, 마음은 표현이고 아이디어이다. 카피는 메시지로서 광고의 속마음과 겉몸을 모두 포함하는 광고 크리에이티브라고 생각해야 한다.

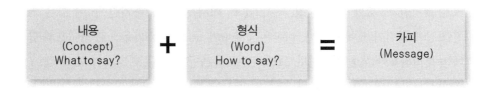

● **내용 측면**(Concept, What to say?)

오길비(D. Ogilvy, 1911-1999): 광고의 마케팅적 관점의 대표자로 알려져 있다. 광고는 판매촉진의 한 방법이며, 전략을 중심으로 구성된다. 과학적이고 이성적인 접근을 통해 구체화해야 한다고 주장했다.

'광고의 마케팅적 관점'

광고를 마케팅으로 본다는 것의 의미는 판매하는 것, 마케팅의 4P(프로덕트, 프라이스, 플레이스, 프로모션)의 하위개념이라는 것이다. 광고는 특히 **'프로모션의 하위개념'**이다. 프로모션은 판촉활동과 직접판매와 홍보(PR)와 광고가 혼합되어 집행되기에 마케팅의 관점은 광고보다 훨씬 넓다. 그런데 마케팅은 상품을 사주는 소비자의 관점에서 해결책을 찾아야 한다. 현대사회는 상품을 만들면 모두 팔리는 공급우위 시장이 아니고 소비우위 시장으로 바뀌었다. 제품 제조기술이나 상품가치가 비슷해졌기 때문이다. 그래서 소비자가 무엇을 사줄 것인가 하는 '소비자 관점'이 중요해졌다. 특히 디지털 시대에서는 소비주체가 '소비자 중심'으로 확실히 전환됐다. 소비자 심리를 따라잡지 않으면 상품은 살아남을 수가 없게 됐다. 한편 소비자는 소비주체로서 각종 환류(Feedback)와 댓글과 상품기획에 적극 참여(Engagement)하고 있다. 이제 소비자는 보통 소비자이면서도 상품 기획에 직간접적으로 영향력을 과시하며 **생산자로 활동**하고 있다.

특히 디지털 시대로 바뀜에 따라 이제 4P 개념은 4C로 바뀐다. 생산자 관점의 상품보다는 **소비자**(Consumer), 생산자가 정하는 가격보다는 소비자의 가처분 소득으로 구매할 수 있는지를 가늠하는 **비용**(Cost), 상품을 살 수 있는 유통점보다는 소비자의 **편의성**(Convenience), 광고주의 일방향적인 대중광고보다는 소비자 개개인에게 소구하는 **맞춤형 소통**(Communication)이 중요하다는 혁신적인 변화이다.

① '전략을 중심으로 구성된다'

한 번 하는 광고는 없다. 전략이 밑바탕에 있다. 전략이 중요하다. 광고의 목표가 무엇인가? 그에 따른 시장, 타깃, 경쟁, 매체, 예산, 노출기간 등 이 모든 게 전략 안에 들어가 있어야 한다. 예산은 적을수록 좋다. '최소비용으로 최대효과'를 내는 경제원칙이 적용돼야 한다. 그래서 전략을 수립할 때는 따져봐야 할 게 많다. '과학적이고 이성적이어야 한다.' 이후에 조사를 통해 트렌드를 파악해야 한다.

② 기획과 크리에이티브의 차이는 무엇인가? 서로 연결돼 있다. '로직에서 매직으로(from Logic to Magic)'이다.

전략은 이성적으로 크리에이티브는 감성적으로, 막연하게 하지 말고 구체화시켜야 한다.

③ 카피가 나왔을 때 단순한 재치나 말장난이 아니라 콘셉트를 통해 나온 거라는 걸 이해해야 한다.

어떻게 하면 말장난 할까가 아니라 그 브랜드를 조사하고 상품 콘셉트와 표현 콘셉트를 명확하게 도출해야 한다. 카피라이팅은 카피를 쓰는 것(Writing)이 아니라 찾는(Finding) 것이다. 소비자의 속마음이나 사회흐름 속에서 브랜드와 연결되는 소비자의 생활언어를 잡거나 낚아채는 것이다.

● **형식 측면(Idea, How to say?)**

번바크(W. B. Bernbach, 1911-1982): 광고의 커뮤니케이션적 관점의 대표자로 알려져 있다. 광고는 크리에이티브적 요소를 중심으로 정보제공과 설득을 강조하여 예술적이고 감성적인 표현을 강조해야 한다고 주장했다.

광고의 '커뮤니케이션적 관점'

어떻게 소통할 것인가? 소통을 잘하려면 소비자 입장이 돼야 한다. 소통은 쌍방향이다. 모르는 것보다 아는 걸 얘기해주는 게 더 좋다. 소비자의 관여도를 높이는 호기심을 높이고 학습돼 있는 걸 갖고 소통하면 효과적이다. 학습돼 있는 게 무엇이 있나를 찾아야 한다.

전체적인 걸 건드리면 안 된다. '정치, 종교, 섹스' 같은 것은 건드려서는 안 된다. 개인의 신념이라 차이가 심하고 취향의 문제이기도 하여 정답이 없어 논쟁이 생긴다. 일반적인 브랜드 광고는 가치중립성을 지켜야 한다.

뉴스, 트렌드 이런 것들은 학습이 되어있다. 광고쟁이가 트렌드를 배워야 하는 이유가 된다. 소비자와 커뮤니케이션을 잘하기 위해서는 학습된 것을 이야기하면 좋다. 트렌드를 가장 많이 학습하여 중요하다.

스키니 바지를 요즘엔 잘 안 입는다. 유행은 짧게는 6개월에서 1년 단위로, 3~4개월 단위로도 바뀌기 때문이다. 욜로족 많다. 욜로(YOLO) 하다가는 골로 간다. 일본 여행이나 태국 여행 가는 이유는 해외여행을 다녀오고 싶은 마음도 있다. 하지만 진짜 속마음은 유럽 가는 이유가 인스타그램에 맛기행 사진(인증샷)을 올리기 위해서라는 것임도 카피라이터가 알아채야 한다.

① '크리에이티브적 요소'

요소는 여러 가지다. BGM, 타이포그래피, 색감, 그림(이미지), 텍스트 등이다. 이 요소들이 독립적으로 싸우지 않고 화합할 수 있게 해줘야 한다.

② '정보제공과 설득'

소화가 잘되게 한다는 소화제 광고가 나오지만 두통만 있는 사람은 관심이 없다. 소화제 광고의 생활자(소비자) 정보를 제공해야 한다. '속효성'(빠르다), '자연 성분'(알로에), '가격'(싸다), '유통 전문성'(약국에만 있다), '신뢰 기업'(30년 연구) 등을 알려야 관심을 가지고 보게 된다. 그런 사람들이 보게 하는 게 좋은 광고이고 그 방법이 크리에이티브라고 말한다.

③ '예술적이고 감성적인 측면을 강조한다'

혐오스러운 것이 나오는 광고는 없다. 아름다운 걸 표현해야 한다는 것이다. 서울예술대학교에 광고창작과가 있는 이유라고 하겠다. 아무튼 광고회사에서는 카피라이팅을 그냥 쓰는 게 아니다. 마케팅과 커뮤니케이션 관점을 다 봐야 한다. 이런 통합 관점을 가지고 광고를 만들 때나 회의할 때 주도하는 게 카피라이터이다. 카피라이터 개인을 옹호하는 게 아니라, 핵심 메시지인 '카피'를 제일 많이 고민하기 때문이다.

다그마(DAGMAR) 이론

다그마는 'Defining Advertising Goals for Measured Advertising Results'의 약자다. 즉 '광고목표에 의한 광고관리'를 의미한다. 이는 광고목표를 마케팅이 아닌 커뮤니케이션 관점에 두고 구체적인 척도를 '브랜드 인지율, 광고 이해도, 구매 확신도, 구매의향률' 등으로 설정했다. '판매 목표액'이나 '시장점유율' 같은 마케팅 목표는 광고목표로 설정할 수 없다는 뜻이다. 마케팅 목표는 광고 이외의 다양한 요인으로도 달라질 수 있기 때문이다. 오롯이 광고활동으로 달성할 수 있는 분야는 커뮤니케이션 영역이라는 주장이다. 미국 광고협회(4A)에서 광고주와 논쟁이나 책임을 명확히 하기 위해서 나온 이론이기도 하다.

또한 광고예산을 투입한 결과로서 광고효과를 측정해야 하는데 이는 광고목표를 측정 가능한 수치로 정해서 광고집행 후에 조사를 통해 확인해야 한다는 이론이다. 광고효과의 계량화가 가능하다는 이론이다. 여기서 광고효과는 커뮤니케이션의 **효과**만 측정할 뿐, 판매 결과는 고려하지 않는다. 왜냐하면 다그마 이론에 의하면 광고는 '**직접적으로**' 판매를 창출하는 것이 아니며, 간접적으로 판매를 지원하기 때문이다. 브랜드 인지도나 구매의향률을 올려 브랜드 선호도와 상기율을 올림으로써 '간접적으로' 상품판매 증진에 기여할 수 있을 뿐이라는 관점이다. 다만 다그마 이론은 광고목표를 커뮤니케이션에 한정함으로써 애매해지기 쉬운 광고 역할에 명확성을 주었다는 장점도 있지만, 광고에서 판매 목표를 분리해버려 광고의 확장성을 제한한 것이 문제점으로 남아있다. 아무튼 광고회사의 책임을 커뮤니케이션에 한정하여 '**명확한 광고목표**'에 집중할 수 있게 했다.

● 다그마 이론에서 광고목표를 정할 때 고려해야 할 것들

- 상품: 우리가 판매할 제품이나 서비스에서 가장 중요한 이점은 무엇인가?
- 시장: 우리가 도달하려는 사람들은 누구인가?
- 동기: 그들은 왜 구매하는가? 또는 왜 구매하지 않는가?
- 메시지: 우리가 전달하고자 하는 아이디어는 무엇인가?
- 매체: 어떤 매체를 이용하여 전달할 것인가?
- 측정: 의도하는 메시지를 의도하는 대상에게 전달했는지 어떻게 확인할 것인가?

소비자 구매행동을 파악하는 모델의 한 이론으로서의 다그마 이론은 마케팅과 광고전략 수립에서 매우 중요한 이론이며, 광고회사에서는 이 모델을 잘 이해하고 활용해야 할 것이다. 다만 광고계 환경변화로 복합요인을 감안해야 한다. 주의해야 할 점은 광고목표는 커뮤니케이션 효과로 한정한다는 것과 광고목표는 광고를 집행하기 전에 설정한다는 것이다. 인지도 같은 광고목표는 주관적인 것인데 어떻게 측정할 것인가도 미리 정해두면 좋다. 각종 조사나 FGI나 디지털 조사 기법을 활용하면 충분하다.

① IMC(Integrated Marketing Communication)

광고, DM, 판매촉진, PR 등 다양한 마케팅과 커뮤니케이션 수단들의 전략적인 역할을 비교하고 명료성과 정확성 측면에서 최대의 커뮤니케이션 효과를 거둘 수 있도록 이들을 통합하는 광고기획 수립과정이다. 이는 강력하고 통일된 브랜드 이미지를 구축하고 소비자를 구매행동으로 이끌기 위해 광고와 같은 단일 커뮤니케이션 수단 외에, 표적 청중에게 도달하는 데 있어 가장 효과적일 수 있는 매체나 접촉수단을 적극적으로 활용한다. 또한 지속적으로 소비자와 관계 구축을 통해 반복 구매와 브랜드 애호도를 제고할 수 있다.

② CSR(Corporate Social Responsibility)

기업의 사회책임이라는 뜻이다. 기업이 경제적 책임이나 법적 책임 외에도 폭넓은 사회적 책임을 적극 수행해야 한다는 것을 말한다. 이는 기업 경영방침의 윤리적 적정, 제품 생산과정에서 환경파괴, 인권 유린 등과 같은 비윤리적 행위의 여부, 국가와 지역사회에 대한 공헌 정도, 제품 결함에 대한 잘못의 인정과 보상 등을 내용으로 한다. 국제표준화기구(ISO)는 CSR을 표준화한 ISO26000을 국제 규격을 제정한다고 공표했으며, CSR라운드라 불리는 이 규격은 환경경영, 정도경영, 사회공헌을 그 기준으로 정하고 있다.

③ CSV(Creating Shared Value)

기업과 사회의 공유가치 창출을 의미한다. 기업의 이익을 사회에 환원하는 소극적 가치 창출 형태의 CSR과 달리, CSV는 창립초기부터 사회와 함께 공유할 수 있는 가치를 창출하는 것을 기업 본연의 책무로 설정한다. 현대 소비자들은 기능적 속성뿐만 아니라 제품이 담고 있는 가치와 의미도 중요하게 생각하기 때문에, 이러한 기업의 공익·사회적 가치 창출 활동은 그 기업의 월등한 경쟁력이 된다.

④ ESG(Environmental, Social and Governance)

기업의 비재무적 요소인 환경(Environment)·사회(Social)·지배구조(Governance)를 뜻하는 말이다. 기업이 직원과 고객, 주주, 환경에 얼마나 기여하는지, 지배구조는 투명한지를 비재무적인 틀로 따지는 평가다.

투자 의사결정 시 '사회책임투자'(SRI) 혹은 '지속가능투자'의 관점에서 기업의 재무적 요소들과 함께 고려한다. 사회책임투자란 사회적·윤리적 가치를 반영하는 기업에 투자하는 방식이다. 기업의 재무적 성과만을 판단하던 전통적 방식과 달리, 장기적 관점에서 기업 가치와 지속 가능성에 영향을 주는 ESG(환경·사회·지배구조) 등의 비재무적 요소를 충분히 반영해 평가한다. 기업의 ESG 성과를 활용한 투자 방식은 투자자들의 장기적 수익을 추구하는 한편, 기업 행동이 사회에 이익이 되도록 영향을 줄 수 있다.

지속 가능한 발전을 위한 기업과 투자자의 사회적 책임이 중요해지면서 세계적으로 많은 금융기관이 ESG 평가정보를 활용하고 있다. 영국(2000)을 시작으로 스웨덴, 독일, 캐나다, 벨기에, 프랑스 등 여러 나라에서 연기금을 중심으로 ESG 정보 공시 의무 제도를 도입했다. UN은 2006년 출범한 유엔책임투자원칙(UNPRI)을 통해 ESG 이슈를 고려한 사회책임투자를 장려하고 있다. 최근 '탄소 중립 경영'이나 '원전가동 논쟁', '그린딜(Green Deal)' 등의 배경이 된다(두산백과).

광고회사의 발전

1960~70년대는 '광고대행사' 시절이다. 초창기 광고업의 탄생지인 미국과 일본을 보면 글자 그대로 광고회사의 주요업무는 광고를 만들고 매체를 사서 집행해주는 대행시스템이었다. '대행사'와 '회사'는 완전히 다른 개념이다. 누가 주체인가 하는 문제에서 근본적으로 다르다. '대행사'는 광고주의 요청이 있어야 일할 수 있는 수동태이다. '회사'는 동반자로서 의뢰인을 선도하는 주체요 능동태이다. 각종 광고전략을 제안하고 광고의 과학을 주창하며 기획과 크리에이티브의 전문성까지 강화했던 시기이다.

1980년대는 '마케팅회사'였다. 상품 경쟁이 치열해지고 전략적인 마케팅 기법과 방법론을 제공하는 업무가 주였다. 일본의 2위 광고회사인 하쿠호도(博報堂)는 기업슬로건으로 '마케팅 엔지니어링'을 사용했다. 광고기획서에서도 마케팅 부문이 중요하게 다뤄졌다. 광고주에게 제출되는 보고서에서도 조사자료와 마케팅 분석이 책 1권 분량의 별책부록으로 중요하게 취급됐다. 경쟁 프리젠테이션에서도 첫 발표자는 마케터였다. 마케팅 연구소가 앞다퉈 설립되기도 했다.

1990년대는 '커뮤니케이션 회사'로 변신하게 된다. 상품의 균질화와 기술의 진보가 한계에 이르자 이미지와 홍보 기능이 강화되면서 고객과의 커뮤니케이션을 중시하게 됐기 때문이다. 감성에 소구하고 설득함으로써 판매를 증진할 수 있다는 의식변화 때문이다. 일본의 1위 광고회사인 덴쓰(傳通)사는 슬로건을 '커뮤니케이션 엑설런스'로 정하기도 했다. 정보통신 기술의 비약적인 발달과 함께 미래사회를 예측하는 테마 가운데 커뮤니케이션이 키워드였다. 일본전기(NEC)의 기업슬로건으로 C&C(Computer & Communication)가 채택될 정도였다. 차별화의 관점이 생기고 설득과 소통이 광고의 개념으로 바뀌면서 광고는 마케팅 커뮤니케이션이 됐다. 다그마 이론도 광고목표는 마케팅 성과가 아니라 커뮤니케이션 효과라는 것을 분명히 했다. 광고목표는 '매출액 20% 향상'이 아니라 '인지도 20% 향상'이라는 것이다.

2000년대는 '컨설팅 회사'로 변신을 강요당하게 된다. 업종 변경과 이업종 간의 융합이 이루어지고, 경제상황에 따른 부침이 심한 이업종 간의 인수합병이 소용돌이를 치며 빈발했기 때문이다. 지식정보사회의 도래와 전략경영의 적용이 기업 생존전략의 새로운 패러다임이 되면서 동반자의 역할이 바뀌게 된 것이다. 광고회사의 업무영역이 확장되는 경향을 보이게 된 것이다. 기업의 성장동력을 디자인에서 찾고, 기업의 사회적 책임과 환경경영과 윤리경영이 강조되면서 광고회사는 종합적인 컨설팅 기능이 없으면 파트너로서 생존할 수 없게 됐다. 여기서 광고회사는 핵심역량인 '크리에이티브'를 중심으로 지식정보사회에서의 큰 그림(Grand Design)을 제안해야 한다. 제일기획의 기업슬로건이 '크리에이티브 인텔리전스'가 된 이유라고 하겠다. 광고주가 원하는 것은 기업문제의 종합적인 해결책이었다. 광고가 고객의 편익을 생각하듯, 광고회사는 광고주의 편익을 생각해야만 했다. 그래서 제일기획은 선진국 광고회사처럼 업종을 명시하지 않고 '제일 월드와이드'로 미리 개명했는지도 모른다. 시공간을 초월한 토탈 서비스를 지향하는 멀티플레이어들이 인터내셔널 캠프를 신축한 셈이다.

2010년대엔 광고회사는 글로벌소싱을 하는 의뢰인의 해외 밀착서비스를 위해서뿐만 아니라, 자신의 번영을 위해서도 국제화를 이루지 않으면 안 되게 됐다. 이 국제화는 디지털 기술의 발달과 동시에 이루어졌다는 특징이 있다. 이에 디지털 기술을 바탕으로 '아이디어를 위한 열정'(Passion for Ideas)을 발휘해야 할 때다. 이 아이디어는 좁은 의미의 디자인이 아니다. 광고회사의 고유 속성인 문제해결사(Problem Solver)로서의 통합적 대안 제시력이다. 세상 문제를 해결하기 위한 학계나 업계의 노력은 산학협력 시대를 열고, 경계파괴와 영역파괴를 통한 '파괴적 혁신'의 일상화를 불러왔다. 매체의 혁신은 미디어 혁명으로 이어지고, 다양한 교육혁명을 통한 해결책을 제안하고 공유하는 콘텐츠가 양산됐다. TED나 Youtube를 이용하여 혁신사례가 전파되어 문제해결을 위한 아이디어가 지구촌 시대의 패러다임을 바꾸고 있다. Facebook, Instagram, Amazon 등의 소셜미디어가 세상을 지배하는 시대에 광고회사의 역할과 기능은 급변하고 있다. 제일기획은 기업슬로건으로 '세상을 움직이는 아이디어(Idea Move World)'라고 했다. HS애드는 최근 전통적인 광고 외에도 데이터를 기반으로 광고주의 세일즈에 실질적인 영향을 주는 '데이터 드리븐(Data Driven)' 통합 마케팅 솔루션 컴퍼니로 거듭나고 있다. 특이사항은 HS애드(HS Ad)는 사명을 거꾸로 뒤집은 'dASH(대시)'라는 전사 차원의 실험적 조직은 회사에서 주어진 일을 하지 않고 철저하게 디지털 관점에서 광고주에게 '선 제안할 아이디어'를 독자적으로 개발하고 있다.

2020년대를 이끌 광고회사는 4차 산업혁명(2016년 다보스 포럼의 선언)의 성과를 가시화할 수 있는 역량을 의뢰인에게 제공해야 할 시대다. 미디어는 모바일 우선주의(Mobile First)로 확정되고 있으며, 각종 첨단 디지털 기술의 혁신으로 세상살이가 예측 불가능성으로 치닫고 있다. 디지털 대전환(Transformation) 시대에 인공지능(AI)과 빅데이터로 세상을 구원하는 아이디어가 무엇인지를 기업이나 사회가 요구하기에 획기적인 통합과 직관능력을 함양하는 데 힘써야 할 것이다. 지속 가능한 경영을 위해 ESG(환경, 사회적 책임, 지배구조)가 유엔의 핵심가치로 강조되고 있다. 세상은 상호작용하고 있고 연결돼 있어 진정한 지구 공동체의 연대의식이 필요한 시대이다. 고객의 경험 가치를 강조하고 그 경험을 연결하여 부가가치를 창출하는 생태계를 만들어야 하고 새로운 사업 기회를 만들어야 한다. 제일기획은 'We create connected experience'를 슬로건으로 사용하고 있다. 새로운 고객만족을 위해서는 개인 맞춤형 커뮤니케이션이 필요하고, 구체적인 성과를 낼 수 있는 퍼포먼스 마케팅이 요구되며 가상현실과 융합되는 패러다임의 변화를 만들어야 한다.

광고회사의 '크리에이티브 관련 조직'과 직종

- ECD(Executive Creative Director): 여러 명의 CD 업무를 통합관리 하고 마스터 급의 능력과 경험을 가진 CD다.

- CD(Creative Director): 제작팀의 총체적 지휘자로서 광고주를 설득하고 시간관리를 한다. 또한 창조적 풍토를 조성하는 전략적 사고와 창의력을 요구하는 일이다. 따라서 광고주와 우호적 관계는 물론 팀원들에게 자유로운 발상과 설득 기술 연마와 기회 제공, 제작물 마감시간의 관리와 책임이 주요업무이다.
- AP(Account Planner): 순순한 광고기획 업무담당자이다. 전략 광고 콘셉트를 추출하고 시대정신과 부합하는 핵심 키워드를 개발해야 한다.
- AE(Account Executive): 광고회사에서는 광고주(Client)를 대표하고, 광고주에서는 광고회사를 대표하는 광고기획자이다. 기획자로서 광고주와 광고회사의 이해를 조화시켜주는 협연자(영업)의 역할이다. 이는 플래닝과 리더십, 기획서 작성과 PT 능력을 기반으로 해야 한다. 광고주 담당자(Account Handler)의 역할로 진화할 것이라고 본다.
- CW(Copy Writer): 광고제작에서 텍스트를 전담하는 카피라이터이다. 광고 크리에이티브의 척추(Backbone)인 키워드와 키비주얼의 개발이 핵심업무이고 프리젠테이션에서 설명자(Presenter)로서 활동한다.
- Copy Director: 카피라이터가 경험과 능력을 인정받으면 승진하고 주요업무를 담당하게 될 때 주어지는 직책이다.
- CMP(Commercial Message Planner): 광고회사 내에서 영상전문가로서 스토리보드 작업을 책임진다. 스토리텔러가 되어 각종 영상 아이디어를 생산해야 한다. 영상 기획과 카피(메시지)를 개발하는 중책을 맞는다. 영상 프로덕션에서도 핵심인재로 활동하게 된다. PD와 Director와도 긴밀하게 업무를 연계한다.
- GD(Graphic Designer): 주로 인쇄광고 책임자로서 그림(Visual)을 담당하고 각종 촬영도 담당한다.
- AD(Art Director): GD가 경력을 쌓고 능력을 발휘하면 승진할 때 얻는 직책이다.

기타 디지털 캠페인 팀, 미디어 플랜 팀, 프로모션 팀 등이 있다.

● **카피라이터(CW)의 역할**

카피의 의미를 광의로 해석해야 한다. 광고에 표현된 '문자언어'는 물론이고 '비주얼(아트)'까지 포함해야 한다. 카피는 광고에서 '무엇을 말하고 있는가' 하는 질문에 대답할 수 있는 '핵심 메시지'이다. 이런 광고 크리에이티브 창작에 주도적인 역할을 수행하는 '카피'를 책임지는 사람이 카피라이터이다. 이 '카피'는 CD를 중심으로 AP, AE, CMP, AD, CW, 광고주(Client)까지 직종을 넘어 영역파괴와 브레인스토밍을 통해 만들어진다. 카피는 이런 팀의 집단지성을 통해서 제안되지만 최종 책임지고 카피라이팅을 완수하는 크리에이터가 카피라이터이다. 그래서 카피라이터는 '3중 인격자(三重人格者)'가 돼야 한다.

첫째, 기획팀에서 만든 광고전략을 표현하기 위해서는 '표현기획'을 해야 한다. 표현기획은 광고기획서(Advertising Brief)를 바탕으로 TVCM과 인터넷 광고와 모바일 광고와 인쇄광고를 만들기 위해서 자기 상품 연구와 소비자와 트렌드와 경쟁 브랜드에 대한 조사와 분석을 해야 한다. 이런 사항들을 종합분석하여 표현브리프(Creative Brief)를 작성하고 '표현 콘셉트'를 생산해야 한다. 이 과정을 실무적으로 책임지는 크리에이터가 카피라이터이다.

둘째, 실제로 광고를 제작하기 전에 광고주에게 사전설명회(presentation)를 하는데 보통 카피라이터가 설명자(presenter)가 된다. 카피라이터가 브랜드에 대한 조사와 분석을 가장 많이 하므로 광고주의 질문에 잘 대응할 수 있기 때문이다. 설명회(Presentation)는 광고회사의 역량을 평가받는 가장 중요한 행사이다. 설명자(Presenter)는 광고주에게 시안을 설명하고 설득하여 합의(승인)를 도출해야 하기에 '비즈니스맨'이 돼야 한다.

셋째, 합의(승인)된 시안을 실제로 제작(촬영)하는 데도 참여해야 한다. 동영상은 CMP가, 정사진 부문은 AD가 책임지지만 카피와 행복한 결혼을 하기 위해서 제작현장에서 생기는 카피를 포착하러 카피라이터가 동행하는 것이다. 특히 후반제작(Post Preoduction) 업무를 수행하기 위해 녹음이나 편집에도 꼭 참여해서 완성도를 높여야 한다. 그래서 카피라이터는 '프로듀서' 역할도 수행해야 한다.

종합하면 카피라이터는 기획(Planning), 설명(Presentation), 제작(Pro-ducing)의 '3P'를 수행한다. 카피라이터는 이런 '3중 업무'

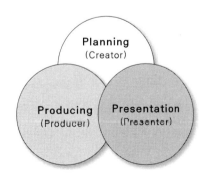

를 수행하면서 'CD(Creative Director)'로 역량을 확장하고 승진하는 길을 걷게 된다. '3P'업무는 '광고제작의 꽃'인 CD 업무를 예행연습한다고 생각하면 좋다.

앞으로 디지털 광고혁명 시대에는 CD의 역할이 3C Director(Campaign, Concept, Communication Director)는 물론 'Contents Director'가 돼야 하기에 다양한 배경지식과 경험을 가져야 한다. 광고회사 제일기획은 삼성화재의 '투척 소화기'를 만들고 '맹인용 선글라스'도 만들었다. 광고의 범위가 넓어진 업계를 선도할 준비를 해야 한다. 광고회사는 생활문제를 해결하는 **솔루션**(Solution)을 제공해야 살아남을 수 있게 됐다. 최종적으로 CD는 카피디렉터(Copy Director) 역할을 포함하여 총 '5C' Director가 돼야 '광고의 신(神)', '갓 씨디'가 된다.

① 프로파일러(Profiler)

프로파일러는 범죄심리분석관으로 범죄사건의 정황이나 단서들을 분석하여, 용의자의 '성격과 행동유형, 성별, 연령, 직업, 취향, 콤플렉스' 등을 추론함으로써 수사 방향을 설정하고, 용의자의 범위를 좁히는 데 도움을 준다. 또 도주 경로, 은신처 등을 예상하고, 검거 후에는 심리적 전략을 구사함으로써 자백을 이끌어내는 역할도 한다. 이 정의에서 용의자를 소비자로 바꾸면 카피라이터의 역할은 프로파일러와 비슷하다.

스모킹 건(Smoking Gun)은 범죄·사건 등을 해결하는 데 있어서의 결정적 단서라는 의미이다. 살해 현장의 용의자 총에서 연기가 피어난다면 이는 명백한 범행 증거가 된다. 이처럼 스모킹 건은 '연기가 나는 총'이란 뜻으로, 흔들리지 않는 '결정적 증거(단서)'를 의미하는 말이다. 범죄뿐 아니라 사건에서 명백한 증거, 또는 어떤 가설을 증명할 수 있는 과학적 증거도 스모킹 건이라고 한다. 이런 '과학 수사관'은 추리할 때 '상상력'을 동원한다는 사실도 잘 알려져 있다. 소비자들의 심리를 추론하고 구매행동에 관한 '결정적 도화선(Trigger)'이 무엇인지를 밝히는 것도 카피라이터의 업무이다. 어떤 사건이 발생했을 때 그 사건을 일으킨 원인이나 계기를 뜻하는 말로서 '총의 방아쇠'이다. 트리거는 바이럴 마케팅(Viral Marketing)에서는 처음 시작이 된 부분, 연쇄적으로 퍼진 소문의 도화선, 소문을 전하는 사람들 등 여러 뜻으로 사용된다. 특히 바이럴 마케팅에서 트리거는 중요한 전략점이 되기 때문에 카피라이터의 관심분야가 돼야 할 것이다(두산백과).

카피창작 솔루션, 오씨캠프

② 카피라이터와 마스터스

카피라이터는 골프를 치지 않는다고 골프 지식을 몰라서는 안 된다. 예를 들면, 마스터스는 US오픈, 브리티시오픈, PGA챔피언십과 함께 남자 골프 4대 메이저 대회다. 매년 대회 장소가 바뀌는 다른 메이저 대회와 달리 마스터스는 '골프의 성인'이라 불리는 보비 존스가 만든 대회로, 미국 조지아주의 '오거스타 내셔널 골프 클럽'에서만 열린다. '골프 마스터'가 되자는 뜻에서 마스터스라는 이름을 지었다고 한다. 1934년 시작된 마스터스는 오래된 역사만큼 엄격한 전통과 매너가 있다. 우승자가 다음 해에 역대 챔피언들을 초대해 저녁을 대접하는 '챔피언스 디너'가 대표적이다. 1949년부터 마스터스 우승자가 입는 '그린(Green) 재킷'은 처음에는 클럽 회원들과 일반 갤러리를 구분하기 위한 용도로 도입됐다. 그린 재킷은 다음 대회까지만 가지고 있다가 반납해야 한다. 독특한 규정으로 팬들이나 선수들도 휴대전화 등 전자기기를 소지하고 입장할 수 없다고 한다. '관람 매너'에서는 선수에게 사인을 요청하는 것도 금지돼 있다. 복장 규정도 엄격해서 젊은 선수들이 인터뷰 때 챙이 달린 골프 모자를 뒤로 돌려 쓰는 것도 허용되지 않는다. 마스터스 중계를 하는 방송사는 1시간 방송에 4분 이상 광고를 하면 안 된다. 해설자는 일반 골프 대회와 달리 관람객을 갤러리(Gallery)라고 부르지 않고 '평생 후원자'란 뜻의 '패트론'(Patron)이라고 불러야 한다. 대회의 성공에 이바지한 분들에게 전하는 감사의 표현이라고 한다.

이 골프 클럽은 회원이 누구인지, 몇 명인지 외부에 알리지 않고 비밀을 유지한다. 회원이 스스로 그만두거나 죽어서 빈자리가 생기지 않으면 신입 회원을 받지 않기 때문에 미국 정·재계의 거물급 인사들도 쉽게 가입하지 못한다고 한다.

미국엔 분야별 명예의 전당이 많다. 광고인 '명예의 전당'도 있다. 광고의 마스터나 페트론이나 권위를 생각하면 우리도 '카피라이터 명예의 전당' 설립을 생각해볼 만하다. 특히 1시간 방송에 4분 이상 광고를 못 한다고 하니 궁금증이 생긴다. 어쨌든 카피라이터는 전문가 이상의 열정과 흥미를 가진 '덕후(御宅, 오타쿠)' 수준으로 박학다식(博學多識)해야 다양한 아이디어를 발상할 수 있다.

광고회사 밖에서는 광고제작을 지원하고 협업하는 외주협력업체(Outsourcing)인 영상 프로덕션이 있다. 최근엔 '긱 경제'와 독립채산제의 영향으로 최상의 프리랜서들이 드림팀을 구성해서 광고물을 제작하기도 한다.

- PD(Producer): 영화의 제작자 개념인데 광고회사 밖에서 'CMP, Director, CD'를 지원하는 직책이다. 광고제작비의 관리, 촬영팀의 구성, 영상촬영과 모델 섭외와 로케이션 등을 수배하고 제안하여 광고제작을 수행하고 지원하는 책임을 진다.
- Diretor: 광고회사 밖의 광고 현장에서 광고감독으로서 직접 "Ready Action"을 외치고 영상광고를 제작하는 책임자이다. 편집과 녹음도 제작 스탭들과 함께 작업한다.

기타 협업해야 할 광고제작 스탭으로서 편집감독, 사운드 디자이너(Sound Designer), 메이크업 아티스트(Make up Artist), 스타일리스트(Stylist), 헤어 아티스트 (Hair Artist) 등이 있다.

또한, 광고회사 밖에서 광고제작을 지원하고 협업하는 **영상 포스트 프로덕션**이 있다. 편집실과 녹음실에서 후반기 작업(편집, 녹음, 영상 효과)을 하게 된다. 사운드 디자이너와 에디터(Editor)와 VFX 전문가의 작업이 이루어진다.

이런 광고회사 조직과 운영시스템은 1960년대 미국 맨해튼의 매디슨 애비뉴 (Madison Avenue)에 밀집해 있는 세계적인 유명 광고회사가 완성한 체계이다. 작은 실무팀(Cell 조직)으로 임무를 수행하며 개별 실무팀에게 권한과 책임을 주는 제도로 정착됐다. 2,000년 전후 디지털 시대로 전환한 뒤에는 시대 조류에 따라 '영역 파괴'가 이루어지고 있다. 직무별 책임자는 있지만 아이디어와 스토리텔링을 발상하는 데는 모든 구성원이 수평적으로 동등한 권한을 갖게 된다. 광고주(Client)의 문제를 해결하는 아이디어를 제공하는 '문제해결자(Problem Solver)'가 되기 위해 노력하고 있다. 다양한 디지털 매체까지 등장하여 '디지털 창의해결사(Digital Creative Solver)'가 적자생존하는 역동적인(Dynamic) 회사가 되고 있다.

광고환경의 변화

아이드마(AIDMA, Attention, Interest, Desire, Memory, Action)는 이러한 순서를 통해 구매행동을 일으킨다는 생각이다. 다그마(DAGMAR: Defining Advertising Goals for Measured Advertising Results)는 목표에 의한 광고관리를 의미한다. IMC(Integrated Marketing Communication)는 통합 마케팅 커뮤니케이션을 의미한다. CSR(Corporate

Social Responsibility)은 기업의 사회적 책임을 다해야 한다는 의미이다. CSV(Creating Shared Value)는 공유된 가치를 창출하는 것을 의미한다. 기업 가치와 지속 가능성에 영향을 주는 ESG(환경 · 사회 · 지배구조) 등의 비재무적 요소를 충분히 반영해 평가한다. 또한 이제는 Advertising의 한계를 뛰어넘어 Creativity로 가야 한다. 결국 광고 환경은 심리학+디자인론+영상론+디지털 테크놀로지+국제화의 양상이다. 광고회사가 환경변화를 선도하기 위해서도 그렇고 카피라이터가 이 변화를 주도하기 위해서 카피(메시지)에 담아야 속마음(진정성)도 '사회적 책임'과 '가치'이다. 그것이 바로 크리에이티브(Creative)다.

2장
관점전환

"아마추어는 '관심(Interest)'을 갖지만, 프로는 '관점(Perspective)'을 갖는다."
"아마추어는 '검색(Searching)'을 하지만, 프로는 '사색(Thinking)'을 한다."
"아마추어는 '위험'을 보고 포기하지만, 프로는 '기회'를 보고 도전한다."

미래 시대에 나의 경쟁력을 어떻게 기르고 발휘할 수 있을까, 이게 중요하다는 걸 느꼈으면 좋겠다. 특히 대학생이나 취업 준비생은 '**정글의 법칙**' 속에서 프로로 살아야 한다. 창의성과 관련된 광고 분야에서 그 첫걸음과 경향성에 대한 이해가 있었으면 좋겠다. 우리가 무슨 역량을 함양해야 하는지 시사하는 바가 크기 때문이다.

디지털 시대에 생기는 부작용에는 뭐가 있을까? 개인정보 유출과 해킹으로 인한 보안의 문제, 1인 1 휴대폰 때문에 생기는 불법 동영상 촬영 문제, 언론보도에 대한 **디지털 리터러시**(Digital Literacy)의 문제 등 **비판적 사고**로 풀어야 할 문제

4차 산업혁명 시대 직장인의 필수 요구 역량

순번	2015년	2020년
1	복합적 문제 해결	복합적 문제 해결
2	대인관계 역량	비판적 사고(↑2)
3	인적자원 관리 역량	창의성(↑7)
4	비판적 사고	인적자원 관리 역량(↓1)
5	협상력	대인관계 역량(↓3)
6	품질관리 역량(Out)	감성지능(New)
7	방향설정 역량	결정력(↑1)
8	결정력	방향설정 역량(↓1)
9	경청능력(Out)	협상력(↓4)
10	창의성	융통성(New)

가 많다. 창의적으로 해결하기 위해서는 깊은 성찰을 해야 하므로 독서를 게을리 해서는 안 된다. **분석력과 관점의 정체성을 지킬 수 있어야 한다.**

코로나19(COVID-19) 이후 시대에 생기는 신경향은 뭐가 있을까? 세상살이가 광범위하게 국제화되어 더욱 복잡해졌다. '**복잡적응계**'(Complex Adaptive System)가 실감 난다. 문제는 하나만 몰려오는 것이 아니라 '여러 가지'가 한꺼번에 닥친다. 세상살이가 팬데믹(Pandemic)같이 복잡하게 얽혀있는 '고르디우스의 매듭'을 풀 수 있는 사람은 '단칼'을 휘두른 알렉산더 대왕뿐이다. 유명의사는 100가지 병도 '하나의 약'으로 치료한다. 문제를 관통하는 '맥'을 집는 창의력 덕분이다. 카피라이팅 시각과도 직결된다. 간결하게 '인식의 판'을 새로 짜는 '하나의 카피'이다. 카피라이팅은 사물을 분석하고 비판적으로 볼 줄 알아야 잘할 수 있다. 하나 더 추가한다면 광고는 집단창작이기에 **협업**이 굉장히 중요하다. 디지털 시대나 코로나19 시대일수록 카피라이팅 관점이 필요한 능력이다. 시대정신과 소비자와 경쟁관계를 파악해야만 카피라이팅을 할 수 있기 때문이다. '100인이 꼽은 미래역량'(중앙일보)을 보면 복합적 문제해결을 위한 **창의력**이 우선이다.

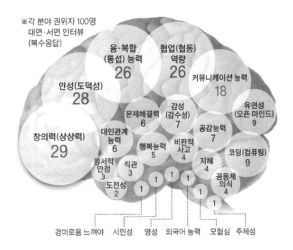

Chivas Regal 광고100인이 꼽은 미래역량
※ 각 분야 권위자 100명 대면 · 서면 인터뷰(복수응답)

백남준의 다다익선(多多益善)

카피를 많이 써야 좋다. 현장에서 필요한 역량이다. "카피 100개 써봐"가 일상이다. 서너 사람이 쓰면 400개 정도 쓴다. 다른 관점으로 쓴다고 할 때는 만만치 않다. 그러나 방법론을 알면 어렵지 않고 쉽게 할 수 있다. 지레 겁먹지는 마라. '양이 질을 좌우한다'는 말이다. 한나라 유방과 한신의 초한지에서 나온 말이다. "너는 부하를 얼마나 부릴 수 있냐"는 유방의 질문에 한신이 "다다익선"이라고 말했다. 조직의 대장인 유방보다 더 많이 다스릴 수 있다는 부하 한신의 말에 유방이 찔끔했다는 말이다. 아무튼 '많을수록 좋다'고 한 데서 유래한 다다익선이라는 말을 한번 바꿔서 생각해보자. 양이 많다

는 뜻은 일종의 '집단지성'을 의미한다. 양은 다수의 의견이므로 '객관성'을 확보할 수 있다. 같은 말만 되풀이할 수 없기에 '다양성'을 지향하는 발상법이라고 할 수 있다. (참고로 백남준의 '다다익선'에 쓰인 1,003개의 모니터는 우리 민족의 탄생일인 10월 3일 개천절을 의미한다.)

에이비스 광고, 시바스 리갈 광고

카피라이터는 2등 정신(No.2)이 있어야 한다. 너무 일찍 1등이 되면 넘어지는 경우가 많다. 1등이라도 새로운 목표를 갖고 노력하는 2등 정신으로 가면 오래 갈 수 있다. '급행무선보(急行無先步)'라는 말이 있다. 빨리 간다고 앞에 가는 것은 아니다. 서서히 잘되는 게 좋다. 단기전략보다는 장기전략이 좋다. '아마추어는 단기 성과에 집착하지만, 프로는 장기 의미를 기대한다'는 말을 명심해야 한다.

2등 정신은 "Spirt of 'Think Better'"이다. '더 좋은 것'을 생각하는 정신이다. 더 열심히 노력하겠다는 의지다. 세상살이에서는 결과가 미흡하더라도 '최선을 다했다(Do my best)'라고 하면 모든 것을 용서받을 수 있다. 아마추어가 하거

에이비스 광고

나 보통사람이 하면 넘어갈 수 있는 태도다. 그러나 정글에서 성과로 말해야 하는 프로의 세상살이에서는 부족하다. 항상 '더 좋은 것'을 찾아내는 '대체 불가능성'을 증빙해야만 한다. 남을 짓밟거나 끌어당겨서 억누르는 게 아니라, 넘볼 수 없는 탁월성을 찾아 나서는 탐험가의 경지를 가져야 한다는 뜻이다. 2등 정신은 서열상으로 말하는 게 아니다. 1등이라는 절대 경지가 있어 '최상을 얻었다'는 '득도의 경지'를 정복하겠다는 의지다. 자기 자신과의 약속이나 도전욕구를 지키려는 성취동기라고 하겠다. 뭔가 마음에 들지 않으면 끝을 보는 열정이다. 관점을 바꾸면 또 다른 세상이 열린다. 스티브 잡스가 스탠포드 대학교 졸업식에서 한 연설이 생각난다. "Stay Hungry, Stay Stupid"이다. '항상 성실히 부족함을 아는 정신을 가져라'가 사회생활을 시작하는 졸업생에게 한 격려였다.

이 관점은 유명한 위스키 시바스 리갈(Chivas Regal) 광고에서도 나타난다. '반만 비었네'가 주인의 관점이다. '반만 남았네'가 손님의 관점이다. 반병이 남은 위스키를 보는 관점이 서로 다르다. 특정한 브랜드를 광고할 필요가 없다. 위스키 제품의 성분이랄지 어디에서 만들었는지 이야기할 필요 없다. 경쟁 브랜드와 비교하면서 상대가치를 알릴 필요도 없다. '그냥' 술집에서 위스키 마시는 광경을 보여주면서 생각나는 여

시바스 리갈 광고

유와 대화를 색다르게 카피로 표현했다. 술꾼들만이 이심전심으로 알고 나누는 생활 담론이나 화젯거리를 전해주는 메시지다. 그 메시지에는 세상살이를 꿰뚫는 지혜가 담겨있고, 술꾼과 세상살이와 술집과 위스키를 잇는 '자연스러운 연결성'(Natural Connection)으로 공감을 얻고 있다.

Change Your Word, Change Your World

시각장애를 가진 걸인이 길거리에서 구걸하고 있다. 빈 깡통엔 동전이 쌓이지 않는다. 지나가던 여성이 골판지에 쓰인 카피가 마음에 들지 않아 다른 카피로 바꿔놓는다. 그 여자가 카피를 바꾸는 시간에 이상하게 생각한 걸인이 여성의 신발을 만지는 상황은 뒤에 같은 사람인지를 확인하기 위해 설정한 암시다. 촬영현장에서 흔히 볼 수 있는 양념 컷(Director's Cut)이다. 그 후에는 동전이 가득 쌓인다. 걸인이 그 여자에게 왜 이렇게 됐는지 물었을 때, 그 여자가 무슨 말을 했느냐가 중요하다. "단어만 다르게 바꿨다"라고 말했다. "나는 장님이에요, 도와주세요(I'm blind, please help)"를 "아름다운 날이네요, 그런데 나는 볼 수가 없네요(It's a beautiful day and I can't see it)"로 바꾸었다(유튜브 검색영상). 카피는 정서적인 소구를 하고 있다. 설득엔 '직설법'보다는 '간접 소구법'이 효과적임을 잘 표현하고 있다. 설명보다는 감성이 행동을 촉구한다는 뜻이다. 감성 소구는 영상 스토리텔링의 완성도를 높이는 요건이다. 공모전에 나갈 때 이 영상의 구성을 이용해볼 것을 권한다.

무에서 유를 창조하다(한국석유공사)

Dream is no where (꿈은 어느 곳에도 없다)

Dream is now here (꿈은 바로 여기에 있다)

Impossible (불가능)

I'm possible (나는 가능하다)

No silience, No violence! (침묵을 깨야 폭력도 없다)

– 청예단

'거꾸로 읽기'의 예는 '원성'은 '성원'이 되고, '자살'은 '살자'가 된다. 거꾸로 읽으니 의미도 거꾸로다. 영어나 한국어 둘 다 이런 식으로 단어 활용이 가능하다. 비틀어보는 것은 '낯설게 하기'이다. 낯설다는 것은 '기대하지 않았던 것 (Unexpectedness)'을 맞닥뜨린다는 것이다. 바로 '의외성'의 힘이다.

광고는 예술인가 과학인가(from Logic to Magic)의 문제도 해결된다. 과학을 예술로 도약시킨다는 뜻이다. 그때 논리(Logic)가 마술(Magic)로 비행하는 '의외성'이 나온다. 한국석유공사는 카피 중심으로 관점을 바꾼다. 무(無)에서 유(有)가 나오듯, 석유가 나오지 않는 나라 '무(無)에서 유(油)를 창조한다.' 파타고니아(Patagonia)는 "이 자켓을 사지 마라"라고 했다. 역발상의 대표사례로 알려져 있다.

한 획의 기적

이런 것이 다 카피라이터의 발상이다. '고질병'은 '고칠 병'이 된다. '점 하나 찍으면 님이 남이 된다'와 같은 발상이다.

한 획의 기적

마음 '심(心)'자에
신념의 막대기를 꽂으면
반드시 '필(必)'자가 됩니다.

4개 점을 연결해 정사각형 그리기

4개의 점을 바로 직접 이으면 정사각형이 될 수 없다. 그러나 직접을 피하고 간접으로 이으면 정사각형이 된다. 카피라이팅은 생각 연습이다. 관점의 전환이다. 누구도 4개의 점이 꼭짓점이라고 하지 않았다. '네 점은 꼭짓점'이라고 스스로 만든 '생각의 감옥'에 갇혀있었을 뿐이다. 생각의 '샌드박스(Sand Box)'에서 놀아야 한다. '사고의 전환'을 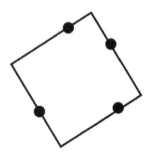 습관화하면 불확실한 상황에서 새로운 기회를 얻을 수 있다. 아이디어 발상은 별 것이 아니다. '그냥' 다르게 바꿔봐라. 'Think different'가 별것이 아니다. '저 멀리 떨어져 혼자'가 되어 바라보는 것이다.

다르게 생각하기

다르게 생각하기는 '낯설게 하기'라고 했다. 모두가 같은 생각을 할 때 '다른 생각'을 해야 한다. 트랙에서 총을 쏘면 모두가 같은 방향으로 달려간다. 누구는 동아리 활동을 하고 누구는 공부하면서 서열이 생기는데, 색상표에서는 누구나 다른 색을 갖고 각자의 개성에 따라 자기 분야에서 1등이 된다. 다르게 생각하고 다르게 행동하고 다른 관점으로 본

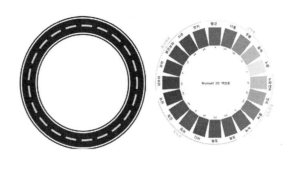

다. 트렌드와는 좀 다르다. 보통 트렌드는 따라 가야 한다고 하는데 일상생활에서 카피 만드는 사람은 자기의 색으로 생각해야 대세를 따라잡을 수 있다.

시선 잡기

시선을 받으려면 호기심을 발동시켜야 한다. 정답을 알고 있다거나 맞출 수 있다는 '정복 욕구'를 자극시켜야 한다. 그래서 카피라이터는 한글 초성을 이용한 발상을 한다. "ㅇㅋ(오케이, OK) / ㅅㄹㅎㅇ(사랑해요) / ㅇㄹㄴㄹ(우리나라) / ㄷㅎㅁㄱ(대한민국) ㄱㅂㅂㄷ(강변북도) / ㅈㄱㅂㅇ(자가방역) / ㅇㅇㅁㅇㄱㄱ(오늘만이가격)" 등이다. 실제 광고에서도 활용됐다.

SNS 문자 발송에서 '빛의 속도'로 메시지를 전달하기 위해서 쓰는 '축약어 놀이'가 소비자에게 널리 애용되고 있고 이미 '축약어 놀이'를 학습했기에 의미전

NHㄴㅎㅅㅎㅂㅎ(농협손해보험)

홈쇼핑 채널 '공영쇼핑'이 초성 'ㄱㅇㅅㅍ'을 이용하여 낯설게 하고 카피다운 발상으로 만든 기업마크다. 참신하다.

달의 간편성이나 재미를 익히 알고 있다. 카피는 이런 '낯설게 하기'를 통해 시선을 잡고 메시지를 전달하고 있다. 요즘 많이 유행하는 광고들이다.

 카피발상에서 '단어 대체' 기법이 있다. 아이디어가 잘 나오지 않을 때 쓰는 방법이다. 익히 잘 알고 있는 김춘수의 시 '꽃'을 패러디하거나 주요 단어를 교체하면서 새로운 관점을 찾는 카피라이팅 발상법이다. 우리가 바꿀 수 있는 건 무엇이 있을까? 조금만 고민하면 어렵지 않게 발상할 수 있다. 비교해보기 바란다.

꽃
 	
  김춘수
	라디오같이
	사랑을 ㅋㅋ고 켤 수 있다면
	
	  장정일
		종합책자 전화번호 속에서
		배고픔을 발견하다
		
		  문혜린

내가 그의 이름을 불러주기 전에는 그는 다만 하나의 몸짓에 지나지 않았다.	내가 단추를 눌러주기 전에는 그는 다만 하나의 라디오에 지나지 않았다.	내가 전화 버튼을 눌러주기 전에는 그는 다만 하나의 종합책자 속 전화번호에 지나지 않았다.
내가 그의 이름을 불러주었을 때, 그는 나에게로 와서 꽃이 됐다.	내가 그의 단추를 눌러주었을 때, 그는 나에게로 와서 전파가 됐다.	내가 전화 버튼을 눌러주었을 때, 그는 나에게로 와서 치킨이 됐다.
내가 그의 이름을 불러준 것처럼 나의 이 빛깔과 향기에 알맞는 누가 나의 이름을 불러다오.	내가 그의 단추를 눌러 준 것처럼 누가 와서 나의 굳어 버린 핏줄기와 황량한 가슴 속 버튼을 눌러다오.	내가 그의 버튼을 눌러준 것처럼 누가 와서 음식들로 손쉽게 팽창된 나의 뱃속 버튼을 눌러다오.
그에게로 가서 나도 그의 꽃이 되고 싶다.	그에게로 가서 나도 그의 전파가 되고 싶다.	그에게로 가서 나도 그의 포만감이 되고 싶다.
우리들은 모두 무엇이 되고 싶다.	우리들은 모두 사랑이 되고 싶다.	우리들은 모두 배부름이 되고 싶다.
너는 나에게 나는 너에게 잊혀지지 않는 하나의 눈짓이 되고 싶다.	ㅋㅋ고 싶을 때 ㅋㅋ고 켜고 싶을 때 켤 수 있는 라디오가 되고 싶다.	미국인이든 아프리카인이든 백인이든 황인이든 사업가든 노동자든 먹고 싶을 때 먹을 수 있는 전화번호가 되고 싶다.

'구체적인 생활언어'를 쓰면 카피발상이 쉽다

'커피는 여자가 타야 맛있다'는 흔히 '꼰대(아재) 세대'가 즐겨 썼던 말이다. '성 감수성'이 부족하던 시대의 생활언어다. 이런 언어를 그대로 잡아서(Catching) 헤드카피로 올리면 훌륭한 카피가 될 수 있다. '커피는 여자가 타야 제맛입니까?'이다. 양성 동등성 캠페인으로 사용됐던 카피다. 페미니스트의 항변이 들리지 않는가? 일상의 구체적인 언어다. 스스로 카피를 만들려고(Writing) 하지 말고 다른 사람들(소비자)이 생활 속에서 쓰는 말들을 '그냥, 그대로'로 옮겨오면 된다. 스스로 카피라이터다운 카피를 쓰려고 하는 순간 그것은 카피라이터 개인의 메시지가 된다. '주관성'이 강해 '객관성'을 잃게 된다. '최대 다수의 최대 공감'의 경제원칙에 벗어나게 된다. 대중(소비자)이 쓰는 말들을 찾아라, 소비자 언어를 파인딩(Finding) 해라. 수용자의 속마음을 잡아라(Catching). 여러 사람이 쓰는 말이 설득력 있는 사실이다. 많은 사람들이 공감한다. 이제 PR시대가 됐기에 기업의 브랜드만 카피가 필요한 게 아니고 신문사, 공공단체에도 필요하다. 신문기사나 인터넷 기사의 헤드카피가 시선을 잡지 못하면 열독률이 떨어지는 것을 잘 알고 있지 않은가?

또한 '커피는 여자가 타야 제맛입니까?'의 카피 유형은 의문형이다. 질문하듯이 쓴 의문형 카피는 주목도가 높아진다. 이 광고를 보는 사람은 자신이 질문을 받은 듯한 착각을 하게 된다. 일종의 '지명효과(指名效果)'다. 독자(소비자)는 순간적으로 대답을 생각하게 된다. 대답을 준비한다는 것은 이 광고에 머물고 참여하고

인터로서 성평등한 국회 만들기 캠페인 ①

개입한다는 뜻이다. 아주 짧은 시간이겠지만 헤드카피의 의미를 생각하거나 '나도 이런 경험이 있었지' 하는 생각을 하게 된다. 그만큼 광고 카피를 기억하게 되고 '장기 기억장치'에 저장되는 효과도 있게 된다. 사전학습 효과를 얻게 된다는 것이다. 나중에 이 카피에 공감하게 되거나 최소한 익숙한 메시지가 된다. 당신은 '무엇을 하고 있는가?' 하고 이 캠페인에 참여할 확률도 높아지리라 생각한다. 상품 브랜드의 경우 '**구매고려군**(Consideration Set)'에 넣게 되는 효과를 준다. '의문형 카피'는 수용자가 답을 준비하고 답을 찾기 위해 노력하는 시간을 갖게 만드는 효과가 있다. 의문형을 많이 활용하면 점수 80점 이상 딸 수 있다.

헷갈리는 사자성어의 사례

우리가 알게 모르게 잘못 사용하고 있는 사자성어들이다. 카피라이터는 항상 확인하고 또 확인하면서 카피를 써야 한다.

동거동락	→ 동고동락	절대절명	→ 절체절명
동병상린	→ 동병상련	주야장창	→ 주야장천
성대묘사	→ 성대모사	중구남방	→ 중구난방
산수갑산	→ 삼수갑산	체면불구	→ 체면불고
생사여탈	→ 생살여탈	토사광란	→ 토사곽란
양수겹장	→ 양수겸장	풍지박산	→ 풍비박산
유도심문	→ 유도신문	호위호식	→ 호의호식
일사분란	→ 일사불란	홀홀단신	→ 혈혈단신

관점전환(Perspective, Point of view, Perspective Designer) 1

관점전환의 시작은 '당연함을 부정하라!'이다. '모든 것이 마땅히 그래야 한다'라고 받아들인다면 변화는 존재하지 않는다. 우상의 파괴가 요구되고 신화의

카피창작 솔루션, 오씨캠프

거부가 필수다. 당연함의 틀에 갇히면 아무것도 이루어지지 않는다. 지금 당연한 것이 미래에도 당연한 것은 결코 아니다. 세상살이에서 '지금, 이 순간'의 사실이 있을 뿐이라고 생각해야 한다. 작게는 지금 이 순간에 아침 기상시간이 7시인 것은 습관이고 당연함이다. 그러나 크게는 천동설에서 지동설로 바꾸는 '코페르니쿠스적인 대전환'이 관점의 전환이다.

관점의 변화는 당연함의 파괴로부터 나온다. '크리에이티브'라는 단어의 시작은 '당연함에 던지는 왜?'라고 해도 좋을 것이다. 관점을 바꿔 당연함을 깨는 순간에 '낯설게 하기'가 작동한다. 개인과 기업의 성패는 오늘이 아닌 내일 '당연해질 생각'을 누가 먼저 잡는가에 달려있다고 한다. 이 생각 저 생각 하면서 관점을 설계(Design)해야 한다. "세상에 변하지 않는 것은 없다. 오직 변하지 않는 것이 없다는 것만이 변하지 않는 진리다"라고 니체가 말했다.

고정관념에 관한 틀을 깨는 무기는 '태도'다. 그리고 '새로운 관점'을 갖는 것은 넘볼 수 없는 대단한 일이라는 생각마저도 고정관념에 불과하다는 것이다. 나아가 '관점의 변화'란 나의 일상 속에서도 매우 쉽게 일어날 수 있는 '신나는 스파크'라는 것 역시 깨닫게 될 것이다. 다른 사람들과 차별화된 자신만의 생각이 생기게 된다. 생각이 잘 생기게 하려면 여러 가지 요소나 요인을 따져봐야 한다. 자기가 알고 있는 경험과 지식을 잘 '연계-순환-통합'하는 시스템 사고를 해야 한다. '비빔밥 정신'으로 융합할 때도 아이디어는 솟구친다. 확장된 눈으로 세상을 분석하고 해석할 때 우리의 삶도 확장된다. 그래서 JTBC 방송 뉴스룸의 슬로건이 '분석과 관점'으로 세상을 보는 것인지도 모른다. 아이디어 발상할 때, 흔히 '뒤집어 보고, 비틀어보고, 틈새를 보라'고 말한다.

스타트 업(Start Up) 창업가들은 오늘의 '무용함'을 내일의 '유용함'으로 바꾸는 힘과 미래에 당연해질 것을 찾아내는 힘을 길러야 한다고 한다. 결국 '관점'이 무한경쟁 시대를 관통하는 강력한 '열쇠'가 될 것이라고 주장한다. '같은 일'을 반복하는 일은 숭고한 일이지만 '같은 방식'을 되풀이하는 것은 재미없는 일이다. 항상 무언가 새로운 것을 찾아 떠나는 '발상의 여행자'가 돼야 할 것이다.

관점전환의 또 다른 사례는 다음과 같다.

- 백화점: 물건을 파는 곳이 아니라, 물건을 사는 곳이다. 소비자 중심이라는 말이다.
- 아파트(집): 사는(Buy) 것이 아니라, 사는(Live) 곳입니다. 아파트의 고유 기

능이 바로 '삶(Life)'이다.

- 일본 아오모리 사과: 태풍으로 낙과가 80%였지만, 남은 사과에 '합격사과(입시에서 떨어지지 않는 사과)'라고 별명(Nick Name)을 붙여서 5배로 비싸게 팔았다. 남아있는 20%에 의미부여 해서 수험생들에게 팔았다고 한다. 이런 식으로 위기 속에서 새로운 길을 찾는 게 카피라이터이다.
- 아이스크림: 겨울에도 판매(아이스 아메리카노는 계절을 초월해서 전방위적으로 팔리고 있다)
- 냉장고: 북극에서도 판매할 수 있게 한다.

관성을 버려라(관심, 관찰, 관점, 관계, 관통)

생각을 점점 깊게 하거나 꼬리에 꼬리를 무는 생각을 하게 되면 '몰입'이 생긴다. 몰입은 이런 과정을 거친다고 본다. 먼저 세상살이나 사물에 관심을 가져야 한다. 취업 준비생이 사원 모집공고에 관심을 가지는 것과 같다. 광고에 관심이 있으면 광고 영상이 눈에 띄고 분석도 하게 된다. 관심을 가지면 관찰하게 된다. 무엇이 표현됐고 무엇을 말하려는지 따져보게 된다.

밤하늘에 별이 촘촘히 헤엄치고 있으면 '저 별은 나의 별, 저 별은 너의 별' 하면서 분류하게 된다. 이렇게 분류한다는 것은 관점을 가지고 어떤 별 무리 속에서 관계를 발견했을 때 일어난다. 북극성은 국자 모양으로 연결시켜 본 별자리다. 사자자리나 처녀자리 같은 별자리도 별을 쉽게 찾고, 위치를 쉽게 찾기 위해 이름을 붙인 것이다. 이름도 신화 속의 인물과 연결되어 재미를 더해주고 있다. 이런 관점은 별 무리의 관계를 부여했을 때 가능해진다.

이런 과정을 거치면 밤하늘의 별자리 전체를 관통하는 지혜가 생기게 될 것이다. 세상살이에 대해 관심을 가지게 되면 관찰하게 되고 그럼 관점이 생기고 관계를 볼 줄 알게 되고 그렇게 되면 관통하게 된다. 관통은 소비자와 브랜드와 시대 흐름을 연결하는 중요한 발상의 핵심이 된다. 카피라이터가 기존에 해오던 관성을 버리고, '관심'을 가지려면 바로 '호기심(Curiosity)'이 필요한 것이다. 관심은 세상과 사물에 대한 호기심에서 나온다. 특히 지적 호기심은 어린이가 가진 동심(童心)을 가져야 한다. 동심은 모든 인간의 공통분모이고 공유 감성이고 인간의 원형(Archetype)이다. 이 동심이 있어야 소비자 마음을 움직이는 '동심(動心)'이 생긴다.

관점전환(Perspective Designer) 2

관점전환은 모든 아이디어 발상의 첫 출발이다. 카피라이터가 필요한 핵심 역량 중 하나가 콘셉트 개발이고 관점전환이 가장 중요한 첫 단계다. 여기서 디자이너란 플래너(Planner)로서 기획하고 설계하고 계획한다는 의미이다. 관점전환은 기획자는 물론이고 크리에이터가 가져야 할 **최종병기**가 돼야 한다. 몇 가지 가이드라인을 다음과 같이 요약하고 제안한다.

- 관성을 버려라: 습관과 타성과 관행을 버려라. '인지의 구두쇠'를 벗어나라. 기존에 해왔던 잘 아는 방법으로 하려는 습성이 있다. 관성을 버리면 사물, 인간, 브랜드에 관한 관심이 생기고 관찰로 이어진다.
- 관심: 동심의 세계에서 지적인 욕구를 가졌을 때 생긴다.
- 관찰: "소비자들이 왜 구매하고 어떻게 구매하지?"는 관심에서 나아간 형태이다.
- 관점: 관찰이 쌓이면 '아, 이래서 하는구나', '아, 그래서 마켓컬리가 번창하는구나', '왜 쿠팡에서 로켓배송 하는가' 등의 소비자 심리와 트렌드를 발견하게 된다
- 관계: 그런 것들이 몇 개 이어지고. 관계가 뭔지 알고 싶어 하고 관계를 찾게 된다. 관계를 파악함으로써 뭔가 하나를 꿰뚫는 '맥'을 발견한다. 그런 것들이 있었을 때 비로소 카피라이팅을 시작할 수 있다. 이런 것들이 다 생각(Thinking)이다. 광고인은 이런 생각 속에서 관계를 파악하고 인사이트와 직관을 얻을 수 있는 능력을 기르게 된다
- 관통: 사회흐름과 시대정신과 소비자 심리와 브랜드를 연결하는 하나의 맥을 발견하게 된다.

그래서 카피라이팅은 반짝이는 아이디어 중심이 아니다. 무엇을 이야기할 것인지를 파악하고 '하나의 맥'으로 관통된 메시지를 찾는 것이 고유 핵심 미션이 된다.

'나는 죽는데 다른 사람들은 환호해~' 그건 바로? 폭죽

조카들이 '삼촌(이모), 하늘이 왜 파래?' 묻는 이유는 동심이니까 가능하다. 우리는 무식이 폭로되는 게 아닌지 난처해한다. '왜 하늘이 파랗냐'고 물어보는 건 '왜 그렇지?' 하는 근원적인 호기심의 발동이다. '아로나민 영양제에 뭐가 들었지?'같이 '왜?'라는 기본적인 질문이다. '나는 서울예술대학교에 왜 입학했지?'라는 자기 정체성에 대한 근원적인 질문이라고 할 수 있다. 질문을 회피하려는 경향을 이겨내고, 그런 질문을 할 수 있어야 한다. 아모레 화장품 '설화수는 왜 나왔나'를 질문하고 대답을 생각해야 한다. 반드시 해봐야 한다. 새로운 질문에서 새로운 카피가 나올 수 있다. 공모전 나갈 때 이런 단계를 거쳐보면 효과적이다. '노트북은 왜 대부분 아이보리 색일까?' 하는 질문 속에서 새로운 디자인과 카피가 생긴다. 비스포크 냉장고의 시작은 '왜 냉장고 색깔은 아이보리인가'라는 질문에서 시작된 것이다. '신혼부부는 예쁜 거 좋아한다'와 같은 응답이 나오면 색을 넣어서 팔 수 있다. 그래서 삼성전자와 LG전자가 가전상품 광고에서 대전쟁을 치르고 있는지 모른다.

서울시에서 '멍때리기 대회'가 있었다. 카피라이터도 사물을 바라본다. 격물치지(格物致知), 사물을 보고 있으면 뭔가가 생각이 난다. 스님이 골방에서 가부좌하고 묵상에 잠긴다. 돈오점수 수행법이 있다. 수행 중에 어느덧 하나를 꿰뚫으면서 득도하고 난 뒤, 수행을 꾸준히 해나간다는 뜻이다. 안광(눈빛)이 종이 뒷면을 알 수 있다는 득도한 사람들이 하는 이야기다. 아무것도 없는데 보고 있으면 보인다는 경지다. 관심을 가지고 세상살이를 보면 세상을 관통하는 지혜가 생기고 카피라이터는 카피를 쓸 수 있게 된다는 뜻이다. 물론 다시 한 번 '합리적 의심'으로 질문과 관심을 재점검해야 한다.

관점(Perspective, Point of View)전환의 사례는 모든 장르에서 사례를 찾을 수 있다. '표류 중인 난파선과 조난당한 외딴 섬 주민'의 이야기다. 외딴 섬 주인은섬에서 배를 보고 "배다!"라고 외치지만, 표류 중인 난파선의 사람이 섬을 보면 "육지다!"라고 외친다. 같은 사물을 두고 다르게 해석하는 관점을 찾을 때 크리에이티브가 시작된다. 술잔으로 보이느냐 두 얼굴로 보이느냐는 관점을 달리한 것이다. 관점은 세상살이를 다르게 보게 만들기에 그만큼 중요하다(구글검색).

게임회사는 시장에 신작 게임을 정식 서비스를 시행하기 전에 시범 서비스를 시행한다. 이런 시범 서비스에는 클로즈베타(Closed Beta Service)와 오픈베타

Perspective...

(Open Beta Service)가 있다. 클로즈베타는 정해진 사람에게만 시범 서비스를 하는 것인 데 반해, 오픈베타는 원하는 누구든지 시범 서비스를 이용할 수 있다. 이 기간 동안 게임의 문제점을 찾아내 보완하고, 게이머들 요구를 수용해 더 나은 게임을 만든 후 비로소 **상용화**에 들어가게 된다. 사용자(User)나 게이머가 원하는 사양이나 재미요소나 추가사항들이 무엇인지를 수집하는 과정이기에 '스케일업 (Scale Up) 과정'과 비슷하다고 할 수 있다. 광고 크리에이티브는 집단창작이기에 가능한 한 '최대 다수에게 최대 공감'을 획득하는 게 중요하다. 최대 공감을 얻으려면 '객관화'가 꼭 필요하다. 다른 사람이 써봤을 때 어떤 평가를 할까에 대해 확인하는 과정이 필요하다. 생산자가 소비자의 시각으로 '역지사지의 관점'을 거쳤을 때 시행착오를 줄일 수 있다. 보이지 않던 오류도 잡아낼 수 있기 때문이다.

광고주가 만병통치약인 것처럼 얘기해도 카피라이터는 사실이 무엇인지 찾기 위한 작업을 반드시 해야 한다. 그것을 하기 위해 관점전환이 필요하다. 관점전환을 확장해서 본다면, 감각에서도 이런 말을 할 수 있지 않을까? '착시효과'와 '확증편향' 같은 것을 점검해야 한다는 뜻이다.

서양 근대철학의 출발점이 된 철학자이고 합리론의 대표주자로 알려진 르네 데카르트(René Descartes, 1596-1650)는 《방법서설》에서 "**나는 생각한다, 고로 존재한다**"라고 했다. 계몽사상의 '자율적이고 합리적인 주체'의 근본 원리를 처음으로 확립한 것으로 유명하다. 근대는 무엇에서든 확실하고 단단한 토대를 요구하는 시대다. 내가 알고 있다고 여기는 것, 내가 믿고 있는 것 등 그 어떤 것에서든 분명하고 확실한 근거를 요구한다는 것이다. 카피라이터는 이런 사고방식을 가지고 있어야 한다. 정신적인 실체의 본성은 사유하는 것이며, 물질적인 실체의 본성은 연장된 것이었다는 주장이다.

'골든 서클'(Golden Circle)은 관성을 버리고 새로운 관점을 갖기 위해서 작동시킨 발상법이다. "우리는 무슨 일을 하는가?"(What, 무엇을)를 생각하지 말아야 한다. 또한 "우리는 어떻게 일을 진행하는가?"(How, 어떻게)를 생각해서는 안 된다. "우리는 왜 이 일을 하는가?", "우리 회사의 존재이유는 무엇인가?"(Why, 왜)를 생각해야 한다는 주장이다. 근원적인 존재이유에 대해 자신의 정체성을 확립하고 난 뒤, 어떻게 할까, 무엇을 할까를 생각해야 한다는 것이다. 세상살이 삶과 같은 질문이다. 기존의 타성과는 다른 접근법이다. 낯설게 느껴지기도 한다. 새로운 관점을 가지기 위해 관성을 파괴해야 할 시점이다. 현명한 질문은 우리 모두가 현재 가지고 있는 기본적인 가설을 흔들어놓고, 새로운 연결관계를 만들어줌으로써 생긴다. 우리가 세상살이와 사물의 존재를 바라보는 관점을 다르게 하는 방법을 찾아야 한다. 오늘도, 내일도 하늘 아래 새로울 것은 없다. 낡은 관성과 고정관념에서 벗어나 오래된 것들을 새롭게 연결하는 '관점'. 바로 이 관점을 가진 자만이 앞으로의 세상을 다스릴 것이다.

창의적인(creative) 발상은 바람직한 정체성과 존재이유에 대한 새로운 사고모형을 개발하도록 요구하고 있다. 새로운 사고모형은 질문과 피드백과 성찰과 숙성, 그리고 다시 '질문 → 피드백 → 성찰 → 숙성'의 세트를 집요하게 물고 늘어져야 나온다. 창의적 사고를 촉진하는 처방전이 필요하다.

혜택, 가치, 의미, 상징

상품의 초기 구매자들을 사로잡는 것이 왜 중요한가? 그리고 그 방법은 무엇일까? 사람들(소비자)은 당신이 하는 일(상품)을 구매하지 않는다. 당신이 일하는(만든) 이유를 구매한다. 왜 화장품을 사는지 따져봐야 한다. 일차적으로는 소비자가 맞닥뜨리는 생활문제를 해결해주어야 한다. 그 이유는 아름다움에 대한 욕망 때문이다. 브랜드가 줄 수 있는 혜택(Benefit)을 약속한 것이다. 그리고 가치(Value)와 의미(Meaning)와 상징(Symbol)으로 보이지 않지만 소중한 '심리적 만족감'을 전할 수 있어야 한다. 그래서 '기업철학과 상품미학'이 중요하다.

디지털 마케팅 시대에 유니콘으로 성장한 '배달의 민족'의 우아한 형제들은 기존에 버릇처럼 해오던 근무환경과 관성을 타파하자고 내건 행동지침을 보여주고 있다. 본사 소재지가 서울 송파구에 있기에 붙인 명(名)카피들이다.

송파구에서 일 잘하는 방법 11가지

① 9시 1분은 9시가 아니다.

② 업무는 수직적, 인간관계는 수평적.

③ 간단한 보고는 상급자가 하급자 자리로 가서 이야기 나눈다.

④ 잡담을 많이 나누는 것이 경쟁력이다.

⑤ 개발자가 개발만 잘하고, 디자이너가 디자인만 잘하면 회사는 망한다.

⑥ 휴가 가거나 퇴근 시 눈치 주는 농담을 하지 않는다.

⑦ 팩트에 기반한 보고만 한다.

⑧ 일을 시작할 때는 목적, 기간, 예상산출물, 예상결과, 공유대상자를 생각한다.

⑨ 나는 일의 마지막이 아닌 중간에 있다.

⑩ 책임은 실행한 사람이 아닌 결정한 사람이 진다.

⑪ 솔루션 없는 불만만 갖게 되는 때가 회사를 떠날 때다.

이 세상에서 가장 훌륭한 질문은 바로 이것이다.

'내가 이 세상에서 살면서 잘할 수 있는 것은 무엇일까?', '내가 하고 싶은 일은 무엇인가?', '내가 되고 싶은 인물은 누구인가?' 다른 회사와 다른 '조직문화'도 태도를 바꾸는 데 크게 기여한다. **행동학습**을 유도하는 데 가장 중요한 규칙은 이런 질문에 대답을 구체적으로 공언하는 것이다. 카피라이터의 생활 태도를 말하고 있다.

The first ground rule of action learning. (행동학습의 첫 번째 규칙이다)

Make statements only in response to questions. (질문에 대한 답변만 진술한다)

알파벳 26자에 차례대로 점수를 부여한다. 'A=1, B=2, C=3, D=4 ⋯ Z=26점'이 된다. 세상살이 인생에서 중요한 단어를 알파벳 점수로 바꿔 총점수를 계산한다. 사랑(LOVE)은 각 알파벳을 숫자에 대입하여 더하면 54점이다. 행운(HAPPINESS)은 각 알파벳을 숫자에 대입하여 더하면 47점이다. 태도(Attitude)는 각 알파벳을 구성 문자의 점수로 대체하여 더하면 100점이다. 덜도 아니고 더도 아닌 딱 '100점 인생'이다. 카피라이터도 100점 인생이 되려면 '태도'가 달라야 한다. 직접 개인별로 점수를 매겨보기 바란다.

삼각형들은 어느 쪽으로 가고 있나? 글로벌 해양강국 대한민국

세상만사와 사물의 진행방향은 어디에 관점을 주고 방점을 찍느냐에 달려있다. 삼각형이기에 최소한 세 가지 방향이 있다. 우리는 북반구에 살고 있어서 지도를 우리 중심으로 본다. 남반구 사람들은 지구를 거꾸로 본다. 오대양을 누비는 동원산업의 참치잡이 선단에서 나온 지도로 '글로벌 해양강국'의 관점을 잘 살리고 있다.

우리가 어떤 생각을 하느냐가 우리가 어떤 사람이 되는지를 결정한다
(오프라 윈프리)

그녀는 빈민가 출신에 성폭행 피해자였으나 저널리즘을 공부하여 지방방송에서 기자 생활을 시작했다고 한다. 현재 미국의 방송계에서 최장수 MC를 하고 있다. 그녀는 관점은 긍정을 낳고 긍정은 열정을 낳아 아메리칸 드림을 실현한 인간승리이며 진정한 프로페셔널이다. 그래서 카피라이팅은 삶의 태도와도 연결된다.

책과 친해지세요: 어린 왕자

독서가 분석력과 비판력을 길러준다는 말은 진리다. 스마트폰을 스크롤하고 그냥 넘어가는 내용은 기억에 오래 남지 않는다. 얼마나 시선을 집중하느냐와 시선 체류시간이 얼마나 긴가가 중요하다. 가장 중요한 것은 눈으로 볼 수가 없어 마음으로 찾아보아야 한다는 '어린 왕자'의 말이 맞는 것같다. 시선을 머무르고 생각하면서 마음으로 읽어야 한다. '네가 오후 네 시에 온다면 나는 세 시부터 행복해지기 시작할 거야'라는 사색이다.

우리들은 달라붙어서 색다른 거 할 수 없을까 생각하고 생각해야 한다. 미국에서 인기 있는 대학 중의 하나가 된 세인트존스대학교는 졸업하려면 재학 4년 동안 '고전 100편' 읽는 게 필수라고 한다. 독서와 토론이 수업의 내용이다. 수업이 매우 역동적이다. 1년에 25권을 읽어야 한다. 1년이 52주니까 2주에 한 권씩을 읽어야 한다. 왜 독서를 필수로 지정했을까? 고정관념의 파괴자로 육성하고, 관점으로 미래를 연결하는 '관점 디자이너'로 학습하려는 의도가 아닐까? '독서(讀書)는 독한 사람을 만든다'는 가치관이라고 생각한다. 역사적인 현인들의 잠언들을 읽으면 다른 사람들과 차별화된 자신만의 생각이 생기게 된다. 세상살이를 보는 '확장된 시선'으로 세상을 해석할 때, 우리의 삶도 우리의 카피도 확장된다.

토마스 쿤의 패러다임 쉬프트(Paradigm Shift)이다. 카피 마인드는 이 시대에 통하는 진리에 대해서도 '합리적 의심'을 하는 것이다. 우리 시대를 지배하고 우리의 생각을 지배하는 것에 대한 합리적 의심이다. 카피라이터는 광고주의 말을 '무결점의 진리'인 신처럼 받들어선 안 된다. 이의 제기할 수 있어야 한다. 당연하다는 걸 부정할 수 있어야 한다. 지금 당연한 것이 미래에도 당연한 것은 결코 아니다. '왜?'라는 동심으로 생각해야 한다. 또 '지옥고(지하 셋방, 옥탑방, 고시원)'는 헬조선의 대명사였던 때가 있었다. 하지만 요즘 젊은이들 사이에 핫 플레이스로 떠오르고 있는 '루프탑' 공간들 역시 몇 년 전만 해도 입주 상인들이 기피하고 방치되는 애물단지 '옥탑방'에 불과했다. 카피의 발상이 한 차원 높아지는 순간이다.

니체는 인간을 세 단계로 구분했다. 첫 단계는 낙타, 두 번째 단계는 사자, 세 번째 단계는 예술이다. 궁극적으로는 예술가, 그중에서도 무용가가 돼야 한다고 생각했다. 예술을 배우는 사람이 니체를 알면 큰 위안과 힘이 될 것이다. 광고 크리에이티브(카피)는 예술이다. 새로운 관점을 보는 것이 필요하다.

다시 한 번 관점을 디자인하라

'낡은 것의 새로운 연결(결합)' 이것이 크리에이티브다. 결국엔 또 관점이다. 낡은 것은 무엇이 있나. 교보문고 매장 입구에 가보면 슬로건이 있다. '사람은 책을 만들고 책은 사람을 만든다.' 여기서 낡은 것은 책, 사람이라는 개념이다. 이 낡은 것들의 새로운 연결이 크리에이티브다. 낡은 것인 책과 커피가 있다. 새롭게 연결(결합)하면 '책이 커피를 만들고 커피가 책을 만든다'가 된다. 누구는 말이 된다고 생각하고 누구는 말이 안 된다고 생각할 수도 있다. '최대 다수의 최대 공감'을 얻으면 된다. 51% 이상만 공감해도 카피가 된다. 이걸 잘 활용하면 카피 마인드를 배울 수 있다.

뒤집어보고, 비틀어보고, 틈새를 보라고 했다. 오늘의 '낡음'을 내일의 '새로움'으로 바꾸는 힘(Power)을 길러서 '관점'을 바꿔야 한다. 무한경쟁 시대를 관통하는 강력한 '열쇠'가 될 것이다. 이 열쇠는 구멍에 그냥 넣어서 돌리면 '카피 공장'이 돌아가는 '한 방의 열쇠(Turn Key)'가 된다.

'쉽게, 쉽게'에 빠지면 시간을 절약하기 위해 기본적인 것만 쓰게 된다. 더 좋은 것을 추구하는 창의적인 카피라이터가 주위 동료들을 불편하게 만들 수도 있다. 하지만 카피라이터는 불편을 잘 이용하는 '낯설게 하기'를 두려워하면 발전이 없다. 구글(Google)에 근무하는 직원을 '구글러'라고 한다. 제일기획에서 일하는 광고인을 '제일러'라고 부른다. 이제부터 카피라이터는 '불편러'이다.

복잡적응계의 일별로 본 크리에이터 세계

광고 크리에이티브는 '발상'의 문제라고 할 수 있다. 발상은 어떤 규칙이나 지침서(Mannual)가 없다. 오랜 경험과 다양한 지식의 융합으로 이루어진다. 다양한 표현요소들이 상호작용하면서 충돌하고 갈등을 해소하면서 이루어지는 '블랙박스'라고도 한다. 광고인들은 고려해야 할 경우의 수가 많아 복잡하고도 혼란스러워하다가 마감시간이 임박했을 때 초긴장 상태를 넘어서 좋은 아이디어가 나오는 경험을 자주 한다. 암흑 같은 발상의 터널 속에 있다가 갑자기 폭풍처럼 아이디어가 쏟아지는 경험도 한다. 이렇게 창의성이 도출되는 과정을 밖에서는 전혀 알 수 없어 블랙박스라고 한다. 하지만 그 속에서 일어나는 과정을 보면 '복잡적응계의 원리'를 많이 닮아있다.

복잡적응계(Complex Adaptive System)는 부분의 합이 전체와 일치하지는 않는 체계로서 복잡계라고도 한다. 복잡적응계의 기본은 '원인과 결과의 관계'에 대해 생각할 때, 하나의 원인에 대응하는 하나의 결과라는 단순한 '선형적 관계'로 파악하는 것에 대한 비판이다. 복잡적응계에서는 어느 장소에서 일어난 작은 사건이 그 주변에 있는 다른 요인에 작용하고, 그것이 복합되어 차츰 큰 영향력을 갖게 됨으로써 멀리 떨어진 곳에서 일어난 사건의 원인이 된다고 생각한다. 복잡적응계의 개념은 '자기조직화 능력'이나 '자발적 정보처리능력'의 발현에 관심을 두는 세계관이다. 그래서 카오스 이론(Chaos Theory)과 비슷한 시각이다.

카오스는 껌껌한 공간, 곧 혼돈(混沌)을 뜻한다. 카오스 이론은 작은 변화가 예측할 수 없는 엄청난 결과를 낳는 것처럼 안정적으로 보이면서도 안정적이지 않고, 안정적이지 않은 것처럼 보이면서도 안정적인 현상을 설명한다. 또한, 겉으로 보기에는 한없이 무질서하고 불규칙해 보이면서도, 나름대로 어떤 질서와 규칙성을 가지고 있는 현상을 설명하려는 이론이다. 물리학에서는 안정된 운동 상태를 보이는 계(系)가 어떤 과정을 거쳐서 혼돈 상태로 바뀌는가를 설명함으로써 혼돈 현상 속에도 어떤 '숨겨진 질서'가 있다는 것을 밝히려는 이론으로 정의한다 (두산백과, "Chaos Theory").

1961년 미국의 기상학자 로렌즈(E. N. Lorentz)가 기상 모델을 연구하면서 '나비효과(Butterfly Effect)'를 발표하여 이론적 발판을 마련했고 그 후 활발히 연구됐다. 나비효과란 브라질에 있는 나비의 날갯짓이 미국 텍사스에 토네이도를 발생시킬 수도 있다는 비유다. 지구상 어디에선가 일어난 조그만 변화가 예측할 수 없는 변화무쌍한 날씨를 만들어낼 수도 있다는 것을 의미한다. 기존의 물리학으로는 설명할 수 없는, 이른바 '초기 조건에의 민감한 의존성', 곧 작은 변화가 결과적으로 엄청난 변화를 일으킬 수 있다는 사실을 보여준다. 카오스 이론을 보여주는 대표적인 예로는 증권시장에서 주식 가격의 변화, 나뭇잎의 낙하운동, 물의 난류 현상, 회오리바람, 태풍이나 지진 메커니즘 등을 들 수 있다(네이버). 광고표현에서 비주얼 요소 하나가 전체 광고 크리에이티브 파워를 좌우할 수 있다. 카피 하나가 전체 메시지 구도를 바꿀 수도 있다는 것은 경험에서 확인할 수 있다.

산업사회를 지탱해 온 유물론적 기계론이 말하는 '요소 환원주의적 사고'는 이제 그 기능을 상실했다. 모두가 패러다임의 변화를 말한다. '난순세'에서 '복잡계'로 옮겨간 것이다. 정보사회에 들어서면서 시장과 매체 그리고 메시지 구조 등이 모조리 달라져버렸다. 이제 종전의 마케팅 커뮤니케이션 방식은 부러진 화살이 되어 더 작동하지 않는다. 특히 광고 분야는 학문과 산업을 망라하여 총체적인 국면 전환기를 맞고 있다. 한마디로 광고 환경이 완전히 **모바일 우선주의와 소셜 네트워크와 플랫폼의 '디지털 변혁(Digital Transformation)'**으로 달라진 것이다.

이에 전통 광고의 이론이 갖는 한계와 문제점을 분석하고, 그 대안으로 복잡계 관점에서 광고의 정의와 범주 등에 관한 재개념화를 모색한다. 따라서 복잡적응계 이론은 물리학을 넘어 경제 시스템과 언어 시스템, 더 나아가 면역계나 생태계 네트워크, 생물 진화 등도 그 대상에 포함된다. 물론 복잡적응계는 광고 크리에이티브의 세계에도 적용될 것이며 카피라이팅의 창의성을 설명하는 데도 아주 유용한 이론이라고 생각한다. '맞춤형 퍼포먼스' 마케팅과 커뮤니케이션 활동에서도 다양한 요인들의 **복잡한 상호작용**을 반영하려면 복적응잡계의 관점과 이론이 아주 유용하다고 본다. 디지털 광고 생태계는 '**영역**(사회), **분야**(광고회사), **개인**(광고인)'의 행위 주체와 표현요소 간의 다양하고 '**유기적 상호작용**'(아트와 카피의 행복한 결혼)이 발현되는 복잡한 현상들의 집합체로서 다양한 이해관계자(stakeholder)의 상호영향력을 충실히 반영해야 한다고 생각한다.

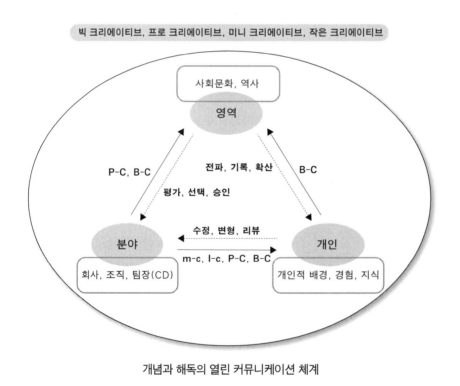

개념과 해독의 열린 커뮤니케이션 체계

'개념과 해독의 열린 커뮤니케이션 체계'라는 광고 생태계에서는 크리에이터 개인이 아이디어를 제시하면 변형과 수정을 통해 사회에 집행되는 과정을 복잡적 응계 관점으로 보여준다. 초벌 크리에이티브인 '작은 크리에이티브'가 '미니 크리에이티브'를 거치고 '프로 크리에이티브'에서 최종 '빅 크리에이티브'로 숙성되고 확장되는 과정이다. 카피라이터는 이 숙성 과정을 즐길 줄 알아야 한다. 그때는 그냥 광고 크리에이티브가 아니라, 위대한 크리에이티브인 '그레이티브(Greative, Great+Creative)'가 된다.

3장
트렌드

"아마추어는 데이터를 '분식'하지만, 프로는 데이터를 '분석'한다."
"아마추어는 '단기성과'를 기대하지만, 프로는 '장기성과'를 기대한다."
"아마추어는 '몸'으로 하는 '깡'을 즐기지만, 프로는 '맘'으로 하는 '밈'을 찾는다."

트렌드는 광고의 기본적인 배경지식이고 광고 표현의 주요 소재이다. 거대한 사회흐름(Social Mega Trend) 속에 살아가고 있는 현대인들과 동시대에서 호흡하고 심리적으로 공감하기 위해서 카피라이터는 트렌드에 대한 이해가 깊어야 한다. 광고인으로서도 소비자의 의견과 태도와 관심에 대한 **영역지식**(Domain Knowledge)을 갖고 있어야 한다. 그렇지 않다면 카피라이팅이라는 창작작업을 제대로 할 수 없을 것이다. 이러한 라이프 스타일에 맞는 스토리텔링과 카피를 써야 한다. 소비자와의 공감의 폭과 강도를 강하게 만드는 게 중요하다. 〈나 혼자 산다〉 같은 TV 예능프로그램도 시청률을 올려야 하니까 사회 트렌드를 반영하고 있다. 시대를 반영해야 할 광고는 더욱더 트렌드를 반영하여 어떤 감성이 잘 먹히는지 카피라이터는 잘 따져보아야 한다.

본격적 카피라이팅의 사전 정비작업으로서 트렌드에 관한 '지식, 경험, 이론'을 소개하며 기본적인 소비자들의 심성에 흐르고 있는 가치관, 감성, 감각, 이슈에 대한 연결성이 중요함을 잘 이해해야 한다. 트렌드의 중요성을 이해하고 카피라이팅과의 관련성을 익히는 게 목적이다.

파도타기

카피라이터가 표현전략을 기획할 때, 어떤 트렌드를 쓸 것인가, 어떤 브랜드에 어떤 메시지를 태울 것인가 하는 것은 아주 중요하다. 항상 누구나 동의할 수 있는 '근거 자료'(Reference)가 있어야 한다. 트렌드 연구소의 조사보고서나 기업

연구소의 동향보고서나 디지털 매체
사의 월간 보고서 등은 신뢰할 수 있고
좋은 '인용 자료'가 된다. 언론사의 취
재내용도 하나의 신호(Signal)가 되므로
지나치지 않아야 한다.

트렌드를 잘 타는 사람들. 현대차
SUV 차량 베뉴(VENUE)는 '혼 라이프'족을 위해 21가지 컬러 취향을 맞출 수 있
음을 부각시키고 있다. 기아차 카니발은 마음을 이어주는 '연결의 기술'로 부모와
자식 간의 'XYZ 세대' 갈등을 해결한다는 스토리텔링을 선보였다. 4차 산업혁명
시대의 핵심 기술인 '연결 허브'(Connecting Hub) 트렌드를 잘 올라탔다고 본다. 자
동차의 물성적인 '동승'을 세대를 이어주는 '동행'으로 감성화하여, '트렌드 서핑'
을 잘한 시리즈 광고라고 생각한다.

마켓 센싱

마켓 센싱(Market Sensing)은 시장에 대한 감각을 유지하고 시장 변화를 파악하
여 향후 트렌드 방향을 예측함으로써 시장을 주도하는 능력이다. 제품에 대한 다
양한 지식과 자료를 보유하고 고객사 및 경쟁사의 동향을 파악하는 감성이다. 미
래의 기술 트렌드에 관한 지식과 분석을 더하면 마켓 센싱 역량은 최강이 될 것이
다. 카피 아이디어를 잘 내려면 트렌드 분석을 기반으로 해야 한다. 시장 센스는
카피라이팅의 '마중물'이고 '수원지(水源池)'라고 할 수 있다.

해양 조류(Oceanic Currents)가 바뀌면 어종이 바뀌고, 어종이 바뀌면 어선을 바꿔야 한다. 어선이 바뀌면 어부도 바뀌어야 한다

북태평양이나 북대서양 해류가 생기는 이유는 표층해류(Surface Current)와 심
층해류(Deep Current)의 '온도차, 염분의 밀도차, 바람의 차이'라고 한다. 여름엔 태
평양 고기압에 의해서 태풍이 올라온다. 바람이 물을 치고 올라간다. 이런 해류에
도 나름의 패턴이 있다고 한다. 자연 생태계가 움직이는 모습이 소비자 마음과 트

렌드 생태계를 많이 닮았다. 복잡적응계 같은 혼돈이 있고 그 혼돈과 무질서 속에는 '프랙털 패턴(Fractal Pattern)'이 일정하게 반복된다는 것이다. 다양한 현대인의 삶 속도 제멋대로인 것처럼 보이지만, 크고 작은 유행과 일정한 트렌드가 있어 질서를 잡아주는 '자기조직화' 역량이 숨어있다는 뜻이다. '어장 관리'를 잘해서 어종을 선별하고 고기 잡는 어선도 바꾸어야 하는 것과 같다. 그 어선의 어부도 어종 탐지를 잘해야 할 것이다. 카피라이터가 트렌드에 관심과 센싱을 가져야 하는 이유다. 특히 소비자의 속마음을 해류라 생각하면서 구매심리인 욕망(Needs)과 요구(Wants)를 간파해야 한다. 소비자들의 마음도 이런 게 아닐까 생각하면서 패턴을 분석할 필요가 있다. 광고목표와 콘셉트(What to say), 목표고객(Target), 매체전략을 고려해야 한다. 디지털 트랜스포메이션 시대의 적자생존 전략의 요건이다.

　　파도에 따라야만 '서핑'을 즐길 수 있듯이, 사회의 저변에 흐르는 트렌드를 타야만 소비자들이 즐겁고, 공감할 수 있고, 공동체의 구성원으로서 동의할 수 있다. 그런 사람들을 설득할 수 있는 메시지를 만드는 카피라이터에겐 트렌드에 대한 이해와 지식이 더욱더 필요하다. 물론, 크리에이티브가 꼭 트렌드를 따라야만 한다는 법칙은 없다. 크리에이티브 자체는 창조성이고, 비판적인 사람들에게 더 필요한 것이기 때문이다.

　　하지만 기본적인 광고를 만들기 위해선 트렌드를 잘 타야 한다. 소비자의 공감의 폭과 강도를 강하게 만드는 데 중요한 것이 바로 '트렌드에 대한 이해'이기 때문이다. 오늘날엔 나이대와 가치관 등에 따라 여러 가지 트렌드 키워드가 생겨났다.

나이키의 'Just Do It' 30주년 기념 광고

　　2015년에 콜린 캐퍼닉(Colin Kaepernick)은 경기 시작 시 '국가제창' 거부로 NFL(미식축구) 연맹에서 제명당했다. 흑인에 대한 과잉진압에 대한 저항이며 인종차별에 대한 반대 의견을 피력한 '무릎꿇기 시위'였는데 구단에서 쫓겨난 실업자가 됐다. 이에 2018년 나이키(Nike)는 'Just Do It' 30주년 기념 광고모델로 캐퍼닉을 선택했다. 어떠한 형태라도 편견과 증오와 불평등을 없애고 '더 나은 세상'을 만들겠다는 '나이키 정신'을 실천한 것이다. 찬반 논란이 거셌지만 예상되는 불이익을 감수하고 나이키는 광고를 집행했고 상품 판매도 늘었다는 평가를 받았

다. 뉴욕 타임스퀘어 광고로도 화제가 됐고, 칸 국제광고제에서도 상을 탔다. 트렌드로 확산되는 시대정신을 핵심 메시지(카피)로 승화시킨 걸작을 만들었다.

> '무언가를 믿는다는 건 모든 것을 잃는다는 것임에도 불구하고 하는 행동이다.'
> (Believe in something. Even if it means sacrificing everything.)

마테크의 발전

스마트폰을 통해서 욕구를 바로 충족시키는 현상을 '마이크로 모멘츠(Micro Moments)'라고 한다. 스마트폰 사용자의 90%가 상표(Brand)를 정할 때 먼저 온라인 정보검색을 한다고 한다. 이런 마이크로 모멘츠를 수행하고 연결하는 마테크(Mar-tech, Marketing Technology)의 발전은 크게 세 가지 중요한 흐름을 만들어내고 있다.

첫째, '모바일 우선주의(Mobile First)'이다. 사람들의 모든 순간에 개인화된 디바이스로서 스마트폰이 함께한다. 기업이 '고객의 여정(Customer Journey)'에 끼어들 수 있는 모든 순간에도 모바일 폰이 함께한다. 광고를 하면 모바일을 먼저 생각해야 한다. TV, 라디오, 신문잡지가 아니라 디지털 분야에서 가장 비중이 높다. 모바일의 가장 중요한 특징은 움직인다는 것이다. 열독률을 생각하면 '카피 길이'가 길거나 생각하게 만들면 안 된다. 이동하니까 전철이 오는지 오지 않는지 살펴야 한다. 상황이 바뀌었으니 커뮤니케이션 방법도 달라야 한다.

둘째, 마이크로 모멘츠 검색에 대한 대응이다. 검색엔진으로서 유튜브의 위상이 높아지는 현상을 일컬어 흔히 "How to 동영상 검색의 부상"이라고 한다. 그러나 유튜브의 시청 상위 200개 비디오의 86%가, 시청자의 81%가 선택하는 영상이 정보가 아니라, 크리에이터의 사용 경험(User Experience)과 구매 행동을 다루는 것으로 나타났다. 이에 따라 제품의 가치를 서술하는 '마케팅의 문법'도 달라졌다. '세균 99% 박멸'이라는 문구보다 "아기 입에 넣어도 문제없는 순간"으로 감성화해야 한다. '세탁 없이 의류 청정관리'보다 '혼자 살아서 자주 세탁기 돌리기 힘든 상황'이라는 경험으로 표현해야 한다는 것이다. 마케팅 메시지가 제품 스펙에 대한 설명보다는 가치가 발현되거나 공감할 수 있는 경험과 심리에 대한 스토리텔링이 중요하다는 점이다. 이는 광고화와 연계해서 의미가 있기도 하다.

셋째, 개인화 커뮤니케이션에의 적응이다. 구독경제 시대이고 개인 맞춤형 광고 노출이 가능해졌다. 공중파 방송도 '개인 맞춤형 광고(Addressible Advertising)'를 할 수 있기에 개인화 커뮤니케이션은 자연스럽다. 한번 특정 광고를 클릭하면 다음에도 관련 브랜드 광고가 집중하여 노출되게 하는 시대다. 이런 '스토킹 광고' 기법은 신기하지도 않고 불쾌하지도 않게 됐다. 이제는 내 관심사에 맞는 게시물이 뜨는 페이스북이 좋고, 유튜브의 추천 영상을 거부감 없이 받아들인다. 특정 '개인의 선호도'와 브랜드 아이덴티티를 연결시키는 고객세분화 전략과 개인화를 돕는 타깃팅이 대세 트렌드가 됐다. 이것을 큐레이션(Curation)이라고 하는데, 내가 필요한 정보와 내가 좋아하는 경험이 제공되며, 내가 좋아하는 장소를 알게 해준다. 내 마음속에 숨겨져 있던 욕망과 요구를 잘 편집해서 일목요연하게 보여주는 개인화 마케팅의 마법이고 맞춤형 커뮤니케이션의 독심술이다. 그러나 개인화는 필연적으로 '데이터 프라이버시(Data Privacy)'를 침해한다.

뉴 노멀

코로나19(COVID-19)의 세계적인 유행병으로 팬데믹(Pandemic)이 왔다. 2021년 3월 기준으로 전 세계 코로나19(COVID-19) 확진자가 1억만 명이 넘었다. 사망자도 200만 명이나 됐다. 코로나19 전후로 우리 사회와 소비자 심리가 어떻게 바뀌는지, 그리고 어떤 제품들이 새로 나오는지 등을 탐색하는 것은 광고인에게 매우 중요하다. 코로나 때문에 일반 시민들은 일상적으로 마스크를 끼고 출근할 수밖에 없게 됐다. 코로나19 대유행(Pandemic)에 맞선 '마스크 착용'이라는 대유행이 생긴 것이다. 법을 만들어 강제는 하고 있지만, 공중보건을 위해 꼭 끼고 다녀야 하는 규범으로 법 이상의 '사회적 합의'를 갖고 있다. 2020년은 코로나19 전과 후로 구분할 만큼 중요한 전환점이 될 시기가 됐다.

또한 2008년 글로벌 금융위기로 인하여 경제학이 가정해온 '합리적 인간'과 '경제의 효율성'이 큰 도전을 받았다. 경제위기의 원인이 인간의 탐욕으로 금전 만능주의와 정부의 지나친 자유 방임주의로 '보이지 않는 손'의 시장 기능이 작동하지 않았다. 시장 개입을 최소화하는 '작은 정부'를 지향한 정책이 실패했다는 평가를 받았다. 대안으로 경제학에 심리학 등을 접목한 '행동경제학'이 새롭게 부상했다.

이러한 환경변화와 관련해 알아야 할 용어가 있다. 첫 번째는 '뉴 노멀(New Normal)'이다. 이것은 2008년 글로벌 금융위기 이후 새롭게 나타난 세계 경제의 특징을 통칭하는 '새 규범'이다. 사회적으로 새로운 기준이나 표준이 보편화되는 '새 일상'이다. 세계 경제의 새로운 움직임으로 금융시장에서는 탐욕보다는 절제로, 고속 성장보다는 지속 가능한 성장이 주 관심으로 떠올랐다. 지속 가능한 성장을 위해서는 ESG 경영(환경, 사회, 윤리경영)을 실천해야 한다. 그리고 그런 것들이 우리 사회 전체의 새로운 규범이 돼야 한다고 하는 개념이 바로 '뉴 노멀'이다.

두 번째는 '미닝아웃(Meaning Out)'이다. 정치적·사회적 신념과 같은 '자기만의 의미'를 소비행위를 통해 적극적으로 표현하는 소비자 운동이나 의식이다. 마케팅과 커뮤니케이션에서 중요한 '가치소비 트렌드'이다. 'Don't Buy This Jacket' 광고로 유명한 파타고니아의 소비절약 운동이다. 동물실험을 반대하고 화학 방부제 사용을 자제하는 비건 화장품(멜릭서)의 사례나 과대포장을 자제하고 환경친화적인 소재를 사용하는 '마켓컬리' 같은 사례가 잘 알려져 있다.

세 번째는 '트렌드(Trend)'이다. 트렌드는 방향, 경향, 유행 등의 뜻이다. 좁은 의미로서의 '트렌드'는 '유행(Fashion)'이다. 패션 용어로서는 다음 계절(Season)에 오는 패션의 경향이나 방향성을 뜻한다. 트렌드와 일시적인 유행의 차이점은 무엇일까? '일시적 유행'이란 시작은 화려하지만, 곧 스러져버리는 것으로서, 순식간에 돈을 벌고 도망가기 위한 민첩한 속임수와 같은 것이다. 왔다가 사라지는 '바람' 같은 것이다. 일시적 유행은 주로 제품 중심의 사고방식이며, 지속성이 1~2년 정도밖에 되지 않는다. 반면, 트렌드는 소비자들이 물건을 사도록 이끄는 '심리적 원동력'에 관한 것이며, 평균 10년 이상 지속된다. 그리고 이런 것들이 우리 생활에 일반적으로 침투되어 그런 패턴을 따라야만 할 때, '뉴 노멀'이 생겼다고 볼 수 있다. 4차 산업혁명 시대의 '뉴 노멀'은 결코 일시적인 것이 아닐 것이다. 4차 산업혁명과 코로나19의 '동시 폭격'으로 인해 전방위적인 '검은 백조(Black Swan)'가 생겨났기 때문에, 우리는 빨리 그런 변화 '뉴 노멀'에 적응해야 한다.

새 규범으로 일반 시민들의 의식도 바뀔 수 있다. 그러므로 광고에서는 뉴 노멀에 대한 이해가 아주 중요하게 된다. 우리 사회에 있는 트렌드를 타야만 소비자들이 즐겁고 감각적으로 공동체 속의 구성원으로서 생활할 수 있다. 이런 사람들에게 설득할 수 있는 메시지를 만드는 카피라이터는 트렌드에 관한 사전지식이 더 많아야 한다. 다다익선이다. 기본적인 광고를 만들기 위해 트렌드라는 파도를 잘 타야 한다.

카피라이팅에 필수인 트렌드 사례들

WHEN

이마트24가 판매데이터 분석과 주요활동을 종합해 올해 키워드를 'W.H.E.N'으로 선정했다. WHEN은 Wine(와인), Home(집콕), Efficiency(효율성), Newtro & crossover(뉴트로 & 크로스오버)를 일컫는다. 코로나19 상황이 끝나기를 바라는 마음으로 '언제 코로나19가 종식될 것인가'라는 의미를 담았다고 한다.

- 와인: 와인 O2O(Online to Offline) 서비스가 전국 3천 점포까지 확대됐다.
- 집콕: 코로나19로 집에서 머무는 시간이 길어지며 홈(Home)밥과 홈술을 위한 상품 매출이 크게 증가했다.
- 효율성: 이마트24는 스무디킹과의 협의를 통해 올해 3월부터 카운터 내 공간에서 스무디킹을 제조/판매 할 수 있는 모델을 확대함으로써 가맹점 추가 매출 증대 지원에 나섰다. 오피스디포 안에 유·무인으로 운영 가능한 이마트24 숍인숍 매장도 선보였다.
- 뉴트로: 새로움(New)과 복고(Retro)를 합친 신조어로, 복고를 새롭게 즐기는 경향을 일컫는다. 크로스오버는 주로 대중문화 영역에서 사용되는 개념으로 어떤 장르에 이질적인 다른 장르의 요소가 합해져 만들어진 새로운 것으로, 퓨전, 컬래버레이션과 비슷한 개념이라고 할 수 있다. 올해 이마트24의 냉동삼겹살, 전통스낵 매출은 전년 동기 대비 각 286%, 57% 증

가했다. 크로스오버 상품도 새로운 것을 찾는 MZ세대들의 흥미를 유발하며 큰 인기를 끌고 있다. 이마트24는 최근 PB상품인 '속풀라면'과 숙취해소음료 '컨디션'을 컬래버레이션한 '속풀라면+컨디션' 한정판 라면을 선보였다. 후후앤컴퍼니와 협업해, 스팸차단 앱 '후후'의 광고를 민생컵라면 용기에 노출한 '후후민생라면'을 선보이기도 했다.

● COWBOY HERO

《트렌드 코리아 21》은 팬데믹 속에서도 평정심을 유지하자는 뜻, 백신의 기원이 된 소의 해, 현실을 직시하되 희망을 잃지 말자는 의미에서 COWBOY HERO를 2021의 10대 트렌드 키워드로 선정했다. 날뛰는 소를 마침내 길들이는 멋진 '카우보이'처럼, 시의적절한 전략으로 팬데믹의 위기를 헤쳐나가기를 기원하는 뜻을 담았다. 10가지 트렌드의 전반적인 흐름을 설명할 때 가장 먼저 눈에 띄는 부분은 모든 트렌드가 코로나 사태의 영향에서 자유롭지 못하다는 점이다. '트렌드'는 사회의 반영이기에 매우 당연한 일이다. 첫 키워드인 'Coming of V-nomics'의 브이노믹스(V-nomics)는 바이러스(Virus)의 'V'에서 출발한 단어로 "바이러스가 바꿔놓은, 그리고 바꾸게 될 경제"라는 의미다. 경제적인 측면에서 과연 'V자 회복'처럼 급반등은 가능할까? 기존의 가치(Value)는 어떻게 변할까? 비대면(Untact) 트렌드의 진화는 어디까지인가? 새로운 브이노믹스 패러다임에 얼마나 잘 적응하느냐가 장기화될 코로나 시대를 이겨내는 전략을 제공할 것이다.

대면성의 정도, 대체재의 존재 여부, 기존 트렌드와 얼마나 부합하느냐가 경기회복 트렌드의 분류기준이다. 예를 들어, 대표적인 코로나 특수형인 국내여행과 화상 커뮤니케이션, 홈웨어 시장은 '역V자형'으로 분류된 반면, 비대면 성향이 높고 기존 트렌드와 부합하는 온라인쇼핑과 캠핑, 호캉스, 애슬레저룩 등은 코로나 이후에도 더욱 성장이 가속화되는 'S자형'으로 분류됐다. 'MZ세대'의 두드러진 약진이다. 두 번째 키워드에 해당하는 '소비의 롤러코스터를 탄 자본주의 키즈(We are the Money-friendly Generation)'로 대변되는 이들 MZ세대는 돈과 소비에 편견이 없는 새로운 소비세대로 유행을 선도하고 비즈니스의 방향을 주도하며 브랜드의 흥망을 결정한다. 이들은 자신의 정체성을 표현하기 위한 '레이블링 게임'에 몰두하고 신상보다 '중고마켓'을 더 애용한다. 취향 공유와 신종 재테크가 합쳐진 새로운 중고마켓이 뜨는 배경이다. 이 밖에, 코로나 시대 집의 진화(레이어드 홈), 일상으로 들어온 운동(#오하운, 오늘하루운동), 고객만족 경험의 극대화(CX 유니버스), 기술

로 대체할 수 없는 인간의 손길(휴먼 터치)이 2021 눈여겨봐야 할 트렌드로 꼽혔다
(김난도, 교보문고 서평).

● **얼리 힐링족**

'여유 있는 시간을 보내고자 하는 의지가 강하며, 자신의 행복한 삶을 가치관
으로 추구하는 30대'를 지칭한다. 최근 3년 동안 30대 고객들의 자동차와 자기계
발 관련(헬스, 골프, 서적), 여행(항공권, 면세점, 호텔, 렌터카) 업종의 매출이 증가(성장률
19%)하고 있는 것으로 나타났다. 개인의 취향과 행복을 소비확대로 조기에 실천
하겠다는 의식변화라고 하겠다. 'Me generation'의 확산과 연계된다고 본다.

● **뉴노멀 중년**(새로운 보편 규범이 되고 있는 중년의 삶)

'젊은 세대가 가진 취미활동을 즐기는 40~50대'이다. 뉴노멀 중년이 슈퍼마
켓이나·대형할인점에서 사용한 매매는 변동이 없는 반면, 헬스클럽과 수영과 같
은 자기계발 업종과 편의점이나 애완동물, 피부관리, 온라인 쇼핑과 같은 젊은
세대들이 즐기는 취미 활동비용에서는 40~50대가 증가했다고 한다. 젊게 사는
40~50대가 영캐주얼 패션을 즐긴다는 뜻이다. 이들은 중년을 의미 있게 살고 싶
어 하고 가처분소득이 높기에 어떤 메시지를 던져야 이런 사람들이 공감할 수 있
을까를 고민해야 한다.

● **위너 소비자** (덕후)

개성과 다름을 존중하는 사회적 분위기 속에 특정 분야에 관심과 에너지를
쏟는 '덕후문화'가 급부상하고 있다. 위너 소비자는 물건을 구매할 때 본인만의
의미와 가치를 부여하는 마니아층으로 '덕후'와 같은 의미를 지닌다. 고도의 취
미활동을 하고, 지식을 갖고 있는 사람들이다. 다른 사람과 차별화된 취향 소비
를 통해 만족을 찾는다. 세대 간의 갈등을 해결하고 공동체 의식을 부여할 수 있
는 긍정적인 트렌드이다. 덕후의 전문성으로 지식의 권위주의가 사라지고 있다.
MCN의 유명 크리에이터나 '지식 소매상'의 등장도 '덕후'와 연동된다.

● **스트리밍 쇼퍼**

기존의 텍스트보다 동영상과 이미지를 이용한 소통을 선호하는 소비자를 지
칭하는 말이다. 최근에 동영상 콘텐츠와 커머스를 접목한 V-커머스(동영상 쇼핑 플

랫폼)가 스트리밍 쇼퍼들을 중심으로 크게 성장하고 있다. '온라인, 동영상 쇼핑 사용자 조사' 결과, 동영상을 통한 쇼핑 경험이 있는 소비자는 33.0%로 나타났다. 향후 스트리밍 쇼핑을 할 의향이 있는 소비자는 29.8%로, 동영상을 이용한 쇼핑 시장이 빠르게 성장할 것으로 보인다고 한다.

제품 사용방법은 종이설명서 대신 동영상 스트리밍 서비스 'How to use'로 설명하는 게 일반적이다. V-커머스의 한계는 '뷰티, 먹거리' 쏠림 현상이다. 경영 과열로 차별화 전략을 써야 한다.

● **1코노미**(하나라도 더 아낀다, 1인경제, 한 사람을 위한 경제)

'1인'과 경제를 뜻하는 '이코노미'의 합성어다. 혼술, 혼밥, 1인소비를 즐기는 싱글족들의 소비트렌드를 말한다. 코로나로 인해 일상화되고 있다. 1인가구 소비 지출이 민간소비의 16% 차지하며, '나홀로족 급증'으로 혼자 먹는 **가정용 맥주**나 **가정간편식**(HMR: Home Meal Replacement)이 잘 팔리고 있다. 최근에 쉽고 빠르게 조리할 수 있어 쿠킹박스나 레시피 박스로 불리는 **밀키트**(Meal+Kit)까지 진화하고 있다.

● **YOLO**

'You Only Live Once'는 '한 번뿐인 인생'이란 의미를 가진 신조어다. 우리 사회를 '지배'하고 있는 가치관, 생활양식, 카르페디엠(Carpe Diem)이다. '지금 이 순간'의 가치를 중시하는 것이 욜로 라이프의 핵심이다. 물질적인 것보다 여행, 학습과 같은 비물질적 소비와 미래를 위한 것보다 현재를 위한 소비를 추구하는 것이 특징이다. 예를 들면 노후자금보다 현재 자기계발이나 취미생활에 투자하는 것이다. 참는 것을 미덕으로 여기고 살던 과거의 소비자들과 달리 욜로족들은 순간순간을 즐기고 도전하여 가치를 좇는 소비를 선호한다고 한다. 경제 상황이 저성장에 저물가와 저금리 시대라 소비여력이 생겼기 때문이기도 하다.

욜로가 마치 '탕진잼', '시발비용(패닉소비, 공황소비, 공포소비)'처럼 무분별한 소비 형태로 여겨지기도 한다. 욜로족이 골로족 된다고 비하하기도 한다. 그러나 욜로는 '충동구매'나 '사치'와는 다르다. 비물질적인 소비인 '경험'을 중시하는 게 변별적인 차이다. 새로운 경험(New Experience)은 우리의 감성을 더 유연하게 만들기 때문에 '현명한 소비'를 강조한다.

● 카페인 우울증

대표적인 SNS인 '카카오스토리, 페이스북, 인스타그램'의 앞 글자에서 비롯된 신조어다. 타인이 과시욕으로 올린 '인증샷 사진'과 게시물(여행, 맛집, 명품 구매 등)을 보고 자신과 비교하며, 우울증을 호소하는 증상이다. 상대적 박탈감 느끼는 소비자를 대상으로 한 카피라이팅을 할 때 기본소스가 될 수 있다.

● 각자도생

각자가 생을 도모해야 한다. '제각기 살아나갈 방법을 꾀하다'라는 뜻이다. 'No One Backs You Up'이다. 경기침체와 안전사고 등으로 인해 믿을 건 나밖에 없다는 의식이 팽배한 것이다. 국가와 사회 심지어 가족조차 나를 보호해줄 수 없고 어떻게든 혼자 살아남아야 한다는 것이다. 〈부산행〉, 〈터널〉과 같은 재난영화도 이런 경향을 반영했다고 본다. 각자도생이 무의식의 심리 기저에 깔려있기에 쉽게 공감할 수 있다.

● 픽미세대

경쟁 속에서 살아남아야 하는 세상이다. 치열한 경쟁 속에서도 선택받고 싶은 심리를 이용한 Mnet 오디션 프로그램 '프로듀스 101'에서 탄생한 걸그룹 아이오아이의 'PICK ME'란 노래에서 유래했다. 경쟁이라는 정글 속에서 선발돼야 생존하는 요즘 세대가 픽미(Pick Me) 세대다. 각자도생의 10대 판이라고 할 수 있다. '경쟁의 일상화'와 '게임의 편재성'이다. 그러나 선발이 쉽지 않다. 대체재로 국내 'Pick Me 인증샷'이 열풍이다. 치열한 경쟁에서 생존확률이 떨어져 SNS에서나마 인정받고 싶어 '실속' 있는 소비 생활을 즐긴다.

● B+ 프리미엄

'가성비를 추구하는 새로운 방법'이다. 대중적인 것을 새롭고 고급스러운 것으로 탈바꿈시킨다. 값비싼 A급이 아니지만 대중적이고 일상적인 제품인 B급 제품에 새로운 프리미엄을 더해 소비가치를 높이는 것이다. 가격은 상대적으로 저렴하지만, 품질은 A급 수준이라 '가치'도 높고 가성비(Price for Value)가 높다. 가성비를 높이기 위해 제품(서비스)의 가격을 낮추기보다 가치를 높이는 심리다. 프리미엄을 더해 성공한 대표적 사례는 '모나미 153 한정판'(한정판이라는 가치 부여)이 있다. 소비자는 전자제품은 실용성을 중요시하는데, 가격이 약간 높더라도 삶의

카피창작 솔루션, 오씨캠프

질을 높여주는 제품을 구매한다고 한다. LG전자의 시그니처나 삼성전자의 셰프
컬렉션은 가격은 높지만, 제품의 퀄리티는 최상(A급)을 유지하고 있다. '초고급화
전략'은 생산 라인업을 다르게 하여 고가전략 제품을 만들어 신규 수요를 창출하
고 있다. 국민들에게 잘 알려진 가격대를 유지하면서도 프리미엄급 감성을 부여
하며 제품을 리프레쉬 시켜서 판매를 유도하는 마케팅 전략이다. 또한 럭셔리가
아닌 자신만의 취향을 좇는 소비자들에게 제품의 성능을 높이고, 감각적인 디자
인을 더하거나 특별한 경험을 제공하는 B+ 프리미엄(Premium) 제품들도 등장하고
있다.

● 컨슈머토피아

소비자가 만드는 '수요 중심'의 시장으로 '컨슈머+유토피아'의 합성어이다.
카카오택시는 소비자들이 출발지와 도착지 입력만으로도 편리하게 이용할 수 있
게 설계됐다. 시장 주도권이 소비자 개개인의 취향에 따라 세분화되면서 소비시
장도 더 세분화된다. 소비자 니즈를 알 수 있는 빅데이터의 활용이 중요하고, 동
일 취향을 가진 사람들끼리 공동체를 형성하여 소비 그룹을 형성한다. 맘카페는
최강의 압력단체로 부상했을 정도다.

온디맨드(On Demand)도 소비자 요구나 주문이 있을 때 언제 어디든지 필요한
물품과 서비스를 제공하는 방식이다. 모바일을 중심으로 수요자 중심으로 성공한
사례가 우버, 배민, 요기요, 쿠팡, 마켓컬리 등이다.

● 캄테크

사람들이 인지하지 못한 상태에서 각종 편리한 서비스를 제공하는 기술이다.
예를 들면 외출 후 집에 들어갈 때 자연스럽게 불이 들어오는 기술이다. 4차 산업
혁명의 시대에 첨단 디지털기술이 인간공학으로 들어와 있다. 캄테크는 성실한
하인(집사)처럼 업무를 수행하며 오직 사람 중심의 기술에 목적을 두고 있다. 간단
한 투자만 하면 심리적 안정감을 얻을 수 있는 '현관 센서'가 대표적이다. 로지텍
MX 마우스는 어떠한 표면에서도 움직일 수 있는 마우스이고, 시몬스 웰 슬립센
서는 침대가 사용자의 수면 상태를 파악하여 올바른 수면 자세로 유도한다.

● 경험재

소비자들에게 이제 가치 있는 경험이 중요하다. 미국에서 포켓몬고가 큰 성공을 거두고, 우리나라도 속초가 핫 플레이스가 됐었던 것처럼 소비자들은 가치 있는 경험을 중시한다. 희소성으로 교환하는 경제재와 달리 즐기고 경험하는 소비를 중시하는 경향이다. '방탈출 카페'와 같은 소유의 만족보다 '일상탈출의 경험'을 즐기는 변화를 더 중요시하는 트렌드다. VR 체험과 같은 이색적인 경험이 이벤트로 이용되고 있다. '새로운 경험(New Experience)'과 연관해서 아이디어를 개발하고 광고 스토리텔링에 삽입하는 프로모션을 개발해야 한다. 드라마의 PPL(Product Placement)도 이런 기법이다.

● 바이바이 센세이션(Bye Bye Sensation)

버리고 정리하다. 〈신박한 정리〉는 이러한 현상을 반영한 TV프로그램이다. 바이바이 센세이션은 사람들이 '버리는 삶'에 대해 관심을 갖기 시작한 현상이다. '채우는 삶'이 주는 타성을 이겨내고 사회 환원이라는 선순환구조를 만드는 데도 기여했다. 바이바이 센세이션 흐름을 반영한 앱인 '나만의 냉장고'는 식품을 구매할 때 일부만 가져가고 나머지는 앱에 보관한 뒤 다음에 가져갈 수 있는 서비스이다. 버리면 빈자리가 생기는데 그 빈자리에 새로운 사상, 물건, 가치를 놓을 수 있는 철학적 의미를 공유한 트렌드다. 물리적인 공간을 확보하는 의미와 의식의 공간을 확보하는 이중효과를 얻을 수 있다. 복잡하게 살아가는 현대인들에게는 정서적인 안정감과 동기유발을 시켜주는 이중적 의미를 갖고 있어 사회적 반향이 크다.

● 모디슈머(Modisumer)

모디슈머는 '수정하다'라는 뜻의 Modify와 '소비자'라는 뜻의 Consumer의 합성어로, 자신만의 취향을 반영한 레시피로 기존 제품을 다양하게 조합해 즐기는 소비자를 뜻한다. 롯데제과의 '빠다코코낫'은 20~30대 여성 소비자들에게 '앙빠(앙금+빠다코코낫)'란 이름의 DIY 레시피로 인기를 얻고 있다. 농심도 35주년을 맞아 짜파게티 응용 레시피 투표에서 가장 많은 지지를 얻은 '트러플 짜파게티 큰사발'을 출시했다. '오리온 초코 대야빙수' 등 끊임없이 소비자들이 가진 새 욕구(New Needs)나 새로운 아이디어를 모은다. 소비자들이 제품 개발에 참여하는 프로슈머(Prosumer)의 신 경향이다. 불경기에 가격 대비 재미를 추구하는 '가잼비'가

'가성비'와 함께 주요 소비 트렌드로 자리 잡고 있다. 특별한 경험과 재미를 선사하는 모디슈머의 레시피가 온·오프라인상에서 큰 화제를 일으키고 있다. TV프로그램도 소비자들의 의견을 받아서 문제를 해결해주는 것들이 많다. 〈구해줘 홈즈〉도 모디슈머 지향적 사고에서 나왔으니 트렌드를 반영한 셈이다.

● **스낵컬처(Snack Culture)**

　　10대를 열광시키는 '15초 영상 서비스'인 '틱톡(TikTok)'이 대세다. 틱톡의 인기 비결은 무엇보다도 영상이 15초로 짧다는 데 있다. 웹툰과 웹소설, 웹드라마는 물론 한 컷짜리 그림으로 이어지는 '인스타툰' 같은 단편적인 문화콘텐츠가 소비와 생산 모두를 이끄는 '스낵컬처 시대'의 중심으로 자리 잡은 것이다. '기획+촬영+재미' 요소를 15초 안에 압축하여 핵심을 살려 인기 콘텐츠가 됐다. 일본의 단문정형시 '하이쿠'처럼 지속적인 반향을 일으키기도 한다. 15초 제작물 생산에 잘 훈련된 광고인의 핵심인 카피라이터는 단순한 브랜드 카피 메시지를 개발하는 사람일 뿐 아니라 틱톡 같은 뉴미디어에 최적화돼 있고, 새롭게 적응할 수 있는 영상 기획가가 될 수 있을 것이다. '틱톡 앱'은 모바일 기반의 플랫폼이기 때문에 바로 공유하기만 하면 스마트 기기를 통해 언제든 지 볼 수 있다. 영상촬영과 편집에 대한 이해가 없더라도 누구나 아이디어가 떠오르면 바로 만들어낼 수 있는 환경을 갖췄다는 점이 다른 플랫폼과의 차별점이다. 10대들이 진입하기 쉬워 더욱 열광하고 있다.

● **브로맨스(Bromance)**

　　브로맨스는 미국에서 사용되기 시작한 단어로서 형제를 뜻하는 브라더(ㅜ Brother)와 로맨스(Romance)를 조합한 신조어이다. 남자와 남자 간의 애정을 뜻하는 단어로 '우정에 가까운 사랑'을 의미한다. 하지만, 성적인 관계를 맺지 않는다는 것이 특징이다. 현대차 그랜저 광고는 서로 우정을 나누는 두 남자가 브로맨스 모습을 보여줘서 공감이 컸고, 인기 있었던 광고였다.

● **보보스**

　　보보스라는 용어는 미국의 저널리스트인 데이비드 브룩스가 저서인 *BOBOS in Paradise*에서 처음 사용한 용어다. 보보스는 미국의 새로운 상류계급을 나타내는 용어로 부르주아(Bourgeois)와 보헤미안(Bohemian)의 합성어이다. 이성과 감성을 가역반응처럼 넘나드는 사람으로서 이율배반적인 두 성향을 동시에 갖고 있는 사람이다. 미국에서 흔히 볼 수 있는 부르주아적인 특성들로는 물질주의나 합리주의, 또는 기술주의 같은 것들이 있다. 이러한 부르주아적인 특성들은 세련된 매너와 고상한 취향을 추구한다. 보헤미안적인 특성들로는 예술주의나 비합리주의, 영적 기질을 들 수 있다. 이러한 보헤미안적인 특성들은 엔틱(Antique)가구나 모험정신, 자연스러운 매너를 추구한다. 낮에는 증권맨으로서 활동하다가 저녁에는 색소폰을 연주하면서 이성과 감성 세계를 왕래하는 디지털 시대의 신인류라고 하겠다. '본캐'와 '부캐'의 페르소나를 말하고 있다.

● **버스킹(Busking), 스트리트 아트(Street Art)**

크리에이티브 스토리보드의 중요한 소스가 될 수 있다. 관점에 따라 다양한 스토리보드를 만들면 틈새 이야깃거리가 많을 것이다. 〈비긴 어게인(Begin Again)〉 같은 TV프로그램도 이런 트렌드를 반영했다고 본다.

● **MCN (Multi Channel Network)**

MCN은 콘텐츠 제작자(Creator)들에게 제작 및 수익화와 같은 제반 환경을 제공하는 조직이다. CJ MNM과 아프리카 TV가 대표적이다. 다이아 TV나 아프리카 TV는 유튜브와 같은 비디오 플랫폼과 협업하는 조직으로 운영되고 있다. 이제는 채널(Channel)에 한정되지 않고 콘텐츠(Contents)와 상업화(Commerce)에 주력하고 있다. MCN 채널의 5대 카테고리인 '먹방, 화장, 여행, 게임, 유아' 관련 콘텐츠들이 인기리 방영되고 있다. MCN은 'Multi Contents/Commerce Network'로 바뀌어야 할 것이다.

인터넷 방송 초창기에 개인 방송에 대한 명확한 호칭이 없었을 때 불리던 이름이 BJ(Broadcasting Jocky)였다. 점차 개인 창작자라는 대우를 받으면서 '1인 방송 진행자'를 크리에이터(Creator)로 불렸고, 최근에는 사회적 영향력이 커짐에 따라 인플루언서(Influencer)로 사회명사 대우를 받는 호칭으로 바뀌었다. 크리에이터들도 진화하여 사회적인 공익성과 문화적 가치를 창출하는 사람들임을 인정받은 셈이다. 이제 크리에이터는 사회적인 가치를 창출하는(Create Social Value) 공인으로서 역할이 중요해졌다. 크리에이터들의 사기행각은 MCN 산업 자체의 붕괴를 불러올 수 있다. 소비자들은 미디어리터러시 능력을 길러서 콘텐츠의 내용을 심층적으로 파악하는 감시자(Watchdog)가 돼야 한다. 정확한 정보를 캐치하고 팩트를 추적할 수 있는 능력을 카피라이터가 가져야 할 것이다.

최근 인기 유튜버들의 '뒷광고'가 논란이다. '뒷광고'란 유튜버가 시청자들에게 광고, 협찬 사실을 숨긴 채, 마치 자신이 구매하거나 사용하는 물건처럼 홍보 광고 영상을 찍는 것을 말한다. 유명 스타일리스트를 비롯한 인기 크리에이터들도 뒷광고 사실을 시인했다.

중국 먹방 BJ들의 먹방이 '사실 모두 가짜였다'는 기사도 있었다. 편집본이 아닌 원본 영상을 잘못 올려 먹방의 정체가 들통났다. 영상의 모든 부분이 다 계획 및 조작에 의한 것이었다. 그릇의 크기는 물론, 카메라 구도까지 치밀하게 계획했다. 카메라도 광각 렌즈가 부착된 카메라여서 음식량을 많게 보이도록 '착시 효과'를 노렸다. 심지어 일란성 쌍둥이가 교대로 나와 시청자들을 우롱했다.

● 영향력으로 구분한 인플루언서 유형

- 메가 인플루언서: 연예인, 셀럽, 유명 크리에이터 등으로 적게는 수십만에서 많게는 수백만 명에 이르는 사람에게 영향을 미치는 인플루언서
- 매크로 인플루언서: 수만에서 수십만 명에 이르는 가입자(회원)니 구독자를 확보하고 있는 온라인 카페, 페이스북 페이지, 블로그, 유튜브 채널 등의 운영자
- 마이크로 인플루언서: 천 명에서 수천 명에 이르는 사람들에게 영향을 끼치는 개인 인플루언서
- 나노 인플루언서: 수십, 수백 명의 팔로워를 확보한 개인 블로거 또는 SNS 이용자

● 라이브 커머스(Live Commerce)

판매자가 인터넷 방송 생중계로 상품을 소개하면서 물건을 판매하는 상거래 방식이다. 웹, 애플리케이션 등의 플랫폼을 통해 '실시간 동영상 스트리밍'으로 상품을 소개하고 판매하는 온라인 채널을 뜻한다. TV 홈쇼핑과 달리 채팅창을 통해 시청자와 양방향 소통이 가능한 점이 특징이며, 이를 이용해 상품에 대한 여러 가지 문의를 간편하게 진행할 수 있다. TV 홈쇼핑과 비슷하지만, 소비자들이 채팅창을 통해 판매자(진행자) 또는 다른 소비자들과 실시간으로 소통하며 스트리밍 방송에 참여할 수 있다. 라이브커머스는 소통과 쇼핑을 결합해 '재미를 극대화'하

여 시장이 급속히 확대되고 있다. 단순한 쇼핑 이상의 문화로 자리 잡을 수 있는 신사업으로 부상하고 있다. '비대면 비접촉'을 추구하는 언택트 경제가 급부상하면서 백화점, 편의점, 화장품 업체 등에서 활발하게 활용하고 있다.

● 대세 '나는 트롯 가수다'

2019년 TV조선 〈내일은 미스트롯〉이 일으킨 트롯 바람은 대형 신인가수 송가인을 탄생시켰다. 2020년 시즌 2 〈미스터트롯〉으로 임영웅이 열풍을 낳았다. 지상파 방송사도 트롯 프로그램을 잇따라 제작하며 열풍에 가세하고 있다. '대세 트롯'이 된 직접적인 요인은 방송 매체의 영향이 크다. 하지만 '한국형 엔카'로 폄하되던 트롯이 하나의 트렌드로 자리 잡은 이유는 무엇일까. '씨엠 송' TVCM도 대세로 자리 잡았다. 흥행 이유를 분석하면 카피라이팅에도 성공단서를 제공할 것이다.

첫째, 트롯 역사의 재발견이다. 일본의 정통가요 엔카라는 호칭은 고유성이 없기에 '한국의 엔카'라는 별칭은 근거가 없다는 주장이다(손민정). 트롯이 우리 가요임을 인정한다는 점이다. 일본 콤플렉스를 이길 수 있는 음악으로 재발견된 것이다. 세계음악사에 등록할 수 있는 초월적 음악이 됐다.

둘째, 사용자들이 전 국민이다. 소위 가처분소득이 높은 고객(꼰대세대)만의 음악이 아니라는 점이다. 성별, 세대, 지역, 학력의 차별을 극복하고 언제 어디서나 버스에서나 노래방에서나 집단의 '흥'을 즐기는 민족에게 최적화되어있다는 인식이다. '가무(歌舞)'를 좋아하는 국민들이 소규모로 소공간에서 즐기는 음악으로서 적합성을 갖추고 있기 때문이다.

셋째, K-POP의 후광효과이다. 보이그룹 BTS나 걸그룹 블랙핑크가 빌보드와 그래미상을 휩쓸자 대중음악에서 자신감을 가지게 됐다. K-POP이 글로벌 음악이 되면서 우리 음악의 세계성을 주장하려는 욕구와 일치한다. 트롯의 우수성을 K-POP과 동급에 놓으려는 심리다.

넷째, 문화다양성의 편재성이다. 한국은 모든 분야에서 선진국에 진입했다. 대중음악도 지역성을 벗어나 글로벌 중심시장으로 진입할 실력과 배경이 완성됐다. 봉준호 감독의 유명한 수상소감이 있다. '미국이 로컬이다'라는 관점전환으로 변방의 가치도 소중하다는 인식이다.

다섯째, 장기지속성이다. 이날치의 '흥'처럼 트롯은 경제적으로 힘들 때 국민가요로 응집할 수 있는 공감력이 있다. 2년 이상 대세로 이어지면서 트렌드가 됐다. 최근 2년 시작된 대세 트롯은 〈열린음악회〉에서도 고정 장르로 국민 속에서 불려왔다. 이해관계자가 각자도생으로 나누어져 있지만 국민 통합의 음악으로 활용되고 있다.

1997년 IMF 당시, '금 모으기 운동'이나 '신파 악극'이 부활하여 공동체 구성원이 국가위기에 맞서 하나가 된 경험을 '공동체적 기억'으로 갖고 있다. 트롯은 이런 한국인의 '집단 무의식'을 간직한 역사의 산물이라 설명할 수 있겠다(손민정).

● **팬덤**

팬덤(Fandom)은 특정한 인물이나 분야를 열성적으로 좋아하는 사람들 또는 그러한 문화현상이다. 패션스타, 가수, 배우, 운동선수 같은 유명인이나 크리에이터, 요리사(Chef), 게이머 같은 인기인을 지나치게 좋아하는 사람이나 그 무리를 말한다. '광신자'를 뜻하는 '퍼내틱(Fanatic)'의 팬(Fan)과 '영지(領地), 나라' 등을 뜻하는 접미사 '덤(-dom)'의 합성어이다. '오빠(누나) 부대'로 불리기도 하며, '워너비(Wanna Be)' 혹은 '그루피(Groupie)'라는 표현도 사용된다. 일시적인 유행이나 열풍인 패드(Fad)는 크레이즈(Craze)라고도 한다. 밴드웨건(Bandwagon) 효과의 하나로, 사람은 다른 사람의 신념, 아이디어, 유행, 트렌드의 영향을 많이 받고 그에 따라가는 현상이 있기 때문에 나타난다.

● **메타버스(Metaverse)**

아바타(Avata, 가상사회에서 자신의 분신을 의미하는 시각적 이미지)로 소통하는 디지털 가상공간인 메타버스가 새로운 산업을 만들고 대유행으로 번지고 있다. 가공, 추상을 의미하는 '메타(Meta)'와 현실세계를 의미하는 '유니버스(Universe)'의 합성어로 3차원 가상세계를 의미한다. 기존의 가상현실(Virtual Reality)이라는 용어보다 진보된 개념으로 웹과 인터넷 등의 가상세계가 현실세계에 흡수된 형태이다. 메타버스에는 가상세계 이용자가 만들어내는 UGC(User Generated Content)가 상품으로서, 가상통화를 매개로 유통되는 특징이 있다. 미국 IT 벤처기업인 린든랩이 만든 세컨드 라이프(Second Life), 트위니티 등 SNS(Social Network Service) 서비스가 메타버스 사례로 알려져 있다. 하지만 이 용어는 닐 스티븐슨의 1992년 소설 《스노크래시(Snow Crash)》로부터 나온 것이다.

요즘은 완전히 몰입되는 3차원 가상공간에서 현실 업무 뒤에 놓인 비전을 기술하는 데 널리 쓰이면서 관심과 인기가 급증하고 있다. 최근 인터넷이 3차원 네트워크로 진화하고 있는 만큼 메타버스는 향후 IT산업의 핵심 키워드가 될 전망이다. 가상세계와 현실세계를 연결하는 '메타버스 패권'을 두고 글로벌 정보기술(IT) 기업들도 각종 개발자회의를 개최하며 주도권 경쟁을 벌이고 있다. 코로나19로 대면 집회가 어려워져 대규모 인원이 참석해야 하는 입학식이나 콘서트 등이 메타버스 공간에서 진행되고 있다. 자신이 직접 아바타로 가입하고 참여하며 다양한 아이템을 구입해서 자신을 꾸미는 행동은 상호작용의 전범을 보여주고 있다. 가상세계 속 삶을 실제 자신의 삶처럼 느끼게 되는 것이 메타버스 VR 가상공간이라 매력적이라고 할 수 있다. 실감미디어로서 그래픽의 완성도와 섬세한 행동처리 기술이 발전될수록 다양한 장르에서 호응은 커질 것이다. 가상현실 세계는 시공간의 제약을 받지 않기 때문에 '상상 속의 비즈니스'가 현실이 될 수 있고, 그 안에서 혁신적인 경제 활동이 확산할 것이란 전망이다. 가능성은 크게 평가받지만, 메타버스의 개념 정의나 기술 표준은 아직 만들어지지 않았다. 구글 · 페이스북 · 마이크로소프트(MS) 등 글로벌 IT기업들이나 국내 유명기업들이 연맹을 맺어 자체 '메타버스 플랫폼'을 만들고 주도권을 쥐려는 이유다.

전문가들은 가상융합(XR) 기술을 '메타버스' 시대를 열 핵심 인터페이스로 꼽고 있다. 아울러 메타버스 시장 관련 법 · 제도의 정비도 필요하다. 메타버스는 인터넷과 모바일의 뒤를 잇는 차세대 플랫폼 혁명으로 하나의 큰 기업이 독점하는 공간이 아닌 여러 기업과 주체가 공존하며 만들어가는 공간이 될 것으로 기대된다.

4장
광고화

"아마추어는 '논리(Logic)'의 세계이지만, 프로는 '마술(Magic)'의 세계다."
"아마추어는 '넘버 원(No. 1)'을 추구하지만, 프로는 '온리 원(Only 1)'을 추구한다."
"아마추어는 '크리에이티브(Creative)'에 만족하지만, 프로는 '그레이티브(Greative)'에 만족한다."

광고전쟁은 겉으로는 설명회(Presentation) 경쟁이지만, 속으로는 '광고화(Advertising Translation)'가 경쟁하는 과정이다. 카피라이팅 수업이 광고 크리에이티브의 80%를 다루고 있다. 광고화의 이해가 필수다. 전략을 세우고 표현을 기획하는 것이다. 전략은 이성이고 논리의 싸움이다. 콘셉트의 문제이다. 표현은 감성이고 설득이고 아이디어의 문제이다. 두 문제는 항상 양방향으로 상호작용하고 영향을 교환하면서 크리에이티브를 숙성시킨다. 다시 '무엇을 말할 것인가?'와 '어떻게 말할 것인가?'로 귀결된다. 이 광고화의 과정이 질문과 대답과 토론으로 이어진다. 설명(Explanation)이 아니라 설득(Persuasion)의 세계를 사는 광고인의 일상은 '고난도 지적 게임'이다.

광고화(AD Translation)

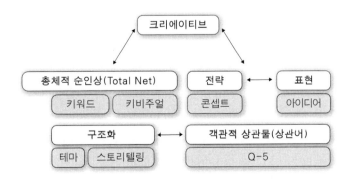

전략 콘셉트 Q-5, 표현 아이디어 Q-5

누가, 언제, 어디서, 무엇을, 어떻게, 왜 사느냐, 트렌드가 뭐냐 등등. 이런 5개 이상의 질문을 해라. 그래야 전략을 찾고 What to say를 찾을 수 있다. '광고 콘셉트'라고 볼 수 있다.

표현은 아이디어 문제다. 아이디어는 그것이 '표현 콘셉트'인 객관적 상관물이 되는 광고화 과정이다. 광고화 과정은 **구체화**되는 과정이다. Q-5는 광고 브리프, 크리에이티브 브리프에 있는 내용으로 하면 된다. 광고목표, 트렌드, 광고 콘셉트, 소비자 혜택(Bensfit), 기대효과 같은 내용들을 포함한다.

객관적 상관물

구체적인 표현으로 들어가야 한다. 이것은 크리에이티브의 문제다. '콘셉트'에서 '아이디어'로 '광고화'될 때 '무엇을 남길 것인가' 하는 문제다. 바로 '객관적 상관물(상관어)'이 있을 것이다. 이 광고를 봤을 때나 광고가 끝났을 때 연상이 되거나 기억요소가 있다. 딱 떠올리거나 장기기억장치에 저장될 만한 '카피'나 '비주얼'이 있다. '객관적 상관물'도 있고 '객관적 상관어'도 있다. '그래 이 맛이야'(상관어)도 되고, '김혜자'(상관물)도 된다. 콘셉트는 소비자가 왜 그 브랜드를 사야 하는지에 대한 답을 주는 것이다. 여기서도 '트렌드를 반영하고 있는가', '목표고객이 원하는가', '혜택을 약속하고 있는가', '재미가 있는가', '브랜드와 관련이 있는가' 등 객관적 상관물(상관어)이 좋은지 질문을 5개 이상 해봐야 한다. (7장 "브랜드휠의 필요성"에서 추가설명)

주제와 스토리텔링을 구조화하라

스토리보드를 짰을 때 '마지막 인상이 키워드와 키비주얼로 연상이 되느냐'를 질문해야 한다. 하나의 주제(Theme)로 스토리텔링을 잘해야 한다. 스토리텔링은 기승전결 같은 이야기 구조를 말한다. '단순하게 하나만 남겨라'라는 의미이다. '키워드'와 '키비주얼'로 남는 게 '순인상'이라고 했다. 'Total Net Impression'이라고 한다.

키워드, 키비주얼을 남기기 위해선 여러 번 말해도 관계없다. 예를 들어 신한 투자증권 광고에서는 고객을 생각한다고 '생각, 생각, 생각, 신한카드' 식으로 여러 번 말한다. 오디오북 '윌라' 광고에서는 '핑계'가 여섯 번이나 나온다.

광고화의 세계

• 카피와 그림(Visual, Art)의 행복한 결혼
• 생활자와 상품의 연결고리
• 이성과 감성의 결합
• 과학과 예술의 복합화
• 무생물과 유생물의 연계 발상
• 스위치 히터(Switch Hitter)

보랏빛 소

퍼플 카우가 되어라. 레드도 아니고 블루도 아니고 '보라빛 소'가 되어라.

보랏빛 소란 미국의 마케팅 전문가 세스 고딘(Seth Godin)은 그의 저서 《보랏빛 소가 온다(Purple Cow)》에서 마케팅 전략을 세울 때, 4P(Product, Price, Place, Promotion)만으로는 부족하고 새로운 P가 필요하다며 보랏빛 소(Purple Cow, 퍼플 카우)를 제시했다. 보랏빛 소의 핵심은 '리마커블(Remarkable)'해야 한다는 것이다. 리마커블은 주목할 만한 가치가 있고, 예외적이고, 새롭고, 흥미진진하다는 의미다. 따분하고 지루한 것들은 눈에 잘 보이지 않는다. 그건 누런 소와 같다.

만일 당신이 여행 중에 보랏빛 소를 보았다면 사진을 찍어 SNS에 올리고 친구나 직장 동료들에게 신기한 듯 자랑할 것이다. 마찬가지로 당신의 회사가 리마커블한 제품을 만들어낸다면 사람들은 그것에 대해 이야기하고, 입소문이 빠른 속도로 퍼져나갈 것이다. 리마커블한 것은 눈에 확 들어오기 때문에 고객이 그것에 대해 이야기하고 싶은 욕구를 불러일으킨다. 화젯거리가 되고 인구에 회자되게 만드는 '매력(Attraction)'이 있어야 한다는 뜻이다. 소비자의 자발적인 사랑을 받는 브랜드 '러브마크(Love Mark)'가 돼야 한다.

과거에는 입소문이 마케팅의 주요 수단이었지만, TV 등 매스 미디어가 발전하면서 광고가 가장 강력한 마케팅 방법으로 등장했다. 하지만 이제는 디지털 '소셜 네트워크 서비스(SNS: Social Network Service)'의 급속한 발달로 바이럴 마케팅이 다시 주목받고 있다.

바이럴 마케팅(Viral Marketing)은 기업이 직접 홍보하지 않고 네티즌들이 페이스북, 카카오톡 같은 SNS나 이메일, 블로그, 카페 등을 통해 자발적으로 입에서 입으로 전하는 새로운 인터넷 마케팅 기법이다. 바이럴(Viral)은 바이러스(Virus)와 입(Oral)의 합성어로, 컴퓨터 바이러스가 급속히 전염되듯이 사람들의 입소문을 타고 빠르게 퍼진다는 의미다.

바이럴 마케팅은 기존의 매체(Paid Media) 광고와 마찬가지로 1 대 다수의 특징이 있다. 하지만 일방적 노출이 아닌 소비자의 선택에 의해 자발적으로 노출된다는 점에서 차별성이 있다. 특히 블로그의 스크랩 기능이나 각종 SNS(Earned Media)를 통해 실시간으로 빠르게 확산된다는 점에서 키워드 광고나 배너광고에 비해 저비용으로 높은 광고효과를 누릴 수 있다는 장점이 있다. '광고 같지 않은 광고'이기에 '신뢰'와 '진정성'도 더해진다.

바이럴 마케팅은 넓은 의미에서 입소문 마케팅과 유사하지만 전파하는 방식이 다르다. 입소문 마케팅은 정보제공자를 중심으로 메시지가 퍼져나가지만, 바이럴 마케팅은 정보수용자를 중심으로 퍼져나간다. 또 입소문 마케팅이 주부나 동호회 등을 통해 상품 사용후기나 기능 등과 관련된 내용으로 전개된다면, 바이럴 마케팅은 재미있고 독특한, 즉 '리마커블 콘텐츠'가 브랜드와 결합하여 인터넷을 통해 유포된다는 점에서 차이가 있다. 오직 카피라이터가 잘 만든 '보랏빛 소'만이 입소문을 타고 바이럴 마케팅으로 소비자(수용자)를 찾아갈 것이다(네이버).

광고화에 대한 생각

● **당의정설(糖衣錠說)**

문학 당의정설이란 문학의 쾌락적 기능과 교훈적 기능은 적절히 통합돼야 참다운 감동을 줄 수 있다는 관점으로서 이 두 기능의 결합을 강조한 학설이다. 이 설을 처음 제시한 이는 로마의 시인 루크레티우스로서, 문학의 즐거움은 알약에

껍질(옷)로 입혀놓은 당분과 같고, 담겨있는 심오한 이치는 쓴 약 알맹이와 같다는 것이다. 이런 관점에서 쾌락적 요소는 유익한 사상전달의 수단으로 인식된다.

의사가 어린이에게 쑥탕을 먹이려 할 때 그릇의 거죽에 달콤한 꿀물을 칠해서 먹이는 것처럼, 광고도 꿀물과 같은 역할을 해서 광고주가 말하려는 쓴 메시지를 꿀물인 달콤한 크리에이티브로 고객 앞에 내놓아야 한다는 설이다. 안에 들어가 있는 약은 커뮤니케이션 전략, 캡슐은 크리에이티브이다. 광고의 즐거움은 알약에 껍질(옷)로 입혀 놓은 당분과 같고, 담겨있는 유용한 소비자 혜택(Benefit)은 당의 안에 있는 쓴 약 알맹이와 같다는 것이다. 이런 관점에서 볼 때 광고 크리에이티브는 3미(味)인 '인간미, 재미, 영상미'는 쾌락적 요소로 유익한 사상 전달의 수단으로 이해된다. 당의정설은 교훈(전략)과 쾌락(표현)의 결합이라고 할 수 있다.

● **연금술**

연금술은 구리, 납, 주석 따위의 비금속으로 금, 은 따위의 귀금속을 제조하고, 나아가서는 늙지 않는 영약을 만들려고 한 화학기술이다. 광고 크리에이티브가 의도하지 않은 융합적인 생산물임을 말한다. 아트와 광고가 만나면 새로운 창작물이 나온다는 뜻이다.

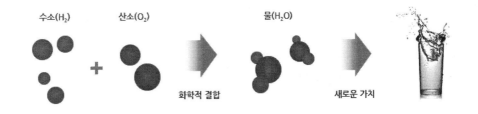

● **로직에서 매직으로**

라네즈와 모델 송혜교가 무슨 관계가 있나? 라네즈의 논리적이고 이성적인 화장효과는 사실상 필연성이 없다. 송혜교의 미모를 이미지로 활용하여 라네즈에게 전가시키는 게 광고다. 로직(Logic)이 매직(Magic)이 되어 마술을 부리는 것이다.

● '지상에서 창공으로 이륙(Take Off)' 설

카피와 아트는 비행기의 좌측 날개와 우측 날개를 의미한다. 이륙은 비행기가 활주로를 시속 700킬로미터 이상 달릴 때 두 날개에서 생기는 '베르누이 정리의 양력'을 이용하는 것과 비슷하다. 광고화는 카피와 아트를 날개 삼아 지상에서 창공으로 도약(Take Off)하는 과정을 의미한다. 비행의 즐거움을 상상하면 느낄 수 있을 것이다.

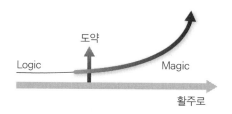

● 과학과 예술의 칵테일 효과

사고방식이나 결과물에서 완전히 서로 다른 두 영역인 과학과 예술의 이심원(二心圓)의 세계를 왕복운동하는 것이다. 기획할 때는 과학적이었다가 제작할 때는 예술적이 돼야 한다. 광고는 전략(콘셉트)과 표현(아이디어)를 섞어 마시는 혼합주다.

● **크레이티브를 위한 레시피(Recipe for Creativity)**

크리에이티브의 표현요소는 무진장으로 많다. 이걸 다 넣어서 다양하게 만들어 보는 게 '광고화'다. 한식, 일식, 양식, 중식을 다 만들 수 있어야 한다. 다만 요리사(Chef)의 레시피와 장인의 손맛이 다를 뿐이다. 광고화는 크리에이티브를 위한 레시피다.

● **실버불릿(Silver Bullet, 은 탄환)**

실버불릿은 은으로 만든 총알로 악마를 쫓는다는 의미가 있다. 문제해결의 묘책이요 특효약이라는 의미로 쓰인다. 말의 뉘앙스가 좋아서 실버블렛이라는 광고회사도 있다.

● **화룡점정론(畵龍點睛論)**

브랜드는 크리에이티브가 들어갔을 때 생명력과 힘을 갖는다. 무생물이 유생물이 되듯이, 광고화는 브랜드라는 물체가 살아숨쉬게 만들어 소비자가 감동하게 만든다. 수용자와 기업이 메시지를 교환하는 상호작용을 하게 만든다.

● **당구게임의 3 뱅크샷(3 bank shot, 빈 쿠션 타법)**

레트로 열풍 가운데 하나인 당구(Billiard)에 3쿠션 게임이 있다. 자신의 공(수구)으로 목적구(적구) 2개를 맞히면 점수를 얻는 게임이다. 수구가 쿠션을 먼저 맞추고 난 뒤에 목적구 2개 가운데 1개 이상을 맞춰야 한다. 그래서 먼저 맞히는 쿠션 수에 따라 1 뱅크샷, 2 뱅크샷 3 뱅크샷 등이 있는데, 3 뱅크샷은 반드시 수구로 3쿠션 이상을 먼저 맞히고 난 뒤에 적구 2개를 맞히는 게임이다. 그래서 '3 뱅크샷'을 '빈 쿠션' 타법이라고도 한다. 직접 타법과 간접 타법으로 나누면 '간접 타법'으로 적구를 맞추는 것이다. 3쿠션 당구 게임은 수구가 직접적으로 목적구를 맞히는 게임이 아니라, 수구가 간접적으로 목적구를 맞히는 고난도 경기인 셈이다. 아무래도 직접적으로 공략하는 것보다는 간접적으로 빈 쿠션을 맞히고 목적구를 맞히니 어려울 수밖에 없다. 어려운 만큼 성공하면 희열이 더 크다.

요약하면 3 뱅크샷은 목적구를 공략하는 데 '직접적이냐, 간접적이냐'의 관점에서 보면 '광고화'(AD. Translation)의 특징을 이해할 수 있을 것이다. 목적구를

'소비자'로 비유하고 수구를 '브랜드'로 간주한다면 이 '빈 쿠션 타법'은 광고화 혹은 크리에이티브의 개념과 아주 비슷하다고 하겠다. 광고화는 직설화법이 이성적이고 사무적이며 어려운 성분을 알리는 경성화법을 간접화법으로 전환시키는 과정이라고 할 수 있다. 광고화를 영어로 'Advertising translation'이라고 하는 이유도 상품의 속성이나 효능 같은 딱딱한 정보를 비유를 통해 부드러운 메시지로 번역해내는 사고과정이기 때문이다.

당구 타법에는 다양한 기술들이 있는데 광고화의 과정에서 생기는 기법과도 비슷하다고 생각한다. 4각의 당구대에서 쿠션의 반동을 이용하고 당구공의 회전과 수구의 당점의 미묘한 차이에서 생기는 당구공의 진로가 플레이어에게 미묘한 쾌감을 주기 때문이다. 불확실성이 강한 광고표현에서도 목표고객(목적구)을 정하고 아이디어(수구)를 창안하여 적확한 당점(방향과 팁, Sweet Spot)에 당구 큐로 타점을 때리면, 고난도의 '3 뱅크샷'일지라도 적구(목표고객)를 맞힐 수 있게 된다.

'빈 쿠션 타법'은 고난도이기 때문에 성공하면 '쾌락'의 강도가 크며, 보통 사람들은 수구가 목적구를 향해 진행하는 과정을 보면서 결국 간접적으로 목적구를 맞히는 결과를 보고 크게 공감하게 된다. 광고가 무엇을 말하는지 모르겠는데 15초 뒤에 보니까 상품의 특장점을 말하고 있다는 것을 깨닫게 되는 과정과 비슷하다고 하겠다. 이때 소비자는 '그 광고 재밌다'는 반응을 보이고, CD(광고제작자)는 유레카를 외치게 되는 것이다. 말하자면 '빈 쿠션 타법(뱅크샷)'은 '빙~ 돌려서 말하기'로 하는 크리에이티브 작법이라고 이해하면 된다. 3 뱅크 샷의 '빈 쿠션 타법'은 당구게임의 맛이고 스포츠로서 매력이라고 하겠지만 **광고창작 과정과도 닮았다**고 생각한다.

"뭔 말인지 알겠지?"라는 유행어가 있었는데 단순히 이심전심으로 전해진다는 것이 아니라, 돌려서 말했는데도 불구하고 정확히 광고의 의미를 알겠다는 것이다. 돌려서 말하지 말고 '바로 얘기해'라는 직설법보다도 상업적인 메시지를 강요하지 않는 분위기이고, 소비자가 '개입'함으로써 광고를 완성하게 하는 힘을 가지며, 소비자가 '자발적으로 이해하기'라서 '의미발견의 기쁨'을 주기 때문에 훨씬 공감대가 크게 된다고 할 수 있다. CD의 크리에이티브 파워가 확인되고 커뮤니케이션 효과도 제고되어 광고는 화제작이 될 수 있는 개연성이 커지기도 한다.

● **'사과(생활)의 단면' 효과**

단일소구점이라고 번역되는 USP 전략은 상품이 가지고 있는 특징(성분, 속성,

편익) 가운데 대표적으로 내세울 수 있는 '하나'를 소구한다. 이 단일소구점은 경쟁 상품보다 나은 효과를 내며, 소비자의 생활 혜택과 편익을 제공할 수 있어야 한다. 이런 관점은 치열한 경쟁 속에서 살아남기 위한 '차별점'을 제공하기에 광고 창작에서 가장 많이 쓰는 전략 중 하나라고 할 수 있다. 이 단일소구점 전략과 연계된 광고 크리에이티브 방법론으로 '사과 자르기'가 있다. 사과를 반으로 자르면 씨앗이 있는 사과 단면이 보인다. 이 단면은 '사과'를 '연상'하게 만든다. 전체 사과를 보지 않더라도 단면만으로도 사과를 떠올릴 수 있게 되는 것이다. 목표고객의 생활도 수많은 단면이 있다. 아침과 저녁이 다르고, 20대와 40대가 다르며, 서울과 광주가 다르다. 태도와 의견과 행동도 모두 다르다. 그렇지만 대중광고는 '최대 다수의 최대 공감'을 얻기 위해 노력해야 하므로 '생활의 단면'(Slice of Life) 자르기를 잘해야 할 것이다. 단면만 보더라도 전체를 알 수 있게 해야 한다. 이렇게 광고 창작에서 사용된 표현요소를 보면 실제 상품(브랜드)이 연상되도록 하는 장치가 광고라고 하겠다.

크리에이티브의 세 가지 기준(R.O.I)

광고화가 잘됐는지를 판단할 수 있는 기준으로 세 가지가 있다. 'ROI'다.

첫째, 관련성(Relevance)이다. 광고목표에 부합하고, 커뮤니케이션 목표를 달성하기 위해 브랜드와 관련성이 강해야 한다. 광고의 주인공인 상품(Brand)이 기억나지 않는다면 실패다. 정확한 메시지를 전달하고 있는지를 평가하면 된다. 또한 내재적 드라마(상품, 소비자, 트렌드) 발견과 연동이다. 상품의 스토리와 소비자의 요구(Wants)를 설득할 수 있고, 문제를 해결해주는 편익(Benefit)과 연계돼야 한다.

둘째, 독창성(Originality)이다. 독창성은 창의성의 문제다. 창의성을 해결하는 방법으로 '낡은 것의 새로운 조합', '강제결합', '고정관념(Clich) 파괴' 같은 개념을 가져온다. 무에서 유를 창조하는 마음으로 독창성을 추구해야 한다. 항상 '더 좋은 것'은 있다는 신조가 있어야 한다.

셋째, 영향도(Impact)이다. 개성 있게 충격적인 주제의식을 갖고 있느냐를 평가하면 된다. 사회이슈와 메시지 화제성(Scandal) 창출, 입소문(Viral) 효과를 가늠힐 수 있으면 된다. 비주얼(그림)을 상조하면 장조적 파괴를 얻을 수 있다고 생각하지만 그림만 남고 메시지가 기억나지 않는 현상(Vampire Video)이 생기면 실패다.

영향도는 공감이 전제돼야 한다.

크리에이터의 자질

● **동체시력(動體視力)**

사회문화, 시대정신, 고객, 경쟁, 매체, SP, 뉴미디어를 종합한 입체적 사고와 부가가치의 재발견이다. 세상살이 모든 것이 변하면서 살아 움직인다. 이런 역동적인 세계에서 치열한 생존경쟁을 벌이는 브랜드를 위해 조각 같은 미인을 만들기 위해 '성형수술'을 하는 것이다. 동체시력이란 움직이는 사물에 대해 뇌가 반응해 명령을 내려 행동하도록 하는 시간적 단위능력이다. 예술사조에서 피카소의 입체파를 닮았다고 할 수 있겠다.

● **시점(Perspective, a Piont of View)의 재발견**

카피라이터는 '관점전환'을 잘해야 한다. 트렌드는 살아 움직인다. 언제 어떻게 변할지 모르는 소비자의 속마음을 잘 헤아려 '기대하지 않은 의외성(Unexpectedness)'을 발견해야 한다. 이것을 볼 줄 아는 관찰력이 있어야 한다. 트렌드 속에 들어가서 보기도 하고 나와서 관찰하기도 하고 다른 시점으로 보는 자세도 중요하다.

카피 발(發), 비주얼 착(着) 사고

카피 발은 아이디어를 발상하려면 메시지 개발에서 출발하라는 것이다. '선 (先) 카피 후(後) 그림(이미지)'이다. 메시지(카피)는 무엇을 말할 것인가 하는 '의미 고정 효과'가 있다. 방향성과 시작점이 명확해진다. 비주얼 착은 메시지가 말하는 핵심주제(단어)를 떠올리게 하는 그림에 도착하라는 것이다. 메시지 발상과 크리에이티브 아이디어를 찾는 데는 최소한 다음 네 가지 항목을 분석해야 한다. '표현기획서의 기본' 요소로, ① 트렌드 분석, ② 고객심리 분석, ③ 상품(기업) 분석, ④ 경쟁 제품 분석이다.

● 일반 창의성과 광고 창의성의 비교

광고 창의성은 일반 창의성과 달리 집단 창의성으로서, 수용성과 비용 대비 효과와 커뮤니케이션의 타당성 등을 겸비해야만 가능한 독특한 비즈니스 환경을 갖고 있다. 특히 광고창작의 공감과 수용도 측면에서는 가능한 한 많은 일반 고객 (수용자)에게 가장 적은 비용으로 커뮤니케이션해야 하는 '설득의 경제원칙'을 실현해야 한다. 그렇게 하기 위해서는 평가척도를 객관화하고 주관성을 최소화하는 노력을 해야 한다. 아이디어 발상과 디렉팅에서도 사회문화적인 요소를 반영하여 수용자가 쉽게 이해할 수 있는 장치를 마련해야 한다. 두 창의성을 단순 비교하면 다음과 같다. 다만 창의성은 **결과론**이고, 창발성은 **과정론**이라고 대비할 수 있기에 광고창작 디렉팅에서는 창발성이 정확하다고 하겠다.

구분	일반 창의성	광고 창의성
발상행위	목적지향성	수단지향성
창작주체	개인중심	집단중심
숙성과정	자기검열	사회검열
수용성	효율성	효과성
평가척도	주관성	객관성

5장
'광고 캠페인 전략모델 7'의 이해

"아마추어는 '여우'처럼 행동하지만, 프로는 '고슴도치'처럼 행동한다."
"아마추어는 '마케팅'을 하려고 하지만, 프로는 '커뮤니케이션'을 하려고 한다."
"아마추어는 '어떻게, 언제'를 생각하지만, 프로는 '왜, 무엇을'을 생각한다."

광고전략모델은 왜 필요한가?

'돈이 덜 들고, 눈에 잘 띄고, 상품 잘 팔리게 하는 광고'를 만들 수 없을까? 이런 효과적인 광고를 창작하는 것은 모든 광고인이 가지고 있는 해묵은 숙제다. 오늘날과 같은 치열한 시장 경쟁과 다매체에 노출되는 광고 혼잡상황(Advertising Clutter)에서는 더욱 중요하다. 그리고 집행된 광고의 효과를 체계적으로 측정하고 평가해야 하기에 해결책이 있어야 한다. 또한, 실무 차원에서 광고기획 업무에 일관된 방향성을 부여하고 관련 부서 간 커뮤니케이션 수단으로 활용될 수 있는 광고전략모델의 필요성이 강조되고 있다. 카피라이터가 사전학습 해야 할 '기획 공부'이다.

첫째, 광고전략모델은 크리에이티브 **콘셉트 추출과정**이다. 크리에이티브 콘셉트 추출에 정체성을 제시하고 그 질을 높이는 데 도움을 준다. 과거에는 크리에이티브 콘셉트 추출과정에 있어 직관(통찰)이 가장 중요한 요소로 여겨졌으나 이제는 과학(이성)이 중시되고 있다. 따라서 광고기획 과정에 대한 전략적 사고의 틀(Perspective)을 제시해주고 관련 이론 및 조사방법에 대한 안내지침의 역할을 해주는 광고전략모델은 크리에이티브 콘셉트 추출과정에서 논리와 타당성을 갖추는 데 큰 역할을 하고 있다.

둘째, 광고전략모델은 **업무 표준화**다. 광고기획 업무와 관련된 광고회사 내의 업무 표준화를 위한 도구이자 광고주와 효과적인 커뮤니케이션을 이뤄내는 수단으로 활용될 수 있다. 광고회사 내 부서 사이의 커뮤니케이션에 일관된 흐름을 부여하기 위해 회사 고유의 광고전략모델 개발이 필요하다고 할 수 있다. 그뿐만 아니라 광고회사의 규모가 커지면서 광고기획 업무와 관련된 부서, 즉 기획, 제작, 마케팅, 매체 부서 간에 효과적인 커뮤니케이션을 가능하게 한다. 소통의 효율성 제고가 기본이기 때문이다.

셋째, 광고전략모델은 **광고회사의 경쟁력**이다. 프레젠테이션을 할 때 광고주(의뢰인)에게 신뢰를 얻을 수 있다. 치밀하고 정교하게 전략을 수립하고 단계별 사고를 통해 기획한다는 것을 과시할 수 있다. 광고기획에 대한 전략적 사고과정뿐만 아니라 그 결과물인 광고전략 기획서를 작성하여, 커뮤니케이션 수단으로 사용할 때도 아주 유용하다.

넷째, 광고전략모델은 **광고효과 측정의 기준**이다. 광고 기획과정은 광고전략모델에 기초한 광고물을 제작한 데에서 끝나는 것이 아니라 집행된 광고물의 효과측정 및 평가결과가 다음에 제작될 광고에 반영되는 **순환과정**이라고 할 수 있다. 이러한 환류과정을 거침으로써 광고회사에서 만들어지는 광고에 대한 효과평가와 관리를 효율적으로 할 수 있다.

이런 광고전략모델에 대한 필요성으로 인해 서구 선진대행사들은 오래전부터 고유의 광고전략모델을 개발, 수정 보완하여 실제 광고전략 기획과정에 활용하고 있다. 그러나 현재 우리나라 광고회사의 경우 대부분 서구 선진대행사에서 사용하고 있는 전략모델을 그대로 사용하고 있다. 고유의 광고전략모델을 사용하고 있는 것이 아니라 담당자 편의로 또는 자신에게 익숙한 광고전략모델을 사용하고 있기에 관련 부서 간 커뮤니케이션 수단이 통일되지 못하고 이들 간에 소통이 제대로 이루어지지 않음으로써 '시간, 인력, 비용' 등에 불필요한 낭비가 발생하고 있다. 그럼에도 불구하고 '숙성의 시간'을 거친 모델이라 활용할 가치가 충분하다고 본다. 향후 우리나라 광고회사가 우리 실정에 맞는 광고전략모델을 개발해야 할 것이다. 아날로그 시대에서 디지털 시대로 바뀌어도 광고전략모델은 유용하다. 광고의 과학화를 위한 사고과정이며 더 좋은 것을 만들겠다는 정신, 'Making Something Better' 정신이 녹아있기 때문이다.

광고 캠페인 전략모델에 대한 이해

아날로그 시대였던 40여 년 전부터 개발되어 효과가 검증된 외국 광고회사의 광고전략모델 가운데 국내에서 가장 많이 활용되고 있는 일곱 가지 모델(표준화 지침)들의 목적, 목표, 방법론, 특징 및 주요 항목들을 요약했다. 이 광고전략모델들은 정교화 과정을 거쳐 완성도가 높아졌으며 수많은 성공사례를 생산하여 광고업계에서 공인받고 있다. 그래서 디지털 마케팅 시대로 변했으면서도 광고방법론으로 널리 사용되고 있다. 퍼포먼스 커뮤니케이션과 모바일 광고 중심일지라도 유용한 사고방식이고 전략적 기획을 할 수 있게 만들어준다(김정현).

● 브리프: 사치앤사치(Saachi & Saachi)사

브리프(The Brief)는 광고전략모델들 가운데 가장 간단명료하며 압축된 내용을 담고 있는 광고전략 기획서 모델이다. 브리프란 광고전략 기획서 양식을 말하는데 원래 광고회사의 AE가 광고주에게 광고전략을 브리핑하기 위해 작성된 원고라는 뜻을 가지고 있다.

브리프 모델의 개발 목적은 광고제작 시 필요한 필수 항목들을 관련 부서 상호 간 합의하고 나아가 광고주와의 합의를 도출하는 데 있다. 이를 통해 광고주와 광고대행사 관련 부서 간에 효율적인 커뮤니케이션을 도모하며 광고전략 기획업무에 일정한 체계를 부여하고자 했다. 광고 캠페인을 수행할 이해당사자들이 '불확실성을 해소'하고자 하는 약속이고 체크리스트이다. 브리프는 작성의 기본원칙을 강조한 후 3가지 양식의 브리프를 소개하고 브리프 각 항목의 작성방법을 설명하고 있다.

브리프 작성의 기본원칙으로는 **객관적**(제품과 시장에 대한 객관적 사실에 기초), **비판적**(소비현상에 대한 의문 제기와 필요시 가설검증을 위한 조사 실시), **분석적**(상황 분석을 통한 창작의 기초 다지기), **창조적**(신선한 통찰력 발휘)이어야 함을 강조하고 있다.

광고전략 기획서로는 배경 브리프(Background to Creative &Media Brief), 크리에이티브 브리프, 미디어 브리프를 제시하고 있으며, 빈칸을 채워나가는 작성방법을 설명하고 있는데 일반적인 광고전략모델과 유사하다. 또한 '불확실성 회피성향(Uncertainty Avoidance)'이 강한 서구문화를 반영한다고 볼 수 있다. 다음 그림은 세 가지 브리프 양식 가운데 광고 기획과정에서 핵심이 되는 '크리에이티브 브리프'이다.

광고 브리프

광고주(Client)	AE	제작 No
상품명(Brand)	리뷰일(Review)	제시일
1. 제품의 주요 특성(Key Characteristics of the Brand)		
2. 시장 상황, 문제점, 기회(Market Problem & Opportunity)		
3. 목표 집단[Target Audiance Profile(Demographics, Life-style, Attitude etc.)]		
4. 이 광고의 성취 목표(What is This Ad Intended to Achive?)		
5. 주소구정 및 근거(The Single Minded Proposition)		
6. 바람직한 상표 이미지(Desired Brand Personality)		
7. 광고 시기 및 활용 매체(Suggested Media & Timing)		
8. 필수 요구사항(로고 주소 등, Mandatory Inclusious)		

브리프에서 광고전략 기획과정에서 가장 핵심이 되는 부분은 '집약된 메시지이며, 거부할 수 없는 압도적이고 생생하게 제안하는 것을 의미하는 단일집약적 제안(Single Minded Proposition)'이다. 이는 소비자 지향적인 측면에서 광고주가 소비자에게 전하고자 하는 심리적, 물리적 특징을 하나로 집약하여 소비자들이 거부할 수 없는 메시지를 전달하는 것이다(서범석). SMP는 뒤에서 살펴볼 USP 디시플린(USP Discipline)에서 강조하는 유일판매제안(USP: Unique Selling Proposition)이라는 마케팅상의 원리를 광고상의 원리로 발전시킨 '광고 콘셉트'에 해당한다.

브리프는 실질적인 광고제작에 앞서 브리프 양식을 작성하게 함으로써 광고주 및 광고대회사의 관련 부서 간 효율적인 커뮤니케이션 및 업무 표준화를 가능케 해주는 장점이 있다.

● 좋은 표현전략 브리프(Creative Brief)를 쓰기 위한 접근법(사치앤사치사의 브리프 중)

- 객관적: 당신은 공상과학 소설이나 시를 쓰는 것이 아니다. 근거가 있는 전략을 세워라. 소비자 중심으로 생각하라. 카피라이터는 순수창작이 아니라 비즈니스 라이팅을 한다.
- 비판적: 남들이 다 하는 방향으로 간다면 왜 전문가가 필요하겠는가? 당연한 것도 의심하라. 우리에게 무한한 자유를 준다고 해서 자유 속에서 편하게 누워 있으면 안 된다. 극단적으로 거부해도 좋다.
- 분석적: 쉽게 가려고 하지 말라. 얄팍한, 상식적 차원의 접근은 뻔한 광고를 만든다. 빅데이터 분석력을 길러라.
- 창조적: 데이터에 신선한 통찰력과 시각을 부여하라. 통찰력을 위해 동체시력이 필요하다.

● T 플랜: J. 월터 톰슨(J. Walter Thompson)사

T 플랜(T Plan)은 광고전략 기획과정의 여러 필수 항목 가운데 (광고 목표, 메시지 전략, 매체 전략, 목표 소비자 등) 광고하고자 하는 대상, 즉 목표 소비자에 대한 분석에 주안점을 둔다. T 플랜은 명칭에서 알 수 있듯이 T(Target) Plan이며, 광고를 통해 소비자로부터 특정 반응을 얻어내기 위한 광고를 기획하는 것이다. T 플랜은 어느 소구대상을 선택할 것이며 그 사람이 광고 브랜드를 사게 만들기 위해서 '무엇을 그 사람의 마음에 담아야 하는가'를 설정하고 있는 것이다. 다른 모델들이 광고주가 소비자에게 전달하고자 하는 핵심 메시지를 무엇으로 할까를 중심으로 기획하는 것과 차이가 있다. 목표고객(Target) 중심의 관점전환이다. T 플랜의 광고전략기획과 정의 시작은 다음과 같다.

- 브랜드는 소비자에게 어떻게 소구되는가?
- 누구에게 브랜드를 소구해야 하며 그 이유는 무엇인가?
- 그들은 광고에 대해 어떻게 반응하는가?

첫째, T 플랜은 시장경쟁 상황에서 소비자들의 선택은 브랜드의 '총체적 순인상(Total Net Impression)'에 의해 좌우된다고 생각한다. 즉 소비자들은 여러 브랜드들의 장단점들을 일일이 비교해보고 구매하는 것이 아니라, 각 브랜드의 '총체적 순인상의 순위'에 따라 구매한다는 것이다. 그리고 브랜드에 대한 총체적 순인상은 다음과 같은 세 가지 소구들로 이뤄진다. **감각에의 소구**(제품 포장 또는 사용 경험에 바탕을 둔 감각기관을 통한 소구), **이성에의 소구**(브랜드 선택을 정당화시키고 있는 또는 정당화시킬 수 있는 논리적 근거), **감성에의 소구**(브랜드 사용 시 얻게 되는 심리적 보상)이다. 이 세 가지 소구들이 상호작용하여 브랜드 개성을 형성하며 소비자들은 브랜드를 하나의 단일 개체(Single Personality), 즉 총체적 순인상으로 인식한다고 본다.

둘째, T 플랜은 대부분의 소비자들이 브랜드 선택 시 '간단한 목록(Short List)'을 활용한다고 보고, 광고의 목표를 광고 브랜드를 간단한 목록에 등록시키거나 또는 이미 등록돼 있는 브랜드의 경우에는 더 상위의 위치로 선호 위치를 끌어올리는 것으로 삼아야 한다고 주장한다. 최소한 '구매고려군'(Consideration Set)에 진입시켜야 한다. 따라서 광고를 하고자 할 때 소비자뿐만 아니라 브랜드들에 대한 이해가 필수적이며 이를 토대로 브랜드에 대한 소비자들의 동기를 분명히 파악할 수 있다고 본다.

셋째, T 플랜은 우수한 광고를 만들기 위해서는 광고주, 마케터 등이 주장하는 콘셉트가 아니라, 목표 소비자 개개인이 이에 어떻게 반응할 것인가를 기준으로 삼아야 한다고 생각한다. 즉 광고를 통해 얻어내고자 하는 **기대반응**(Expected Response)이 무엇인가를 확실히 하게 되면 이를 위해 어떤 자극(메시지)을 주어야 하는가를 찾아낼 수 있다는 것이다. 또한 모든 커뮤니케이션요소들이 '브랜드 개성'에 민감한 영향을 줄 수 있다고 명시하고 있다. 이것은 광고 메시지뿐만 아니라 메시지가 전달되는 **분위기**(Tone), **방식**(Manner), **색상**(Color), **음악**(Music)도 브랜드 개성과 일치시켜야 함을 말해준다. T 플랜은 브랜드 개성을 형성하는 기본질문 다섯 가지로 광고기획 사이클을 제안하고 있다(www.jwtworld.com).

① **Where are we?** (우리는 현재 어디에 있는가?)

우리 브랜드는 지금 사람들의 마음속 어느 곳에 자리 잡고 있으며, 이는 시장 위치와 관련하여 어떻게 해석해야 하는가?

② **Why are we there?** (왜 우리는 그곳에 있는가?)

우리 브랜드의 강·약점을 형성해온 결정적인 요소들은 무엇인가?

③ Where could we be? (우리는 어디로 갈 수 있는가?)
현실적으로 우리 브랜드의 미래의 위치는 어디까지 가능한가?

④ How could we get there? (어떻게 그곳에 갈 수 있는가?)
마케팅 믹스의 어떤 부분을 어떻게 변화시켰을 때 그 목표에 다다를 수 있는가?

⑤ Are we getting there? (우리는 지금 그곳에 가고 있는가?)
우리는 지금 광고 목표를 달성해나가고 있으며 효과가 나타나고 있는가?

이러한 광고기획 과정은 '지속적 순환체계'이기 때문에 급변하는 시장 경쟁 환경 인식에 유용하다. 꼬리에 꼬리를 무는 연계·순환 시스템과 피드백을 통해 시행착오를 줄일 수 있고, 현실인식의 중요성을 강조하고 있다. 상호작용성이 강한 디지털 시대에도 유용한 기획과정이고 질문의 힘이다. 이상과 같은 T 플랜의 주요 개념을 그림으로 표현하면 다음과 같다.

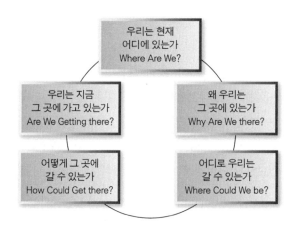

T 플랜은 목표 소비자의 감각, 이성, 감성에 기초한 다양한 제품/서비스 분석을 요구하며 기획자(AE, AP) 관점에서 '무엇을 말할 것인가'에 관한 광고 콘셉트 개발을 강조하고 있다. 'Where are we?'(우리는 현재 어디에 있는가?)를 정확하게 가늠하고, 어디로 가야 하며(광고목표 설정), 거기에 도달하기 위하여 어떻게 해야 하는 가를 위해 크리에이티브 표현 및 매체전략 측면에서 구체적 방안을 제시하도록 요구한다. 요약하면 T 플랜은 광고 포지셔닝을 위한 사고 틀을 제시하고자 하며

감각, 이성, 감성에의 소구를 통해 형성되는 '총체적 순인상'이라는 개념과 광고기획 사이클을 제시하고 있다.

● R.O.I 스프링보드: DDB 니드햄(DDB Needham)사

R.O.I 스프링보드(R.O.I Springboard)는 전략기획모델(안내서)로 1987년에 최초로 만들어진 이후 현재까지 계속 수정·보완한 개정판을 펴내고 있다. R.O.I 스프링보드는 광고전략에서 출발점이자 도약대인 '적절성(Relevance), 독창성(Originality), 영향력(Impact)'을 강조하고 있다. 이 세 가지 요소를 갖춘 광고여야 광고주에게 '광고비용 대비 투자수익(Return On Investment)'을 가져다준다고 주장한다. 즉 이 모델은 'R.O.I.'라는 광고전략 입안원칙 및 광고 평가기준을 제시하고 있다. 여기서 '적절성'이란 메시지가 제품 특성에 맞아야 하고 목표 소비자의 특성에 적절해야 하며 광고 집행이 의도하는 소비자 반응에 적절해야 한다는 것이다. '독창성'이란 소비자 욕구에 초점을 맞추면서도 경쟁자가 쉽게 모방할 수 없는 제안과 뒷받침을 의미한다. '영향력'이란 특히 매체 집행이 목표 소비자의 라이프스타일을 노려야 하며 크리에이티브의 사회적 반향이 커야 한다는 것이다(www.ddbn.com). R.O.I를 갖춘 광고를 만들기 위해선 다음과 같은 '일곱 가지 질문'에 분명히 답변해야 한다.

- 커뮤니케이션으로 무엇을 달성하려 하는가?
- 누구에게 전달하려 하는가?
- 그들에게 전달한 결과로 어떤 행동을 얻어내려 하는가?
- 언제 어디서 그들에게 말해야 하는가?
- 우리가 바란 대로 행동하면 어떤 보상이 있다고 제안할 것인가?
- 브랜드를 위해 어떤 개성을 형성해야 하는가?
- 캠페인이 초점을 맞추어야 할 핵심 통찰은 무엇인가?

이상과 같은 일곱 가지 질문은 상호 연관돼 있으며 기획과정에서 자연스럽게 발상되기에 반드시 순서대로 질문을 풀어가야 할 필요는 없다. 그리고 위의 일곱 가지 질문의 핵심은 다음과 같은 다섯 가지로 간추릴 수 있다.

- 광고 목표(Source of Business): 목표 소비자가 할 수 있는 행동용어

- 목표 소비자: 목표 소비자 개인의 생생한 생활의 모습 묘사
- 약속과 뒷받침: 내가 _____ 한다면 _____ 할 것이다. 왜냐하면 _____ 하기 때 문이다.
- 브랜드 개성: 지속적이고 일관적인 광고를 통한 브랜드 개성 구축
- 매체 전략: 목표 소비자의 빈틈이 가장 크게 열려있는 시간/장소에 적합 한 매체

위의 다섯 가지 질문은 다른 광고전략모델이 강조하고 있는 것과 비슷한데 브랜드 개성 및 매체전략에 대한 부분이 상세히 설명돼 있다. 이 모델은 또한 소 비자의 구매의사 결정과정을 장애이론(Barrier Theory)에 근거하여 개념화하고 이 단계들 가운데 어느 단계를 건드리는 것이 소비자를 구매에 이르게 하는 핵심고 리가 되는지 변별할 것을 요구하고 있다(김진환).

이 밖에도 R.O.I 스프링보드는 광고전략 기획과정에서 요구하는 필수사항에 대한 설명과 업무 표준화를 위한 전략 안내서의 역할뿐만 아니라 초보자도 쉽게 광고전략 기획서를 작성할 수 있도록 풍부한 내용 및 질문과 답변 식의 해설을 곁 들이고 있다. 광고주 앞에서 프레젠테이션을 실시할 때, 설득화법으로 많이 사용 하기도 한다. 또한, 이 모델은 광고하고자 하는 제품의 시장 위치에 따라(명백한 우 위, 한계적 우위, 인식 상의 열위, 실질적 열위, 대등한 위치) 광고전략을 다르게 수립해야 함 을 강조하고 있다(Wells).

● 그리드 모델: 푸트, 콘 & 벨딩(Foote, Cone & Belding)사

그리드(Grid)란 소비자의 구매 결정과정을 파악하도록 해주는 사각형 '격자 무늬'를 의미하는 것으로 이 모델은 '광고 표현전략'에 대한 해답을 얻기 위해 작 성됐다. 그리드 모델(Grid Model)은 다른 광고전략모델들이 실무경험을 바탕으로 작성된 것과 달리 명확한 이론적 배경을 토대로 구축됐고, 측정척도의 개발과정 부터 상세히 설명하고 있다는 점에서 다른 모델들과 구분된다. 그리드 모델이 사 용한 광고 관련 제 이론으로는 전통적 광고이론, 효과의 위계모델, 관여 관련 이 론, 좌/우뇌의 기능 분화론 등이다.

먼저 '전통적 광고이론'이란 대부분 1950년대에 대두된 것으로, 경제이론 (Economic Theory), 반응이론(Responsive Theory), 심리이론(Psychological Theory), 사회이 론(Social Theory)을 말하는데 각 이론이 가정하는 소비자가 다르다. 즉 '경제이론'에

서는 구매 시에 의식적으로 비용 대 효용을 대비해보는 합리적인 소비자를 가정하고 있다. '반응이론'에서는 자극-반응 학습에서 이뤄지는 바와 같이 습관적인 구매를 하는 소비자를 가정한다. '심리이론'에서는 무의식의 동기와 예측 곤란한 정서적 충동에 의해 물건을 구매하는 소비자를 가정하고 있다. '사회이론'에서는 문화와 소속집단의 욕구에 자신의 욕구를 일치시켜나가는 외부에 순응하는 소비자를 가정한다.

이상의 네 이론은 서로 상충되는 것이 아니라 제품 특성에 따라 타당하게 설명될 수 있다. 즉 경제이론은 고도의 기능적 편익을 지니는 값비싼 상품, 예컨대 자동차, 가구, 컴퓨터 등에 타당하다. 반응이론은 습관적이고 일상적인 구매가 이뤄지는 제품에 적용 가능한 것으로 식료품, 세제, 과자 등이 해당한다. 심리이론은 자아만족을 위한 구매가 이뤄지는 제품에 적용되는 것으로 상징적 의미가 중요한 보석, 화장품, 오토바이 등이 이에 속한다. 사회이론은 현시적 역할을 하는 기호품에 적용 가능한 이론으로 브랜드 신발, 담배, 맥주 등이 이에 해당한다(서범석).

래비지(Lavidge)와 스타이너(Steiner, 1961) 등에 의해 1960년대에 발전된 효과의 위계모델들은 대체로 소비자의 행동이 '인지(Awareness) → 관심(Interest) → 선호(Preference) → 확신(Conviction) → 기억(Memory) → 구매(Action)'의 단계를 순차적으로 밟는다고 본다. 이러한 과정은 '배우기(Learn) → 느끼기(Feel) → 하기(Do)'의 단계로 압축시킬 수 있는데, 이 세 가지 단계의 순서는 제품 특성에 따라 '하기 → 느끼기 → 배우기', '느끼기 → 하기 → 배우기'의 단계처럼 뒤바뀔 수 있다.

또한, 그리드 모델에서는 '관여도'가 중요하다. 그리드는 제품에 대한 소비자의 관여 정도에 따라 나뉘는데, 관여 정도가 높을수록 큰 위험부담이 따르게 되어 구매과정에서 '주의'와 '정보 요구량'이 많아지게 되고, '정보처리 유형' 등을 포함한 의사결정 과정이 다양해진다고 본다. 소비자 개인의 관심분야와 **중요도**가 가치관에 따라 다르기 때문이다. 그리드는 '관여'뿐 아니라 '두뇌기능 분화'에 따라 나뉘는데, 즉 우리 두뇌가 인지/사고 기능이 발달된 좌반구와 감정/정서 기능이 발달된 우반구로 나뉘어 있는 것과 마찬가지로 제품이 이성적 또는 감성적 제품으로 분류되는가에 따라 나누어 설명하고 있다(선우동훈). 그리드 모델은 '**고관여/저관여, 이성/감성**'을 축으로 하는 4개의 창으로 이루어진 '전략적 사고 틀'로서 궁극적으로 각각의 '격자무늬(창)'에 적합한 광고 표현전략을 수립하고자 하는 목적으로 구성됐다.

그리드모델

● 링크 플랜: SSC & B 린타스(Lintas)사

링크 플랜(Link Plan)의 특징은 전체적인 광고전략의 구성을 '브랜드 자산' 개념에 집약시켜 표현하고 있다는 점이다. 이 모델에서는 광고전략 기획과정을 제품을 단순물리적 존재가 아니라 브랜드로 승화시켜 소비자의 마음속에 하나의 움직일 수 없는 자산으로 자리 잡게 하는 과정이라고 본다. 따라서 이 과정이 '브랜드 자산 조사 → 전략적 선택과 대안 기획 → 브랜드 자산 통찰 → 크리에이티브 브리프'의 일련의 과정으로 이루어진다고 봤다(오두범).

이 모델은 '링크 폴더(Link Folder)'에 세 가지 양식, 즉 링크 시장분석(Link Market Analysis), 링크 투데이(Link Today), 링크 투모로우(Link Tomorrow)를 담기 때문에 링크 플랜이라는 이름이 붙여졌다. 먼저 링크 시장분석은 광고 브랜드와 관련된 핵심 사실들을 알아내고자 하는 작업으로 시장구성(제품군의 시장규모와 트렌드, 유통 패턴과 경향, 계절·지리학적 변인 등), 시장 경쟁상황(주요 경쟁사, 경쟁사 제품과 자사 제품의 성분 구성, 포장/크기, 유통요소 등의 차이), 소비자(소비자 프로필, 소비자가 바라는 편익과 제품 속성, 생활양식 등), 커뮤니케이션 상황(자사/경쟁사 광고 비교, 판촉의 역할, 마케팅 비용의 유형 및 트렌드 등), 주의사항(정부의 가이드라인 및 규제, 소비자보호주의 활동 등), 문제점과 기회(자사 브랜드가 직면한 마케팅상의 문제 및 이를 기회로 전환시킬 수 있는 방법) 등을 위한 지침들이 포함돼 있다. 광고 브랜드의 현재 위치에 관한 것인 '링크 투데이'는 전략적 이슈와 전술적 이슈로 구성된다. 즉 전략적 이슈는 목표 소비자 설정, 커뮤니케이션의 기본적 목표가 되는 소비자와 반응에 관한 지침들이며 전술적 이슈는 브랜드 개성, 광고제작 접근방식에서의 핵심요소들, 자사/경쟁사 브랜드의 이용매체와 광고비 수준, 의무사항 등에 관한 것이다. '링크 투모로우'는 가까운 장래에 목표로 하는 위치에 광고 브랜드를 이동시킬 수 있는 최적의 전략에 초점을 두고 있다. 따라서 링크 투모로우는 현행 계획 및 추천 계획과 이에 대안이 되는 계획안으로 구성돼 있으며 목표 소비자, 의도하는 반응, 추구하는 브랜드 개성, 제작시 고려사항, 매체와 광고비 수준 등을 추천안과 대안 모두에 대하여 작성하도록 하고 있다. 이 세 양식은 일관성 있게 작성돼야 한다. 브랜드의 과거 · 현재 · 미래에 관한 입체적이고 종합적인 분석을 요구한다. 따라서 링크 시장분석이 작성된 후에 링크 투데이가 작성돼야 하며 링크 투데이가 작성된 후에 링크 투모로우가 작성돼야 한다.

이상과 같은 링크 폴더는 광고전략의 최종안이 결정되는 최고경영층이 참여하는 'SRB(Strategy Review Board, 전략검토위원회)'의 회의자료로 준비된다. 즉 SSC & B 린타스사는 광고제작 이전에 전략을 개발하고 최고경영층의 강평을 담당자에게 전달하기 위하여 SRB를 운영하는데 이 회의용 문서와 자료가 바로 링크 폴더인 것이다. 교차점검(Cross Check) 기능을 강조한 전략모델이다. 요컨대 링크 플랜은 전체적인 광고전략 기획과정을 '브랜드 자산' 개념과 연계시켜 설명하고 있으며, 기본적인 접근방식과 절차들을 분명히 함으로써 '업무표준화'를 도모하고자 만들어졌다. 링크 플랜은 광고전략 업무지침서이자 SRB의 회의자료로 사용되는 링크 폴더 양식을 지닌다는 특징이 있다.

● **식스 키 스텝: 오길비 & 매더(Ogilvy & Mather)사**

식스 키 스텝(Six Key Step)은 광고전략 기획과정을 '6단계'로 나누고, 성공적인 광고가 어떻게 제작됐는가 하는 방법들을 체크리스트 형으로 제시함으로써 크리에이티브의 통찰력과 기본원리를 설명해주는 모델이다. 식스 키 스텝은 철저한 시장분석과 제품분석 하에서 훌륭한 광고전략 입안이 가능하다는 오길비 & 매더사의 광고철학을 반영하는 것이다. 3개의 광고전략 기획서 양식을 작성해야 하는 5단계 이전까지 가능한 많은 정보수집을 하고 이를 가공할 것을 요구하고 있다.

식스 키 스텝의 광고전략 기획과정의 6단계는 제품 특성에 맞는 마케팅 정보를 수집 분석하는 1단계인 **상황분석 단계**로 시작한다. 여기서 핵심적 사항은 제품을 둘러싼 여러 브랜드들의 수요-공급 구조상에서 나타나는 시장 특성을 파악하는 것이다. 그다음 2~3단계는 **자사/경쟁사 제품분석 단계**로 핵심은 브랜드의 광고 포지셔닝 과제를 해결하는 것이다. 따라서 브랜드 비교를 통해 가장 강력한 소비자 제안점과 뒷받침을 찾기 위하여 다각적인 분석을 시도하고, 브랜드 혜택목록

(Benefit Profile)을 작성한다. 4단계는 1~3단계를 거쳐 제품 포지셔닝에 여러 대안을 작성하는 것이다. 시장 세분화 과정에서 광고 브랜드에 알맞는 목표 소비자 집단을 선정하고, 이들에게 광고 브랜드의 개성을 어떻게 포지셔닝 할 것인가와 대안적인 소구방식들을 제안한다. 5단계는 3개의 광고전략 기획서(목표 소비자, 크리에이티브, 매체 브리프)를 '브랜드 포지셔닝' 관점에서 일관성 있게 작성한다. 여기서 브랜드 포지셔닝은 목표 소비자에게 '단일 효용의 약속과 그 근거'를 제시하는 것이다. 마지막으로 6단계에는 광고주 건의사항(제품명, 로고, 포장 등), 유통 등 마케팅 관련 사항 등을 다룬다.

이상과 같은 6단계로 구성된 식스 키 스텝은 구체적으로 각각의 항목에 대한 기술방식이라든지 업무 표준화와 관련된 언급은 하지 않고 있다. 따라서 이 모델은 관련 부서 간 커뮤니케이션 수단이나 업무 표준화보다는 광고전략 기획과정 전반에 관한 사고과정이고 체크리스트 역할로 보인다. T 플랜과 같이 광고 포지셔닝을 찾기 위한 '수렴사고 목록'이다.

● **유에스피 디시플린: 배커 스필보겔 & 베이츠(Backer Spielvogel & Bates)사**

유에스피 디시플린(USP Discipline)은 이름 자체가 말해주는 바와 같이 크리에이티브 표현방식에서 'USP(Unique Selling Proposition, 유일 판매제안)'를 강조하는 모델이다. USP란 일종의 마케팅상의 원리를 말하는 것이다. 이는 소비자에 대한 확실한 약속이고, 그 약속은 경쟁사가 할 수 없거나 하지 않는 것이고 **독특한 것이어야** 하며, 수백만 명의 소비자를 움직여서 광고 브랜드로 끌어올 수 있는 **강력한 힘을** 가진 것이어야 한다. 이 모델은 USP 추출을위한 과정을 일관성 있게 명시하고 있으며 특히 다양한 조사기법들을 광고전략 기획과정과 연결시키고 있다.

이 모델은 '광고 플랫폼(Advertising Platform)'이라는 기획서 양식이 있는데 이 양식을 살펴보면 USP는 궁극적으로 '브랜드 에센스(Brand Essence)'를 찾아내기 위한 방법론임을 알 수 있다. 이 모델의 기획서는 포지셔닝, 광고 목표, 사업의 근원, 목표 소비자, USP, 브랜드 에센스로 구성돼 있으며, 브랜드 에센스로 직접 들어가기 전에 USP를 통해 광고에서 말하고자 하는 것을 명확히 하고 있다. 또한, 이 모델은 브랜드 에센스를 찾아내기 위하여 '브랜드 바퀴(Brand Wheel)'라는 사고 틀을 제시했다. 브랜드 바퀴는 핵심(Core), 유형(Tangible), 확장(Augumented)이라는 세 가지 차원의 제품 요소 분류를 광고상황에 맞게 발전시킨 것이다. 브랜드 바퀴의 핵심에 해당하는 브랜드 에센스는 '브랜드 속성, 편익, 가치, 개성'으로 이루어진 것이다. 브랜드 에센스는 '키워드, 키비주얼'로 수렴되기 때문에 크리에이티브(카피) 발상법으로도 유용하다. 광고전략모델은 그 자체가 목적이 아니고 광고 크리에이티브 전략으로 가기 위한 기회과정이다. 광고 크리에이티브는 소비자 접점으로서 카피(메시지, 이미지)가 어떤 개성(인물, 모델)을 말하고 있는지 알 수 있게 해줘야 하기 때문이다.

USP는 다른 광고전략모델에서 강조하고 있는 핵심[브리프의 단일판매제안(SMP)이나 R.O.I. 스프링보드의 약속 등]과 크게 다르지 않다. 이 모델의 목적은 광고기획의 획기적인 방법을 제시하는 것이 아니라, 광고전략 입안에 필수적인 주요 개념들을 정확히 규정하고 이에 알맞은 '조사 매뉴얼'을 이용하도록 하고 있다.

USP 디스플린은 USP 추출을 위해 다음과 같은 4단계의 전략과정을 거친다. 첫 번째 단계는 'The Cube' 단계로 '누가, 왜, 어떻게'라는 질문을 통해 시장상황과 소비자의 욕구를 이해하는 단계이다. 두 번째 단계는 'Rank of Mind' 단계로 소비자가 구입 대상을 고려하는 브랜드 범주와 경쟁범주를 파악하고 자사 브랜드의 시장목표를 설정한다. 즉 우리 브랜드는 구입을 고려하는 브랜드 범주(Consideration Set)에 포함되는가, 경쟁 브랜드군에 포함되는가, 소비자 마음속에 몇 번째 위치에 있는가를 파악하여 광고목표를 설정한다. 세 번째 단계는 앞서 설명한 브랜드 휠 단계로 자사 브랜드의 비교 우위 이미지를 발견하고 핵심적 브랜드 개성의 규명을 통해 브랜드를 정의한다. 네 번째 단계는 이상과 같은 단계들을 종합하여 크리에이티브 및 매체 전략을 개발하는 단계이다.

요컨대 유에스피 디시플린은 그 강조점이나 목표가 다른 광고전략모델들과 일치하며 단지 광고전략 기획과정에서 구체적인 사고 틀이 제시돼 있고, 전략의 필수항목들을 기술하는데 필요한 조사들이 제대로 활용될 수 있도록 하고 있다(김정현).

광고전략모델의 주인공

광고업계에 널리 알려진 7가지 광고전략모델은 광고전략 기획서 중심의 모델(브리프 등), 전략적 사고 틀 중심의 모델(그리드 모델, T 플랜 등), 광고전략 기획과정 중심의 모델(식스 키 스텝 등) 등으로 구분할 수 있다. 광고전략모델은 이상과 같은 일련의 과정을 거쳐 활용돼야 모델의 의의, 즉 광고기획 업무의 표준화, 체계화를 실현하고 관련 부서 간 커뮤니케이션 수단으로서의 제 역할을 다할 수 있다. 또한 광고전략모델의 전개과정은 철저히 '질문과 토론'이라는 방법론을 지키고 있다. 기획도 크리에이티브도 발상과정은 똑같음을 알 수 있다. AP, AE, CD, CW, CMP, AD는 광고전략모델에서 만나는 **토론 배틀**(Battle)과 진검승부의 주인공들이다.

광고 크리에이티브 전략

광고효과를 얻기 위해서는 치밀하게 광고 캠페인 전략을 잘 기획해야 한다. 기획에는 얻고자 하는 광고목표를 구체적으로 설정해야 한다. 흔히 광고목표로 '매출액 20% 증가' 같은 마케팅(판매) 목표를 정한다. 이는 커뮤니케이션과 마케팅을 혼동한 결과라고 할 수 있다. 광고는 **설득 커뮤니케이션**이기 때문에 마케팅 목표를 설정하는 건 적절하지 않다. 광고 캠페인 전략을 크리에이티브 전략으로 잘 구체화시켜야 광고효과가 올라갈 수 있다. '광고화'가 잘돼야 한다는 것이다. 그래서 광고의 설득 요소들이 수용자의 인지, 감정, 행동 반응에 긍정적인 영향을 미치게 하여 광고효과를 높이는 것이다. 광고 크리에이티브 전략은 마케팅(판매)에 직접적으로 영향을 미치는 게 아니라, 간접적으로 영향을 미친다(다그마 이론). 그래서 광고목표는 상표 인지도, 이미지 제고율, 태도 변화율, 구매의향률, 광고 선호도 등으로 설정해야 한다. 아래 전략은 이런 '**커뮤니케이션 목표**'를 달성하는 데 도움을 주는 '광고 크리에이티브 전략모델'이고 기본적인 발상법이다. 광고 크리에이티브 전략은 앞에서 인용한 광고 캠페인 전략모델을 광고화를 통해 소비자 접점인 광고물(Creative)로 만들어내는 창작방법론이다.

● 광고 크리에이티브 전략모델은 왜 필요한가?

광고 크리에이티브 전략모델이 필요한 이유는 '크리에이티브 뱀파이어(Creative Vampire)' 현상이 생기는 것을 막는 것이라고 할 수 있다. 크리에이티브 뱀파이어 현상이란 광고 모델, 음악 등 주변 요소가 인지정보 처리과정을 점유함으로써 정작 광고의 중심 메시지에 대한 인지를 방해하는 현상을 말한다. 크리에이티브 뱀파이어 현상은 '중심 단서'인 광고 메시지가 '주변 단서'에 의해 인지처리 과정에서 중심경로 처리를 방해받는 현상이며, 특히 모델에서는 모델의 이미지가 제품 특성 또는 목표 소비자의 특성과 적절성을 갖지 못해 메시지를 적절히 뒷받침(Support)하지 못하는 것과 관련이 있을 수 있다. 관련 이론이나 광고 모델들을 통해 크리에이티브 뱀파이어 현상을 설명하자면 광고 정보처리 경로를 설명한 '정교화 가능성 모델(ELM 모델)'과 DDB 니드햄의 광고전략모델인 'R.O.I 모델'에서 말하는 '관련성 또는 적절성(Relevance)' 정도로 설명할 수 있다.

- 일반 전략: 경쟁 제품과의 차이점을 알리거나 자사 제품의 우수성을 강조하기보다는 자사 제품의 특징이나 장점을 있는 그대로 이야기하듯이 설명하는 방식이다.
- 선점전략: "우리 맥주는 천연암반수를 사용하여 제조했습니다"라는 카피처럼 일반적인 속성을 경쟁상대보다 먼저 소구해 자사 제품만의 특징으로 보이게 하는 방식이다.
- USP 전략: U는 Unique(독특한), S는 Selling(팔려고 한다) P는 Proposition(제안)의 약자로 그 제품만의 독특한 특성을 찾아 소구하여 제품의 콘셉트를 부각시키는 방법이다.
- 브랜드 이미지 전략: 경쟁제품의 차이(성분, 효능)를 찾아내기 어려운 경우에 광고표현을 통해서 차이를 만들어내는 전략이다.
- 포지셔닝 전략: USP 전략과 브랜드 이미지 전략을 혼합한 방식으로, 이 전략의 가장 큰 특징은 자사 브랜드만을 생각하기보다는 항상 경쟁 브랜드를 의식하고 광고목표를 정한다. 에이비스(Avis)의 'No. 2 전략'이 좋은 사례다.
- 동조전략: 소비자의 기억 속에 있는 특정 상황이나 이미지나 해결책을 재현시켜가면서 특정 제품의 사용을 연결시키고 자연스럽게 자사 제품이 수용될 수 있도록 하는 전략이다.

● 표현전략과 아이디어 소구방법

앞에서 말한 광고전략을 표현전략으로 전환시키는 일을 '광고화(Advertising translation)'라고 한다. 전략적으로 기획된 콘셉트를 구체적인 아이디어로 표현하는 창작업무는 하나의 소구방법만으로 수행되지는 않는다. 목표고객을 설득하기 위해서 다양한 소구방법들이 서로 섞여 복합적이고 총체적으로 전달된다. 다음의 소구방법은 효율적이고 효과적인 아이디어 발상법으로 사용되면 좋은 창작 효과가 있을 것이다. '아이디어 발상의 경제원칙'으로 이해하기 바란다. 아이디어 소구 방법이지만 '카피(메시지)'를 먼저 발상하고 그림(visual)을 찾는 '카피 발(發), 비주얼 착(着)' 개념은 그대로 지켜져야 한다.

- 유머소구: 유머는 이목을 끌어 사람들에게 쉽게 수용된다. 시청자와 광고 사이의 친밀감 형성에 도움(Entertainment effect)이 된다. 하지만 재미에 빠지면 주의를 분산시키기도 한다. [예: 시몬스, '침대가 등장하지 않는 침대 광고'는 영화 〈킹스맨: 시크릿 에이전트〉의 명대사이기도 한 "Manners Maketh Man(매너가 사람을 만든다)"에서 영감을 받아 시몬스만의 감각적인 스타일로 재해석했다]

- 공포소구(위협소구): 메시지에서 제시하는 권고사항을 따르지 않으면 발생할 수 있는 나쁜 결과를 보여줌으로써, 태도를 변화시키는 설득 커뮤니케이션이다. 단, 위협이 크면 소비자에게 반발이나 회피를 야기할 수 있다. (예: 인간에게 내재돼 있는 공포를 유발함으로써 행동을 변화시키는 도박중독 공익광고)

- 양면제시 소구: 자사 제품의 장점(혹은 찬성의견)만이 아니라, 단점(혹은 반대의견)도 같이 제시하는 경우이다. 정확한 정보를 제공받는다고 생각해 광고에 대한 신뢰가 높아진다. 고관여 상황일 때 주로 사용한다.

- 성적소구: 성적인 자극이나 암시로 소구하는 방법이다. 주로 수용자의 성적인 감정적 반응을 자극한다. 수용자가 거부감을 느끼거나 주의를 분산시킬 수 있다. 이를 흡혈귀 그림(vampire video)이라고 한다.

- 비교광고: 비교광고는 경쟁제품과의 비교를 통해 자사 제품을 알리는 방법으로 시장에서 낮은 인지도로 선도 브랜드의 경쟁상대로서 대등하게 끌어올릴 수 있는 효과적인 전략(1:1 대등효과). (예: 경쟁 브랜드인 POLO와의 비교를 통해 낮은 인지도를 갖는 자사의 브랜드를 막강한 선도 브랜드의 경쟁상대로서 대등하게 끌어올린 HAZZYS 광고)

- 생활단면(Slice of Life) 광고: 우리는 누군가의 박카스다. 난 오늘 나에게 박카스를 사줬습니다(예: 현대해상 "갔다 올게" 편)

- 가치 제안: 셀트리온 기업광고 "미래" 편 "새로운 시대는 아침처럼 오는 것이 아니다. 누군가 여는 것이다", 하이네켄(Heineken) "남자도 칵테일을 마신다."(고정관념 단절), SK매직 "생각", "태도" 편 "생활의 문제를 해결합니다."

- 객관적 상관물 제시(비유, Analogy): "예술의 형식으로 정서를 표현하는 유일한 방법은 객관적 상관물, '어떤 특정한 감정과 공식이 되는 대상물, 일

련의 사건, 하나의 상황을 발견'하는 일이다." 시인 T. S. 엘리엇이 객관적 상관물을 정의하면서 한 말이다. 소비자에게 감정과 정서와 사상을 표현하고 전달하기 위해 찾아낸 사물, 정황, 사건을 이르는 말이다. 두 개의 사물이 여러 면에서 비슷하다는 것을 근거로 다른 속성도 유사할 것이라고 추론하는 일이기도 하다. 수용자(소비자)는 서로 비슷한 점을 비교하여 하나의 사물에서 다른 사물로 추리한다. 그래서 미국 광고회사 TBWA는 '마지막 순인상(Total Net Impression)'을 간결하게 남겨야 한다고 주장했다. 메시지를 강하게 남길 경우에 '객관적 상관어'도 좋다. (예: 신한카드 광고 "소비 마마")

- **포지셔닝**: 미국의 2등 렌트카 업체인 에이비스(Avis) 'No. 2 전략'이다. 2등이기 때문에 '더 열심히 노력한다'는 카피로 표현하고 있다. 1등이 되도록 노력하기에 얼마나 '진정성' 있는 서비스를 하겠습니까 하면서 묻고 있는 듯하다.

- **리포지셔닝 전략**: 음료 "소녀는 석류를 좋아해"는 처음에 상품을 시장에 내놓았을 때는 판매가 부진했다. 몇 년 후 시장에 외모지상주의가 만연하고 석류 성분의 효능이 알려지면서 다시 포지셔닝 했다. 상품명도 "미녀는 석류를 좋아해"로 바꾸어 시장에 성공적으로 안착했다.

- **스토리텔링**: 정관장의 정몰(정말 건강에 미친 사람들의 몰), 택배원, '미친 사람들', '미치도록 핫하다'(바이럴 효과), 돌고래 유괴단의 콘텐츠인 '신세계 이마트 세계맥주 광고'는 87만 뷰가 넘는 조회수를 기록했고, 광고 이후 이마트의 수입맥주 매출 신장률은 29.5%(바이럴 마케팅, 브랜디드 콘텐츠 2분)이다. "하나씩만 사와~"의 대반전 효과가 큰 호응을 얻었다.

- **빅모델 전략**: 오디오북 윌라의 "핑계 대지 마"라는 메시지와 함께 모델 김혜수의 자산인 '공부하는 연예인' 이미지를 잘 편승하고 있다. 최근 '귀깔나게 듣다'로 색다르고 브랜드의 특성을 연계한 메시지로 공감을 얻고 있다.

광고표현(소구방법)의 기본적인 핵심은 '콘셉트 카피, SMP, 스토리텔링(Storytelling), 낯설게 하기'의 네 가지로 요약된다.

- **콘셉트 카피(Concept Copy)**: '사진은 프로다, 스타일은 마니아다.'(올림푸스) 최근 DSLR의 보급이 활발해지면서, 스타일에 민감한 소비자들을 고려해

나온 올림푸스 펜은 타 제품들과 차별화를 두기 위해 사진과 스타일, 두 가지 아이디어를 하나로 묶어 단일 소구의 약속으로 만들어낸 광고로, 단순히 제품의 기능과 디자인을 하나로 묶어 단일 집약적으로 전달하고 있다.

- SMP(Single Minded Proposition): SMP는 1960년대 영국의 광고대행사 사치앤사치(Saatchi & Saatchi)사에서 제안한 단일집약 전략(전술)이다. 소비자들은 보통 상품을 구매할 때 제품에 대해 철저하고 면밀하게 조사한 뒤 제품을 구매하지는 않는다. SMP는 포괄적으로 장점을 제시하는 것이 아닌, 소비자 심리적인 측면에서 광고주가 소비자에게 전하고자 하는 '하나로 집약한 메시지'를 전달하는 것이다. SMP의 필요조건은 제품의 편익보다 '경쟁성 있는 심리적 편익'들에 초점을 맞춘 것이다. 소비자에게는 단 한 가지 '단일 집약 소구점'만 약속해야 한다는 것이다. 정서적이고 가치적이며 심리적인 공명을 얻을 수 있게 설계돼야 한다. USP가 주로 물성적이고 감각적인 특성을 강조한 것과 비교된다. SMP는 전략적인 선택이다. 물리적인 속성에 국한하지 말아야 한다. 소비자 구매심리를 겨냥해야 한다. 소비자 생활언어 사용이 필수다. '키워드(Key Word), 키비주얼(Key Visual)'을 남겨야 한다. 종합 순인상(Total Net Impression)과 연결(연계)해서 이해하면 될 것이다. SMP는 크리에이티브의 핵심 메시지나 가치가 나아갈 방향이나 목적을 제시할 수 있어야 한다.

- 스토리텔링(Storytelling): '이야기하기'라는 뜻으로, 작가의 이야기 전개를 이르는 말. 일반적으로 화자가 청자에게 이야기를 전달하는 것을 말하나, 최근에는 쓰임에 따라 청자가 화자의 이야기에 참여하는 것을 포함하는 보다 넓은 의미를 뜻하기도 한다. 상호작용이 이루어져야 한다. 소비자의 참여로 이야기가 완성되게 하는 '열린 결말'이 있다. 'Story+Tell+Ing'의 구조를 생각하면 쉽다.

- 낯설게 하기(the Strategy of Unfamiliarity): 러시아 형식주의의 주요한 문학적 수법으로 알려져 있다. 일상화되어 친숙하거나, 반복되어 참신하지 않은 사물이나 관념을 특수화하고 낯설게 하여 새로운 느낌을 주도록 표현하는 것을 이른다. 영화나 드라마에서 상투성(Cliche)을 피하라는 말과 같다. 르네 마그리트는 관습적 사고방식을 깨려고 의도적으로 그림과 문장을 모순적으로 표현했다. 미술가가 대상을 매우 사실적으로 묘사한다 하더라도 그것은 그 '대상의 재현'일 뿐이지, 그 '대상 자체'일 수는 없다고

역설한다. 그래서 '파이프'를 그려놓고도 '이것은 파이프가 아니다'라고 주장했다. 기존의 예술 개념을 파괴한 '낯설게 하기 효과'라 할 수 있다. "침대는 가구가 아닙니다"의 에이스 침대 광고카피를 기억하면 이해가 쉽다. 카피라이터가 배워야 할 크리에이티브 사고법이다.

6장
콘셉트 4단계 사고

"아마추어는 '전술'을 생각하지만, 프로는 '전략'을 생각한다."
"아마추어는 '사고(Accident)'를 치지만, 프로는 '사건(Event)'을 만든다."
"아마추어는 '표면구조'를 보지만, 프로는 '심층구조'를 본다."

콘셉트(Concept)의 관점에서 기획과 카피의 경계가 모호할 정도로 긴밀하다. 특히 AP와 CW는 업무관계에서 협조할 일이 많다. 광고 기획서와 표현 기획서 작성에서 공유해야 할 항목이 많기 때문이다. 구체적인 광고안을 만들고 프레젠테이션을 준비할 때도 협업관계를 잘 유지해야 한다.

하늘에는 영광, 땅에는 굴비

굴비 장사를 하는 자영업자가 쓴 생활밀착형 카피다. 카피는 전문성이 없어도 생활인이면 누구나 쓸 수 있는 소비자 언어다. 이 자영업자는 '콘셉트'를 개념적으로 정확히 이해하고 카피를 쓰지는 않았을 것이다. 수년간 영업을 하면서 다양한 소비자를 만났을 것이고 현장판매를 하면서 소구점(Sales Talk)을 이 생각 저 생각해보면서 정리했다고 봐야 할 것이다. '영광 굴비가 맛있다'고 아무

카피 창작 솔루션, 오씨캠프

리 강조해도 소비자는 믿지 않았을 것이다. 일방적인 '장삿꾼의 소리'였기 때문이다. 맛이라는 속성을 직설적이고 재미도 없이 표현했다. 이런 실패를 딛고 오랜 '숙성의 시간'을 거쳐 평소에 머릿속에만 있던 '영광'이라는 단어가 생각났다. '하늘에는 영광, 땅에는 평화'이다. 자영업자의 품목인 '굴비'가 연동되어 단어교체가 되면서 카피가 발동됐다고 본다. '하늘에는 영광, 땅에는 굴비'이다. 일단 기억하기 쉽고 상품 연관성이 크고 성경 말씀이라 신뢰가 되면서 재미있다. 특히 소비자 지향의 양방향 소통이다. 여기서 '오랜 숙성의 시간'은 콘셉트가 익어가는 시간이었다. 제품 콘셉트에서 표현 콘셉트로 전환되면서 숙성된 메시지이다.

개인 자영업자의 카피로는 훌륭하고 일회성으로 쓸 수 있지만, 브랜드 자산을 구축하고 지속 가능한 브랜딩을 위해서는 치밀한 전략적 사고를 해야 한다. 시대정신과 소비자 심리와 경쟁분석을 통해서 커뮤니케이션하기 위한 메시지가 있어야 할 것이다. 바로 광고전략에서 핵심 개념으로 고려해야 할 '콘셉트'이다. '콘셉트'는 소비자의 두뇌(기억장치) 속에 저장해야 할 가치와 의미가 될 것이다.

콘셉트를 연출하라(Play the Concept)

《트렌드 코리아 2019》(김남도)에서 제시된 키워드 'PIGGYDREAM' 항목의 하나이다. 이미지를 우선하는 소셜미디어로 소통하다 보니 자신을 연출하는 소비자들이 늘고, 콘셉트를 구매하는 소비자들이 늘어간다. 이제 **마케팅이 아니라 콘셉팅**을 해야 하는 시대가 됐다고 주장한다. 세상살이 일반 업무는 물론 국내 소비시장도 가성비나 품질보다 콘셉트가 가장 중요한 요소가 됐다. '콘셉팅'은 마케팅할 때, 가성비나 품질보다는 각자의 고유 '개성'이 중요하다고 생각하는 트렌드다. 온라인상에서 독특한 개성을 나타내는 감성을 '갬성'이라고 한다. 감성이 '보편적인 정서'라면, 갬성은 각자에게 **'특화된 정서'**라고 정의한다. 기승전결의 이야기 구조보다 이심전심으로 알 수 있는 콘텐츠에 열광하고 있다. 콘셉트의 목적이 '나' 중심, **'나나랜드'**가 됐다는 것이다. 이런 정서를 반영한 신조어로 **'콘셉러'**라는 말이 있다. '콘셉트(Concept)+사람(-er)'의 뜻이다. 실제로 콘셉러는 플로팅(Floating) 세대처럼 하나의 콘텐츠에 길게 집중하지 못하고, 여러 가지 정보를 동시에 자발적으로 수용하는 경향을 보인다.

이런 라이프 스타일로 콘텐츠뿐만 아니라 직장과 거주지도 유목민처럼 옮겨다니는 세대이다. 15초의 광고도 길어서 지루해한다. 최근에 유튜브를 보면 '범퍼광고'가 있는데 건너뛰기를 할 수 없다. 하지만 그 길이가 6초로 제한된 모바일용 광고다. 콘셉팅은 '나 자신만의 콘셉트'에 주목하는 성향이다. 자신의 개성 만발과 매력 충만의 자아실현 욕구를 잘 반영하고 있다. 소비자의 만족은 실용적이고 합리적인 소비가 아니라, 쾌락적이고 유희성 강한 콘셉트에서 나온다는 트렌드다. 소비자들의 기호도 세분화되거나 원자화되고 개인별 맞춤형 광고가 가능해져 이제 소비자는 세포 소비자(Cell-sumer)라고 불러야 할 정도다.

콘셉팅 관점은 이런 트렌드를 사회문화적인 가치의 변화로 파악한다. 전통적인 기성세대는 사실 집단주의나 관계 중심주의였다. 획일화된 가치관을 벗고, 적극적으로 자기표현을 하면서 '차별화된 갬성'을 갖고 색다른 것들에 몰입하는 '열정세대'가 주류문화를 이끌기 때문이다. '1인 가구'나 '나 중심 세대(Me Generation)'의 증가와 연동되고 있다. 그래서 생활 속에서든 트렌드에서든 사회변화에서든 '나, 여기 그리고 지금'(Me, Here and Now)이 콘셉팅의 세 가지 주요요인이 됐다고 본다. 콘셉트는 마케팅을 넘어 커뮤니케이션 효과로 기획해야 공감을 얻을 수 있다는 것을 이해해야 한다.

질문에서 답을 찾다, why?

콘셉트는 기존의 고정관념에 도전해야 발견된다. 트렌드와 논쟁하라. 논쟁을 습관화해라. 사회의 레전드(Legend) 같은 인간들과도 겨루어야 한다. 생각의 약점과 강점을 발견해서 왜(why?)라고 질문해야 한다. 도전이 기본이 돼야 한다. 책상에 앉아서 수정하는 게 크리에이티브가 아니다. 왜냐고 질문해봐라. 답변을 못 하면 거부할 수 있어야 한다. 기획도 질문이고 콘셉트도 질문이다.

포지셔닝 하는 습관을 기르면 문제를 파악하고 콘셉트를 정하는 데 도움이 많이 된다. 포지셔닝은 특정 브랜드가 소비자의 인식에서 차지하고 있는 위치를 파악하거나 변화시키는 전략적 사고이기 때문이다.

광고기획의 절차

본격적인 카피라이팅을 논하기 전에 광고기획에 관해 일별해야 한다. 카피라이터는 '광고기획' 다음 단계에서 '표현기획'을 주도해야 한다. 물론 표현기획은 광고기획과 긴밀하게 연결되고 연과관계와 상관관계와 보완관계를 유지해야 하기 때문이다. 도표로 이해하면 과정을 이해할 수 있을 것이다.

주요절차		세부절차	내용
마케팅 목적		경쟁 분석	(T- 플랜의 광고전략모델 사례)
상황분석		소비자 분석	→ 우리는 현재 어디에 있는가?(Where?)
문제점 추출 및 기회발견		트렌드 분석	→ 우리는 왜 그곳에 있는가?(Why?)
마케팅 목표 설정 (마케팅 전략)			→ 우리는 어디로 갈 것인가?(Where to?)
		세그멘테이션	
		타깃팅	
		포지셔닝	
		4P(4C) Mix (제품/상품 콘셉트)	
커뮤니케이션 전략 (광고전략) (광고기획)		(광고 콘셉트)	→ 우리는 어떻게 그곳에 갈 수 있는가? (How?)
		광고목표	
		광고 예산	
표현전략 (표현기획)		목표 고객	
		크리에이티브 전략 (표현 콘셉트)	
		매체 전략	
결과 환류(Feedback)		평가	→ 우리는 지금 그곳에 가고 있는가? (Going to?)

콘셉트는 카피에서만 쓰는 게 아니라 광고를 이야기할 때 항상 중심부에 들어가는 개념이다. 소비자와 만나는 것은 매체에 탑재되는 콘텐츠 광고를 통해서 만난다. 앞의 단계는 소비자는 모른다. 광고를 보면서 **표현 콘셉트**(Creative Concept)를 보고 광고가 좋다 나쁘다 판단한다. 제품의 시장에서의 맥락(Context), 소비자 마음속의 맥락의 콘셉트를 잘 이용해서 뽑아내는 것이 중요하다. 콘셉트는 독단

적이거나 곁가지가 아니다.

● '브랜드 정체성' 연계

제품의 속성과 콘셉트와 기억되는 인상(Total net Impression)이 모두 브랜드 정체성의 구성요소다. 4개의 전통적 광고유형(지상파, 라디오, 신문, 잡지)을 포함하고, 모바일, DOOH, SNS 광고까지도 다 포함하여 IMC 전략을 구사하여 브랜드 정체성을 지키고, '브랜드 자산'을 형성하는 데 기여해야 한다.

브랜드 정체성(Brand Identity)의 구성요소
속성(Attribute)
콘셉트(Concept)
인상(Impression)

● '브랜드 자산' 연계

브랜드 자산의 주요 요소				
브랜드 충성도	브랜드 인지도	지각된 품질	브랜드 연상	기타 독점적 브랜드 자산

브랜드 정체성(Identity)을 통해서 '브랜드 자산'을 구축한다. 브랜드 충성도는 그 브랜드만 좋아하는 사람이 많은 것이다. 서울예대 가고 싶어 하는 학생, 혹은 자라(ZARA) 옷만 입는 사람이 따로 있다. 브랜드 인지도를 높여야 한다. 품질이 좋아야 한다. 연상되는 게 있어야 한다. 서울예대는 불꽃이고 루이비통은 'LV' 로고이다. 자산이 생기면 정체성(아이덴티티)이 생긴 것이다. 그게 바로 콘셉트의 내용이다.

그렇다면 브랜드 아이덴티티는 콘셉트인가? 콘셉트는 브랜드 아이덴티티를 지켜주는 것이다. 콘셉트는 브랜드 아이덴티티의 요소인 '속성, 혜택, 가치, 인물'을 약속하고 있어야 한다. 인지도도 높아야 하고 품질의 우수성을 잘 경험하고 있어야 하며, '연상되는 이미지'가 강력해야 한다.

카피 플랫폼과 크리에이티브 브리프

둘 다 좋은 콘셉트를 도출하는 방법이다.

- 광고주가 오리엔테이션 하면서 자료를 주는데 이를 잘 정리할 줄 알아야 한다.
- AP(Account Planner)는 기획하는 사람이다. AE에서 업무가 분리되어 나왔다. AE 하는 사람 중에서 AP 하는 사람도 있고 그 반대도 있다. AE는 영업, 예산 결산도 하는데 AP는 순수하게 기획만이 고유업무다.

● 카피 플랫폼

카피 플랫폼이란 제품의 다양한 특성과 편익을 일목요연하게 만들어놓은 표다. 한마디로 효과적이고 능률적으로 표현 콘셉트를 찾아주는 방법론이라고 할 수 있다.

카피 플랫폼은 '광고의 목적이나 기획에 따라 카피라이터가 작성해야 하는 표로서, 제품이 주는 이점(편익)을 제품의 특징으로 증명한, 말하자면 카피의 대차대조표이며, 카피라이팅에 앞서 광고의 핵심 메시지, 즉 표현 콘셉트 도출의 필요성과 접근법에 유익한 것이다.

카피 플랫폼은 두 가지 측면에서 이해될 수 있는데, 하나는 과정으로서의 카피 플랫폼으로 '제품의 특성을 찾아내고 그것에서 경쟁적 소비자 편익을 발견해내는 방법'이다. 다른 하나는 결과로서의 카피 플랫폼으로 '제품의 핵심특성을 소비자가 그 제품을 사용하면서 얻는 편익으로 바꿔 '빠짐없이 일목요연하게' 적어놓은 표라고 할 수 있다.

핸드폰은 카메라, 캘린더, 인터넷 등 기능이 많다. 제품 중에 기능이 하나뿐인 게 있을까? 신문이 누구에게는 정보제공 매체이고, 누군가에겐 야채 넣을 때 싸는 포장지일 것이다. 이처럼 어떤 제품이든 한 가지 특징만 있는 게 아니다. 그러나 제품마다 핵심기능들이 있다. 소비자는 그것 때문에 사는 것이다. 핵심기능과 보조기능이 있을 것이다. 그걸 일목요연하게 정리할 필요가 있다. 그런 표를 '카피 플랫폼'이라고 한다. 광고 크리에이티브나 카피발상을 위한 최소한의 상품 특징을 소비자 편익과 연계한 목록표이다.

● 크리에이티브 브리프

크리에이티브 브리프는 원래 다국적 광고회사인 영국의 사치앤사치 (Sattchi&Sattchi)사의 광고전략 모델이었다. 크리에이티브 브리프는 간결하게 전략의 핵심사항들을 요약해 보여주기 때문에 지금은 대부분의 크리에이터들이 콘셉트를 도출하는 수단으로 사용하고 있다. 브리프의 형식은 광고회사마다 약간의 차이가 있다. 여기에서는 사치앤사치사의 크리에이티브 브리프 내용을 소개한다.

크리에이티브 브리프(사치앤사치사 버전의 수정)

고객(Client)	브랜드(Brand)		일시(Date)
제목(Job Title)		제작 예산(Porduction Budget)	
캠페인의 요건, 광고 콘셉트 (Canpaign Requirement, Ad Concept)			
목표 고객, 표적 시청자 (The Target Audience)			
광고가 성취하고자 하는 것, 커뮤니케이션 목표 (What is The Advertising Intended to Achieve, Communication Goal)			
단일 소비자 제안점, 표현 콘셉트 (The Single Minded Proposition, Creative Concept)			
소비자 제안에 대한 뒷받침 (Substantion for Proposition)			
필수적으로 포함할 내용 (Mandatory Inclusion)			
바람직한 상표 이미지 (Desired Brand Image)			
제작 완료시간 (Timing of Creative Work)			

- 표현 콘셉트, 단일 소비자 제안점: 머릿결을 윤기 있게 해준다 / 필수 포함 내용: 약은 약사에게, 금융 상품 손실 위험.
- 크리에이티브 브리프를 쓰기 전에 광고주가 OT자료를 주고 AE나 AP가 AD 브리프를 준다. 그러면 CW나 CD가 정리한다.
- 커뮤니케이션 전략까지 하면 AE가 AD 브리프를 준다. 그 안에는 광고목표, 목표고객에 대한 상세한 설명, 시장 세분화가 있다. 그러면 크리에이

티브 콘셉트는 제작팀에서 만들어야 하는데 여기서 크리에이티브 브리프를 짠다. 광고주에게 주기 전에 다시 AE와 AP에게 검토를 요청한다. 여기서 의견이 다르면 논쟁이 생긴다. 치열하게 서로 협업한다. 양방향(2 Way) 방식이다. 커뮤니케이션 전략의 처음으로 다시 돌아가기도 한다.

F.A.B 발상법 사례

F	A	B
Feature (특징, 속성, 성분, 기능)	Advantage(이익) (대중적 · 일반적 이익)	Benefit(편익, 혜택) (개인적, 생활문제 해결)
광고주 입장	소비자 입장	소비자(생활자) 입장

● **Feature** (특징, 속성, 성분, 기능)

아메리카노 같으면 '카페인, 원두, 물, 각성제'가 해당되고, 노트북 같으면 '무게, 모니터 화소'가 해당된다. 맥주는 '호프, 발효 방식'이 포함된 개념이다. 제품 모양도 관계없다. 물리적 특징, 속성이 여기에 속한다.

● **Advantage** (이익)

'그 특징이 어떤 이익이 있느냐'는 '일반인의 혜택' 같은 것들이 여기에 포함된다. 여기까지 광고주의 생각이다(편익부터는 소비자 입장). 지금 맥주에서 테라가 1등인데 그전엔 카스가 1등이었다. 카스 업체는 '소비자들이 쌉쌀한 맛을 좋아할 것이다'라고 생각해서 쌉쌀한 맛으로 만들었다. 바로 그때 '쌉쌀한 맛'이 광고주가 생각하는 이익이다. 광고주의 이익과 소비자의 편익이 항상 맞지는 않는다. 시장 반응을 보면 소비자 생각은 카스보다는 '테라'다. 카스가 '톡 쏘는 맛', 테라는 '상큼한 맛'이었는데 다수의 소비자에게 편익(benefit)은 '상큼한 맛'이었던 것이다.

● **Benefit** (편익, 혜택)

여기서부터는 '특정 소비자 개인의 취향'이다. 테라는 소비자에게 '상큼한 맛'으로 편익을 제공했다. 이처럼 소비자가 기대하는 맥주 맛(Benefit)과 테라의 맛이 일치할 때 판매가 이루어진다. 소비자의 선택과 반복구매가 이루어진다. 그런데 여기서 빠진 게 의미와 가치다. 의미(Meaning)나 가치(Value)가 있으면 더 좋다.

콘셉트의 발견 요소를 기준으로 보면 된다. '지속 가능성, 차별성, 경쟁력, 규모의 경제, 시장성, 의미, 가치, 상징' 등이다.

스마트폰의 'FAB' 적용사례

Feature (특징, 속성, 성분, 기능)	Advantage (이익)	Benefit (편익, 혜택)
터치스크린, 그리기 기능	말로 표현하지 못하는 것을 그림으로 표현	자유롭고 빠른 통화 (20대 표현 욕구)
지하철 노선도 (언제 어디서나 노선도를 볼 수 있음)		지하철 내부에서 손쉽게 찾기 가능
지상파 DMB	언제 어디서나 TV 시청 가능	출퇴근 지루한 시간 활용
SD카드 외장메모리	원하는 자료 휴대 가능	MP3 대용으로 이동 가능
전자사전	무거운 사전 휴대 불필요	학생에게 편리한 실시간 단어찾기
영상통화	얼굴 보며 대화 가능	상대방과 친밀한 대화 가능
내비게이션	내비게이션 별도 구입 불필요, 모르는 길 쉽게 찾기	초보운전자에게 길 찾기 용이
블루투스	무선으로 다양한 기기와 연결가능	운전 중 통화 가능
인터넷	언제 어디서나 인터넷 연결	바쁜 직장인에게 실시간 정보 검색과 교환
모바일 뱅크	장소 불문, 은행 이용 가능	바쁜 직장인에게 업무처리 가능
글로벌 로밍	세계 어디서나 핸드폰 이용 가능	유학 간 자녀와 실시간 통화 가능

일반적인 이익과 특정인에 한정된 편익이 같을 수도 있다. 그럼 너무 좋다. 기업이 생각하는 이익과 소비자가 생각하는 편익이 일치한 것이다. 차이는 광고주의 관점인지 소비자의 관점인지 '관점의 차이'다. 반드시 특징 〉 이익 〉 편익으로 가는 게 아니다. 이는 '표현 콘셉트를 추출하기 위한 사고방식'이다. FAB 사고를 진행하면 구체화, 생활화, 생활 속의 스토리, 그다음 단계인 스토리보드와 카피가 더 나오기 쉽다. 강한 공감을 얻을 수 있는 5개 정도의 대표적인 Feature(특징, 속성, 성분, 기능)만 분석하고 해석하면 된다. 또한 카피라이팅이 쉬울 것 같은 방향도 고려해야 한다.

생각, 생각, 생각해라: 생각(Think) 99%, 잉크(Ink) 1%!

● 카피 플랫폼 사고과정의 재인식

카피 플랫폼(Copy Platform)이란 카피를 쓰기 전 작성하는 '카피 전략에 대한 진술'이다. 앨트스틸과 그라우(Altstiel & Grow, 2006)는 카피 플랫폼을 '광고에서 핵심적 진실, 고유 판매 제안, 빅 아이디어, 또는 포지셔닝에 대한 진술'이라고 했다. 카피 플랫폼에는 이런 것들이 포함돼야 한다. 카피 플랫폼은 광고에서 무엇을 이야기할 것이고 무엇을 가지고 판매할 거고, 어떤 아이디어가 가능할 것인가에 대한 것들이 포함돼야 한다.

기차역에 플랫폼이 없다면 기차가 손님을 태우고 떠날 수 없다. 마찬가지로 카피라이팅을 위해 카피라이터(기차)가 반드시 태우고 떠나야 하는 핵심 정보(승차권을 가진 손님)의 집합이 카피 플랫폼이다. 광고에 관련된 것, 소비자에 관련된 것, 브랜드, 트렌드에 관한 정보를 모두 가져와서 소비자 혜택(Benefit)과 연계시킨다는 것이다. 나중에는 모두 광고 카피 소재로 쓸 수 있다.

카피라이터는 상품의 물리적 · 감성적 특성을 분석한 후 카피 플랫폼에 반영해야 한다. 물리적 특성(Physical Characteristics)이란 상품의 크기, 모양, 색깔, 디자인 같은 가시적인 속성이며, 감성적 특성(Emotional Characteristics)이란 '따뜻하고 부드러운 것을 좋아한다'같이 상품 사용자가 느낄 수 있는 독특한 내면 심리를 의미한다. 기호적 가치(과시적 욕구, 자기 만족)를 추가해야 한다.

이러한 상품의 특성을 깊이 이해하고 카피 플랫폼을 작성하면 실제 카피라이팅에서 놀라운 아이디어가 쏟아지는 경우가 많다. 상품의 특성을 발견해 소비자 혜택(편익, Benefit)으로 연결하는 분석 과정이 필요하다. 콘셉트로 가기 위한 중간 과정으로서의 카피 플랫폼을 작성한다.

물리적 특성, 감성적 특성, 기호적 가치는 FAB 사고이다. 소비자 혜택과 어떻게 연결되는지 찾아보는 것으로 머릿속에만 있는 게 아니라 진술해야 한다. 광고제작과 관련된 모든 스탭들이 공유해야 할 필수항목이다. 그 과정에 카피 플랫폼이 필요하다. 소비자 혜택으로 연결되는 것이 무엇인지를 잘 찾아야 하기 때문이다.

이때 고유판매제안 전략에서 포지셔닝 전략에 이르기까지 여러 광고 전략을 검토한 다음, 카피라이터의 언어 감각을 통해 소비자 혜택을 극대화하고 실질적으로 유용한 표현 라이팅과 전략을 선택해야 한다. 훌륭하게 작성된 카피 플랫폼은 상품의 특성과 소비자 혜택, 경쟁 구도의 강점과 약점, 표적 수용자에 대한 구체적인 정보, 메시지의 느낌, 그리고 브랜드에 대해 '한마디(One Thing)'로 설명해야 한다. 결국 종합적이고 입체적으로 관점을 갖고 분석해야 한다. '이 상품(브랜드)은 누구에게 이런 혜택을 주는 무엇이다'를 빠뜨리지 않고 체크할 수 있게 문장화해서 기록하는 것이다.

카피 플랫폼을 작성하려면 먼저 상품의 특성을 발견해 이를 소비자 혜택으로 연결하는 분석과정이 필요하다. 상품의 특성에서 출발하지만, 소비자의 구매 심리, 감성적인 가치와 어떻게 연결되느냐, 즉 편익과 어떻게 연결되는지 이어주는 게 중요하다.

카피 플랫폼은 광고의 삼각형인 '상품(서비스)', '시장', '소비자'의 세 가지 영역과 '트렌드'를 설명한 다음 크리에이티브 전략에 필요한 '핵심 메시지'를 제시하는 근거를 마련하는 것이다. 하지만 광고 창작에 통찰력을 제시하는 카피 플랫폼을 작성하는 일은 결코 간단하지 않다. 효과적인 카피 플랫폼을 작성하기 위해서는 수용자 정보, 브랜드 메시지 및 상품 포지셔닝, 캠페인 주제, 스타일과 톤, 제약 요소, 평가 준거 등을 사전에 검토해야 한다.

요약하면, 상품 특성(Feature)에서 연동되는 모든 이익(Advantage)과 혜택(Benefit)을 다 생각해야 한다. 사실 충실성(Factfulness)을 찾고, 콘셉트를 찾기 위한 사전 작업이다. 카피 플랫폼은 목록화해서 진술화하는 것이다.

● **STP의 개념**

STP의 개념도 카피 플랫폼 작성할 때 적용하거나 가미해도 좋다. STP 전략은 세분화된 고객의 욕구를 만족시키기 위해 도입된 마케팅 전략의 개념이기 때문이다. 몇 개의 기준을 이용하여 다수의 시장으로 분류한 후(Segmentation), 이러한 세분시장에서 자사의 능력과 경쟁을 고려하여 가치가 있는 표적시장을 선택하고(Targeting), 그 선택된 시장에서 제품 속성이나 다양한 마케팅 믹스를 이용하여 자사 제품을 고객의 마음속에 심어주는 과정(Positioning)이다.

콘셉트의 개념

생활 속에서도 콘셉트(개념, Concept)를 흔히 사용한다. '개념 있는 연예인'이라는 말은 예의가 바르고 기부를 많이 하는 연예인이라는 말이다. 개인적인 과시보다는 공동체를 우선시하는 '공인의식'이 있는 연예인으로 호응을 받는다. 자동차 업계에서도 '콘셉트 카'(Concept Car)를 자주 쓴다. 프랑크푸르트 국제모터쇼(독일) 비롯한 유명 모터쇼에서 신차 발표회를 할 때 꼭 등장하는 개념어다. 미래지향적인 첨단기술과 스타일링을 채택하여 디자인과 기술력을 과시한다. '호캉스'라는 신조어도 실내에서 호화롭고 편하게 시간을 보내겠다는 생각과 개념을 담았기에 콘셉트 용어라고 할 수 있겠다. "이번 전시회의 콘셉트는 '사랑'이다"라고 하면서 콘셉트를 '주제'로 사용하기도 한다. 상권을 선택하는 것도 음식점의 콘셉트를 잘 기획해야 한다고 말한다. 한식이냐 일식이냐, 맛 중심이냐 가격 중심이냐의 문제를 논의할 때도 콘셉트라는 말을 많이 쓸 정도로 **콘셉트** 사례는 아주 많다.

콘셉트는 다음과 같은 요인들을 드러내거나 담아야 한다. 판매소구점(Sale Point)이다. 상품이 일관되게 소비자에게 약속하는 혜택(Benefit)이 무엇인지를 밝혀야 한다. 언제 어디서 소비자와 만나더라도 '정체성'을 지켜야 한다. 단일 소구점(SMP: Single Minded Proposition)을 전달해서 '기대효과'를 만족시켜야 한다. 소비자 구매 심리와 연동하여 가치와 의미를 소구해야 한다.

콘셉트(Concept)의 개념을 생각해보자. 콘셉트는 'Con(together)+Cept(take)'로 구성돼 있다. '함께 갖는다'라는 뜻으로 공유된 어떤 생각과 인식이다. 같은 목표, 같은 생각, 같은 느낌을 가지고 있으면 '불확실성 회피성향'이 강해지고 '맥락'(Context)과 '가치'를 공유하게 된다. 각 파트에서 해야 할 일(Do)과 하지 말아야 할 일(Don't)을 명확히 구분할 수가 있는 규범(Normal)이 된다.

콘셉트는 어떤 작품이나 제품, 공연, 행사 따위에서 드러내려고 하는 주된 '생각이나 개념'이다. 지속 가능성, 차별성, 경쟁력, 규모의 경제, 시장성, 의미, 가치, 상징이 포함돼 있다. 오래도록 많이 만들 수도 있는지 경쟁 브랜드와 차별점은 있는지를 강조한다.

광고에서 콘셉트란 목표소비자에게 **제품의 성격과 의미**를 명확히 부여하는 것이다. 목표 소비자는 누구인지, 그들에게 필요한 욕구는 무엇인지, 광고목표는 무엇인지 등을 살피고, 우리 제품만이 가지고 있는 '고유한 특징(정체성)과 가치'를 바탕으로 알리고 싶은 '제품의 개념'이다. 경쟁 브랜드와 다르다는 것을 인식시키는 변별력이다.

　콘셉트를 도출할 때는 누구를 위한 광고인지, 누구에게 소구할 것인지를 생각해서, 그 목표 소비자가 공감할 수 있는 것이어야 한다. 아무리 좋은 약속이라도 그들에게 필요하지 않거나 중요하지 않다면 아무 의미가 없다. 또한, 콘셉트는 '광고목표'에 부합해야 한다. 자료의 수집, 분석을 통한 광고목표를 설정하고 그 목표를 달성할 수 있는 콘셉트를 도출해야 한다. 콘셉트는 우리 제품만이 줄 수 있는 소비자 편익이어야 한다. 우리 제품만이 가지고 있는 고유한 특징이거나 경쟁사가 이야기하지 않은 혜택이어야 한다. 아무리 소비자가 원하는 내용일지라도 경쟁사가 이야기하고 있는 내용이면 오히려 경쟁자를 도와줄 뿐이다.

　콘셉트에는 신제품 개발 단계의 **제품 콘셉트**, 제품의 특징과 가치를 상업화하는 **상품 콘셉트**, 소비자의 욕구나 가치를 주장하는 **광고 콘셉트**, 소비자에게 보다 쉽고 강하게 커뮤니케이션 할 **표현 콘셉트** 등이 있다. 콘셉트를 명확히 이해하면, 브랜드 광고 또는 홍보할 때 카피, 비주얼, 광고모델 선택 시에도 '~답다', '~답지 않다'로 의사결정이 가능해진다. 기업 내부적으로는 '브랜드 관리'와 관련된 원칙과 가이드라인 역할을 하고, 소비자들에게는 브랜드의 약속과 기대치(비전)를 전달할 수가 있다. 그래서 콘셉트를 '브랜드의 DNA'라고 하기도 하고, 접착제, 심장, 엔진이라고 하기도 한다.

콘셉트의 정의

　콘셉트의 정의는 상품의 **특장점**과 소비자의 편익이 일치하여, **생활문제를 해결해주는 가치**를 담고 있는 메시지이다. 콘셉트란 광고에서 목표 소비자에게 명확히 부여하는 '제품의 성격'이다. 목표 소비자는 누구인지, 그들에게 필요한 욕구(편익)는 무엇인지, 광고목표는 무엇인지 등을 살피고, 우리 제품만이 가지고 있는 고유한 특징을 가지고 알리고 싶은 제품의 개념이다. 결국, 소비자가 '인식'하는 '제품의 존재이유, 가치 혹은 의미'이다.

　그러므로 소비자의 혜택과 연결돼야 한다. 탈이 났을 때 멈출 수 있어야 한다. '약의 속효성'이 문제해결력이라면 '빠른 효과'를 보여주는 표현 콘셉트가 필요하다. '광고화'하려면 간접적으로 감성적으로 '빠른 효과'를 연상할 수 있는 메시지(카피)가 필요하다. 예를 들면, '입학한 거 같은데 졸업했다', '수업 시작했나

했는데 끝났다' 같은 메시지다. 이 카피를 보고 난 뒤, '참 재밌었나 보다'라는 생각을 하게 될 것이라는 기대효과를 생각한다. '학교에 입학한 뒤 열심히 공부해서 시간 가는 줄 모를 정도였다, 졸업하기 아쉬울 정도로 공부가 재미있었던 것 같다'고 느끼는 것이다. '입학'이라는 이성적 상황이 '재미'라는 감성적 연상으로 전환된 것이다. 이런 사고과정이 콘셉트 4단계 사고다.

콘셉트의 이해

이런 관점전환의 1차 목적은 콘셉트를 찾는 것이다. 콘셉트는 광고인이 잘 이해해야 하고 광고의 80%가 콘셉트다. 콘셉트의 이해는 관점의 전환에서 시작된다. 어떤 콘셉트를 어떻게 찾아내느냐?

콘셉트를 이야기할 때, 쓰는 좌표로 포지셔닝을 해봐도 좋다. 콘셉트를 안다는 것은 특정 브랜드나 소비자가 있을 때, 그 소비자와 브랜드가 어디에 위치하느냐를 정확히 알기 위한 기본적인 자료이다. 인사이트가 콘셉트 찾기에 중요하다. 이런 포지셔닝에 대한 이해가 없으면 그다음 광고전략이나 광고화(Advertising Translation)하기 어렵다. 정확히 목표와 방향성이 일치하는 메시지를 개발하기도 어렵다. 따라서, 정확한 포지셔닝을 위한 콘셉트의 이해도 아주 중요하다. 각 개념들이 상호작용하면서 영향을 미친다.

콘셉트 개념의 변화

- 신제품으로 시장에 진행하려는 후발기업: 제품 특성을 중심으로 콘셉트를 개발하는 게 좋다. (사용가치에 가깝다. 새로운 기능이나 성분이 들어가 있을 때는 사용가치를 콘셉트로 할 수 있다)
- 비슷한 제품으로 시장에서 경쟁 상황에 있는 경우: 고객 편익에서 콘셉트를 개발하는 게 좋다. (비슷할 때는 경쟁품보다 뭐가 더 좋은지 생활 속에 어떤 베네피트를 주는지 교환가치를 콘셉트로 할 수 있다)
- 시장을 지배하는 기업인 경우: 기호가치와 상징가치 등 가치 위주로 콘셉트를 개발하는 게 좋다. (예: 애플은 압도적인 1위로서 현대 디지털 네이티브에게 어

떤 가치를 주는지, 의미(Meaning)를 주 메시지로 개발하는 게 좋다. LG 시그니
처, 오브제 같은 제품들은 Value for Money에서 Value(가전은 역시 LG, 자부
심) 중심으로 가고 있다. 현대자동차도 그렇다)

콘셉트의 3요소

- **고유 독창성**: 상품의 **사용가치**를 중심으로 찾는다. 기술이나 성분의 우수
  성을 따져본다. 경쟁 제품들이 갖지 못한 그 제품만의 독창성을 내세운다.
  (예: 질기다, 오래간다)
- **경쟁 우위성**: 상품의 **교환가치**를 중심으로 찾는다. 경쟁 브랜드와 비교한
  다. (예: 비타민A가 많아서 시력보호에 좋다는 혜택을 FAB에서 B를 해결해줄 수 있다거나
  경쟁사보다 우위에 있다고 얘기한다. 중고로 팔 때도 비싸게 팔 수 있다.)
- **시장 차별성**: 상품의 **기호가치**(상징가치)를 중심으로 찾는다. 명품처럼 절대
  우위의 이미지를 만든다. (샤넬은 기호, 심볼마크, 기호가치가 크기 때문) 사용가
  치, 교환가치는 상품 개발 초기 단계에 경쟁력이 있고, 신제품이 나올 때
  사용가치가 중요하다. (예: 갤럭시 S20의 1억 화소는 기능적인 사용가치를 강조하는
  콘셉트이다)

콘셉트 발견 4단계론

● **콘셉트 발견의 목적**

- **시장성**: 시장규모 파악. 신규시장(Blue Ocean) 여부, 소비자 니즈 여부 판단
  가능.
- **경쟁성**: 1등 전략인지, 프로모션 전략인지, 소구점 확인, 잠재적 경쟁자 진
  입 조사.
- **소비자의 편익**: 사용자가 누구인지, 성능인지 가격인지 분석. 이런 목적들
  을 파악하는 데 콘셉트가 기본 데이터가 될 수 있어서 다각도로 입체적으
  로 생각해야 한다.

● 콘셉트 추출 과정

- 4C분석: 경쟁사(Competitor), 고객(Customer), 자사(Company), 판매유통 환경 (Channel) (가격, 커뮤니케이션, 편의성)
- 콘셉트 발견(Finding): 고화질, 고음질, 고가격의 선정
- 콘셉트 라이팅(Writing): 브레인 스토밍, 연상, 5W3H(What, Why, Who, When, Where, How, How much, How many?)
- 콘셉트 테스트(Test): 소비자 패널, FGI(Focus Group Interview, 표적집단 면접법), 디지털 조사방법
- 콘셉트 선택 결정: 생활자(소비자)가 기준, 그림(Visual) 연상력, 크리에이티브 가능성을 감안한다. 콘셉트 추출 과정은 광고 크리에이티브 추출 과정과 유사하다. 콘셉트가 좀 약하더라도 강력한 카피가 나올 거 같으면 그렇게 가기도 한다. 이는 CD가 결단해야 한다.

● 아우디의 엠블럼

독일차 아우디의 엠블럼(Emblem)이다. 왼쪽의 원이 굴러서 오른쪽으로 옮겨가는 모양이다. 마치 제품 콘셉트에서 표현 콘셉트로 이동하면서, 이성에서 점점 감성으로 광고화되는 이미지와 닮았다. 콘셉트 4단계 사고법은 제품에서 표현까지의 '연계 · 순환 · 통합의 시스템 사고법'이다. 콘셉트 4단계 사고법을 이미지로 만들면 아우디 로고다.

콘셉트의 4단계별 비교

제품 콘셉트, 상품 콘셉트는 광고주가 만들고 광고 콘셉트와 표현 콘셉트는 광고회사가 만든다. 제품 콘셉트와 상품 콘셉트는 광고주 관점이다. 광고 콘셉트는 AE 관점이고 여기선 소비자가 중요하다. 광고 콘셉트와 표현 콘셉트는 소비자 관점이다.

종류		제품 (Product) 콘셉트	상품 (Brand) 콘셉트	광고 (Communication) 콘셉트	표현 (Creative) 콘셉트
관점		광고주(연구원)	마케터(AP)	AE	크리에이터
목표		제조	마켓	마인드	메시지
주 분석대상		제품	상품	소비자(고객)	수용자
특징		물리적 우월성	사용자 편익	감성적 가치	의인화 이미지
브랜드 휠		속성 (Attribute)	편익 (Benefit)	가치 (Value)	개성 (Personality)
예시	다시다	화학조미료가 아니다	천연 조미료	자연의 맛	고향의 맛
	니콘 카메라	고급 정밀기술	자동 초점	전문가의 선택	10명 중 9명의 선택
	리갈 신사화	질 좋은 가죽화	발이 편안함	편안한 기품	중년의 신뢰감
	브렌닥스 치약	안티 프라그	프라그 제거	개운한 치약	개운해요
	페덱스	허브 앤 스포크	신속한 수송	비행기 당일배달	하룻밤 새 전 세계로
예시	신라면	매운맛	한국인의 맛	사나이의 맛	사나이 울리는 맛
	투싼 (현대차)	4륜 구동	출퇴근 겸용	직장인의 자신감	콘트라 섹슈얼

- 제품 콘셉트: 경쟁 제품과 다른 속성이나 차이 나는 특징
- 상품 콘셉트: 소비자 욕구해결(혜택, Benefit)의 기본개념
- 광고 콘셉트: 커뮤니케이션의 핵심개념으로 광고화된 상태에서의 가치 (value) 콘셉트, 의미(meaning) 콘셉트
- 표현 콘셉트: 생활자 관점에서 공감할 수 있는 표현과 광고메시지 이해도 중요

소비자와 수용자의 차이는 소비자는 특정 고객을 한정하지 않고 널리 쓰이는 광범위한 의미이다. 수용자는 우리 광고를 보고 메시지(카피)를 수용하는 사람으로 한정할 때 쓰는 의미이다.

'생활자'는 우리가 흔히 이야기하는 '소비자'라는 말이다. 소비자는 '물건을

쓰고 버리는 사람'이라면, '생활자'가 더 주체적인 의미를 내포한다. 소비자의 품격을 높여주기에 일본 사람들이 잘 쓰는 표현이다. 우리나라에서는 소비자나 생활자는 같은 뜻으로 사용한다.

속성(Attribute)은 특징(Feature)에 해당하고, 편익(Benefit) 사이에 이익(Advantage)이 있다. 이 표에서는 무시해도 좋다. 편익은 특정 개인의 요구이며, 이익은 일반적인 효과이다. 특징에서 감성적 가치와 의인화 이미지는 왔다 갔다 할 수 있는 개념이다.

'고향의 맛'을 이야기하기에 가장 좋은 인물(Personality)은 누굴까? '김혜자'다. '이 제품, 이 메시지, 이 스토리를 의인화했을 때 누가 적합할까?'라는 질문은 주연 모델 캐스팅까지 연결된다. 콘셉트 발상법이 크리에이티브부터 모델 캐스팅까지 '일괄시공(Turn Key)'을 가능하게 해준다.

콘셉트 4단계 발상법의 추가사례

브랜드 종류	제품 콘셉트	상품 콘셉트	광고 콘셉트	표현 콘셉트
현대 소나타 하이브리드	EV 모드 〈 하이브리드	좋은 연비 → 친환경 드라이빙	기름으로 달리거나 전기로 달리거나	두 개의 심장
갤럭시 S노트	디지털 필기 가능	누구에게나 크리에이티브 한 생각이 있다	어디서나 자신의 생각을 적을 수 있다	나는 아티스트다 (Be Creative!)
하나은행	금융계의 새로운 생각(기존과 다른 금융상품 기획)	금융과 예술의 접목	새로운 상품, 서비스를 만날 수 있다	앤디워홀처럼 다른 생각, 금융계에서는 어디서 하나?
서울예술대학교	세계 최고의 명문 예술대학	예술인 양성의 실습교육 전문대학	예술의 꿈을 키우는 커리큘럼 (특성화)	예술의 인큐베이터
경동보일러	첨단 환경보호 기술 채택	친환경 보일러	탄소배출 방지 강화	지구를 지키는 보일러

콘셉트 4단계 사고법을 보면, 좌측(제품 콘셉트)에서 우측(표현 콘셉트)로 갈수록 '이성에서 감성'으로, '과학에서 예술'로, '추상에서 구체성'으로, '일반인에서 특정 개인'으로, '광고주에서 광고회사'로 관점이나 표현 오브제가 변하면서 숙성되고 있음을 알 수 있다. 점점 크리에이티브 해진다는 뜻이다. 앞 단계의 의미나 가치나 속성을 연계하면서 시나브로 변신하는 체계적 사고이다. 바로 **광고화** (Advertising Translation)가 진행되고 있다는 것을 알 수 있다. 논리적이면서 설득력 있는 카피나 비주얼을 찾기 위한 발상법이기도 하다. 경동보일러는 환경보호 기술을 채택한 '친환경 보일러'가 감성적으로 '지구를 지키는 보일러'가 된다. 수용자(소비자)는 핵심카피와 비주얼만 기억하기 때문이다.

표현 콘셉트에 대한 설명을 추가하면, '빠르다'는 표현을 쓰기 위해 '치타'를 생각할 수 있다. 그러나 '치타'는 누구나 쉽게 생각할 수 있기에 크리에이티브 하지는 않다. 메시지 전달은 가능하다. 소화제 광고를 하는데 배부른 사람 나오는 게 광고는 되지만 크리에이티브 등급은 낮다. 치타가 나오는 건 '의인화'가 된 것이고 비유적이라 좋다. '크리에이티브 면적도'는 'Y축 콘셉트, X축 아이디어'의 곱셈이다. 광고효과(E)는 매체(m)×크리에이티브(C^2)에 비례한다고 생각하면 된다. 기억하자, 크리에이티브의 중요성을. 그 공식은 '$E=mC^2$'이다.

● 고향의 맛 다시다 사례 분석

'다시다' 브랜드에는 숨어있는 역사 이야기가 있다. 다시다 경쟁업체는 일제강점기에 길들인 조미료로 일본의 **미원(味元)**이다. '맛 미', '~의', '원천 원' 자를 써서 '맛의 원천이다', 'MSG가 많아서 맛있다'는 뜻을 담았다. 일본 제국주의 시대가 끝나고 광복 이후에 청정원이 이 회사를 사들였다. 미원이 시장의 80% 이상을 차지했다. CJ에서 만든 게 **미풍(味風)**이었는데 8:2로 겨루다가 시장에서 고전했다. 미원은 맛을 내는 MSG가 강한 화학조미료였다. '경쟁의 판'을 바꾸고 '인식의 장'을 바꾸기 위해 CJ는 새로운 천연원료로 조미료를 만들었다. 새 조미료는 MSG를 대폭 줄인 천연조미료라고 할 수 있었다. 마침 당시에 MSG가 건강에 나쁘다고 언론에 보도되던 시기였다. 소비자의 소득도 높아져서 조미료를 비싼 값이라도 사먹을 수 있게 됐고, 다시다가 가진 특장점을 받아들일 준비가 되어있었다. 그래서 CJ에서 새로운 시장 개척을 목적으로 '천연 조미료'라는 상품 콘셉트로 마케팅 활동을 하려고 했다.

제일기획 AE를 불러 오리엔테이션을 실시했다. AE는 기획회의를 한 뒤에 광고 콘셉트를 '자연의 맛'으로 정하고 제작팀(CD)에게 '자연의 맛'으로 시안을 만들면 좋겠다고 제안을 했다. '자연의 맛'을 중심으로 작성한 '애드 브리프'를 CD에게 주었다. 그래서 CD는 카피라이터와 아트 디렉터와 CMP와 제작회의를 하고 브레인스토밍을 했다. 그 결과 표현 콘셉트를 '고향의 맛'으로 정하고 카피를 만들었다. '고향의 맛'이 구체적인 생활언어 카피(Key Word)로 라이팅 한 게 "그래, 바로 이 맛이야"이다. 다시다는 캠페인을 성공시켰고 시리즈로 브랜드 자산을 누적시켰다. 광고 교과서에도 등재될 정도로 콘셉트 발상의 고전으로 알려져 있다. "그래, 이 맛이야"라는 스토리보드상의 카피까지 성공적이었다.

제품, 상품, 광고 콘셉트는 소비자들이 모른다. 소비자들이 아는 건 '표현 콘셉트'와 '카피'이다.

광고 제작회의는 항상 '최대 다수의 최대 공감'을 달성할 수 있는 아이디어와 카피를 찾으면 된다. 콘트라 섹슈얼, 여성이 남성적인 이런 트렌드를 크리에이티브에 연결하는 시도도 있다. 트렌드는 소비자들이 학습이 되어있기 때문에 연결하기 매우 좋다.

● **신라면 사례 분석(콘셉트 중심의 가상 재연)**

농심 식품연구소에서 한 연구원이 새로운 라면을 만들려고 했다. 한국 사람의 입맛을 잡을 맛은 어떤 것일까를 고민했다. 여러 빅데이터를 분석한 결과, 한국인은 역시 '매운맛'을 좋아했다. 그래서 '매운맛'을 내는 재료를 섞어 신라면을 만들었다. 농심의 라면 담당 마케터를 불러 시식하면서 상품화 가능성을 논의했다. 담당 마케터는 매운맛이 한국인에게 잘 먹힐 것이라면서 "이 신라면은 한국인이 맛봐야 한다"라고 말하면서 찬사를 보냈다. 그래서 광고회사 농심기획의 AE를 부르고 간단한 오리엔테이션을 실시했다. '매운맛'과 고객과 가격과 유통에 관한 사항을 전부 알려줬다. 농심기획의 AE는 AP와 함께 기획방향 회의를 했다. 광고 콘셉트를 정하기 위해 자료를 조사하고 '한국인 전체' 가운데 목표고객을 누구로 할 것인가를 논의했다. 라면은 누구나 좋아하는 것이니 특정 고객을 한정하지 않기로 했다. 그렇지만 고객을 지칭하는 핵심단어나 메시지는 있어야 한다고 생각해 '한국의 사나이'로 특정했다. AE는 '광고 브리프'(Advertising Brief)를 작성하고 제작팀(CD, CW, CMP, AD)에게 전달했다. 제작팀은 CD를 중심으로 표현전략회의를 하기로 했다. 브레인스토밍(Brainstorming)을 하면서 표현 콘셉트를 추출하는 데 집중했다. 먼저 목표고객인 '한국의 사나이'가 너무 포괄적이고 연상되는 이미지가 구체적이지 않다는 문제를 발견했다. '한국의 사나이'가 무엇을 어떻게 한다는 것인가 하는 문제였다. 이때 사나이의 여러 성향 가운데 '사나이의 맛'이라고 하면 구체적이면서 의외성을 줄 수 있다는 발상을 하게 됐다. 라면은 식품이기에 '맛'이 중요하다. '사나이'와 '맛'을 연결하는 것은 강한 연상작용 효과가 있다고 판단했다. 과장하면 '남자의 성'과 연관시킬 수도 있을 것이라고 위안한다. 창의성이 발동되는 순간이었다. 그래서 표현 콘셉트를 '사나이 울리는 맛'으로 결정했다. 광고 콘셉트 '사나이 맛'을 표현하기 위해 구체적으로 '사나이 울리는 맛'이라고 했으니 어떤 에피소드에 카피와 비주얼을 만들 것인가 하는 '스토리텔링'이 과제였다. '사나이 울리는 맛'으로 해서 표현 콘셉트가 나왔으니 매워서 울기도 하고, 남자가 어떻게 우느냐 하는 이중적 의미도 있었다. 카피라이터가 이런 제작팀의 회의과정을 정리하면 '크리에이티브 브리프'(Creative Brief)가 된다. '매운맛'을 울리는 감각적 속성이 남자도 울리는 감성적 가치도 바뀌면서 광고화(ad. Translation)가 이루어졌다. 핵심 카피(Key Word)가 정해졌고 그대로 카피(멘트)로 써도 공감할 수 있다고 동의했다.

신라면의 콘셉트 4단계별 숙성사고는 이렇게 전개됐다. 과학적이고 논리적으로 따져가면서 마지막 표현 콘셉트에서 감성소구로 도약하고 마술적인(Magic) 크리에이티브로 비상하게 됐다. 카피를 쓰는 것은 치밀한 조사와 분석과 논의와 도약으로 이어지는 숙성사고의 결과이다.

● **비달사순 샴푸의 콘셉트 분석**

- 제품 콘셉트(Product Concept): 시스틴 성분으로 모발의 원상회복력이 우수한 샴푸(물성적 특성)
- 상품 콘셉트(Brand Concept): 소비자가 혜택으로 기대하는 모발의 탄력을 회복시켜주는 우수한 샴푸
- 광고 콘셉트(Advertising Concept): 전문가가 선택한 샴푸(이성적 접근), 경쟁사는 감성적 접근으로 개념화
- 표현 콘셉트(Creative Concept): 사랑(연애)을 위한 프로의 선택
- 키워드(Key Word): '감쪽같이 되돌아온 사랑.' '객관적 상관어'(카피)가 된다.
- 키 비주얼(Key Visual): '헤어진 연인과 지하철에서의 우연한 만남.' '객관적 상관물'(상황)이 된다.

광고를 다 보고 나서 '기억'에 남은 하나의 말이나 이미지를 '순인상(Total Net Impression)'이라고 한다. 이 순인상은 단어(문장)나 사물을 말한다. 광고영상이 끝나거나 잡지의 광고 페이지를 넘겨도 '기억'에 남는 간결한 카피 하나는 객관적상관어이고, 기억에 남는 간결한 이미지 하나는 객관적 상관물이다. 구몬 수학의 "색연필이 짧아질수록 사랑은 깊어집니다"와 같은 것이다. 이 카피가 기억에 남고 '색연필'이 기억에 남기 때문이다.

크리에이티브 표현의 기본원칙 세 가지(ABC)

광고 아이디어의 표현에는 Appropriate(적절성), Brief(간결성), Clear(명쾌성)의 기본원칙이 있다. 예나 지금이나 좋은 광고는 일단 브랜드와 맥락이나 분위기가 적합해야 한다. 메시지가 간결해야 하고, 무엇을 말하는지 명쾌해야 한다. 사람들에게 즐거운 충격을 줄 수 있어야 한다. 기업은 제품의 정보와 우수성을 어떻게든 알리고 싶어 해서, 많은 이야기를 짧은 광고 한 편에 다 집어넣으려고 한다. 하지만 세상은 점점 복잡해지고 있다. 사람들은 한눈에 들어오지 않는 광고를 보려고 집중하지 않는다. 쉽고 간결해야만 어필할 수 있다. 게다가 간결할수록 사람들은 스스로 재해석 의미를 부여한다.《어린 왕자》책이 스테디 셀러가 된 이유에는 내용은 참 쉬운데 20, 30, 40대에서 느끼는 교훈이 다 다르기 때문일 것이다. 여기에 폭스바겐처럼 사람들의 기대를 넘는 즐거운 충격까지 줄 수 있다면 금상첨화이다. 사람들을 웃게 할수록 기억에 오래 남기 때문이다.

카피 플랫폼에서 크리에이티브로 풀기 쉬운 것을 고르는 이유

카피 플랫폼을 통해 그중에서 크리에이티브를 풀기 쉬운 것을 선정한다. 크리에이티브 연상이 잘되는 상대적으로 조금 쉬운 길을 택하는 것이다. 하나의 제품만 붙들고 한 달 내내 고민할 수 없다. 2~3일 오래 걸려서 할 시간이 없다. 빨리 카피를 확정 지어야 하기 때문이다. 길어야 2~3일, 감이 있으면 빨리 나온다. 구체적으로 '콘셉트 튜닝'은 카피라이터가 한다. 전체 구성원이 붙는 건 2~3일 정도다. 광고주 PT는 3주에서 한 달 준다. 나라장터에서 PT 입찰을 많이 한다. 계속

쏟아지는 제품을 마케팅 하는 것이다. 갤럭시 S20 하나로 끝이 아니다. 기술개발이나 신제품 출시에 앞으로 계속해서 사용할 편익과 가치나 의미를 정하고 오래 쓸 수 있는 정체성을 정하는 것이 콘셉트이다.

Q. 단일소구점을 공략해야 한다고 했는데 그건 공포소구, 유머소구 같은 건가?

A. 그건 표현소구에 대한 이야기다. 제품, 상품, 광고, 표현 다 콘셉트가 여러 개가 있다. 엄마의 맛, 영희가 좋아하는 맛, 다 가능한데 가지치기해서 연결될 때마다 합리성, 타당성이 있어야 한다. 약간의 도약이 있을 수 있다. 이를 광고적 허용이라고 한다. 표현 콘셉트는 구체적 카피이다. 어떻게 표현할까, 유머로 할까, 공포로 할까는 여기서 정해진다.

Q. 제품 콘셉트, 상품 콘셉트는 무엇이 다른가?

A. 광고주 안에도 연구원이 있다. MSG가 화학조미료니까 이를 상대하기 위해 천연 재료로 만들자고 할 수 있다. 여기서 마케터는 팔릴까, 안 팔릴까를 고민해야 한다. 관점이 다르다. 제품 콘셉트는 화학 조미료라는 실체가 있다. 이것을 어떻게 인식시켜야 할 것인가는 마케터의 관점이다. 소비자에게 어떻게 인식시킬 것인가. 광고는 인식의 게임이라고 한다. 인식은 실체와 다르다. 광고는 실체를 예쁘게 포장하는 것이다. 왔다갔다 한다. 다음에 이 부분은 많이 설명할 예정이다. 애드브리프는 AE, AP 크리에이티브 브리프는 CW CD, 애드브리프에 트랜드를 포함한 인사이트가 들어가면 좋을 것이다.

Q. 제품 콘셉트, 상품 콘셉트는 광고주 입장이고 FAB 중 F, A는 광고주 입장, B는 소비자 입장이라고 했는데 B가 상품 콘셉트에 있다. 어떻게 된 건가?

A. 상품 콘셉트의 혜택이라고 표에서 쓰긴 했는데 이익이 들어가고 혜택은 상품 콘셉트와 광고 콘셉트 사이쯤 있어서 왔다 갔다 한다. 애드브리프는 AE, AP, 크리에이티브 브리프는 CW, CD가 담당하며, 애드브리프에 트렌드를 포함한 인사이트가 들어가면 좋을 것이다.

Q. 이렇게 콘셉트를 단계별로 표로 작성하는 게 실질적으로 어떤 도움이 되나?

A. 단계를 나누는 게 좋은 이유는 광고주를 설득하는 데 유용하기 때문이다. 그리고 스토리보드 아이디어가 여기서 다 나온다. 이걸 만드는 데 짧으면 1~2시간, 길면 2~3일 걸린다. 더 길어지면 다 못 한다. 밀도 있는 회의를 해야 한다. 객관적, 비판적 · 창조적 · 분석적인 접근이 필요하다. 회의시간이 길어지는 이유는 카톡으로 회의하는 등 밀도 있게 안 해서 그런 것이다. 이 표를 통해 단계별로 정확하게 물고 늘어지게 해준다. 회의에 밀도를 높여준다.

카피라이터는 'H형 인재'가 주목받는다

한쪽 'I'는 주전공, 다른 'I'는 부전공이다. 그리고 그 두 개를 연결시킬 수 있는 융합형 인재가 'H형 인재'다. 기획 마인드가 강하지만 카피나 비주얼로 분석하고 해석해내는 데 흥미를 느낄 수 있으면 좋다. 앞으로는 어떤 분야이든 'H형 인재'로서 관점을 바꾸어야 한다. 디지털 시대가 일상이 됐기에 우리 사회에서는 취미와 직업을 동시에 수행하는 사람들이 많아졌다. 여행하면서 작가 되는 길도 갈 수 있다.

기획, 예술, 경영, 구분 없다. 연기, 광고기획도 구분 없다. 변화에 적응하지 않으면 살아남을 수 없다. 'H형 인재'는 특정 분야의 전문적인 자질(세로축)과 폭넓은 교양(가로축)을 가진 인재상이 돼야 한다. 또한, 두 전공 분야를 연계 · 순환 · 통합하는 프로페셔널이 돼야 한다. 두 가지 이상의 전문적인 자질을 가진 인재상은 '다빈치 인재'라고 불리기도 한다. 다른 사람과의 소통 능력을 더한 인재상이다.

7장
브랜드 휠의 필요성

"아마추어는 '차별'을 하려고 하지만, 프로는 '차이'를 두려고 한다."
"아마추어는 '2배'를 생각하지만, 프로는 '2%'를 생각한다."
"아마추어는 '논리와 이성'을 중시하지만, 프로는 '예술과 감성'을 중시한다."

브랜드 휠(Brand Wheel)은 미국의 광고회사 TBWA가 만든 광고전략모델이다. 아이디어를 발상하는 4단계로 활용하며 크리에이티브의 발효와 숙성과정을 명확히 설명하고 있다. 또한 광고주와 광고회사의 단계적인 역할 부여와 물성적인 특장점이 사람의 감성을 자극하도록 변화되는 과정(광고화)을 이해하는 데도 도움을 준다.

추상적인 것과 이성적인 제품 콘셉트에서 구체적이고 감성적인 표현 아이디어로 숙성될 때 핵심개념을 알려주어 체크리스트로 활용하면 좋다. 표현전략(Creative Strategy)의 핵심 카피(Key Word)와 핵심 이미지(Key Visual)를 찾기 위한 과정을 잘 이해할 수 있다.

브랜드 휠을 활용하여, '카피를 쓰는 사고법'을 배워야 한다. 매번 차근차근 생각해야 하는 것은 아니고 짧으면 5년 길면 10년 안에는 시장상황이나 트렌드가 학습이 되기 때문에 인사이트에 의해서 빠르게 사고가 가능하다.

브랜드 휠의 과정

브랜드 휠 사고법을 '콘셉트 4단계 이론'에 통합해서 적용시켜보면 거의 비슷한 과정을 거친다. 똑같은 4단계이며 물리적 속성이 감성적 소구로 숙성되면서 전환되는 과정(광고화)도 비슷하다. 과일즙을 만들 때 쓰는 깔때기(Funnel)처럼 위에서 아래로 점점 좁혀나가는 과정을 거치면 마지막에 '순수 액즙(감성)'이 추출되는 것과 비유할 수 있다. 첫 단계로 맨 위에 넣는 것이 제품의 속성과 특징

(Attribute)이다. 여러 가지 관점과 특성이 다 들어간다. 그다음 단계로 내려가면 이런 속성이 **소비자 혜택**(Benefit)으로 바뀌면서 좁혀지고, 수용자의 생활 속 문제를 해결하면서 **새로운 가치**(Value)를 만들게 된다. 이 좁혀진 가치를 누릴 인물(Personality)이 광고 표현 아이디어에서 어떤 개인으로 나타나고(캐스팅 되고), 어떤 메시지로 어떤 키워드로 카피화(언어화) 시키는가를 사고하게 만든다. 최종 추출물인 '순수 액즙(감성)'이 잘 나오도록 생각하는 과정이다. 위에서 아래로 사고를 숙성시키는 이 과정이 브랜드 휠 과정이다. '콘셉트 4단계 이론'과 비슷함을 알 수 있을 것이다. 제품 콘셉트 → 상품 콘셉트 → 광고 콘셉트 → 표현 콘셉트 → 키워드의 흐름과 비슷하다. 깔대기의 위에서 아래로 좁아지면서 '수렴사고'를 해야 한다. 용어의 차이나 관점의 차이라고 생각하면 무난하다.

주 분석 대상은 '제품, 상품, 소비자(고객), 수용자'이고, 각 단계별로 보면 '물리적 우월성, 사용자 편익, 감성적 가치, 의인화 이미지'가 대응하고 있다. 브랜드 휠의 '제품의 속성과 특징, 소비자 혜택, 가치, 개성'을 거치면 소비자 접점(매체)에서 만나는 표현(Creative)의 '키비주얼, 키워드'를 찾게 되는 과정임을 확인할 수 있다. 마치 상수도사업소에서 오염된 물질을 걸러 마실 수 있는 수돗물을 생산하는 '정화과정'과도 비슷하다. 이 '수돗물'이 구체적인 순수액즙(감성)이며 표현 콘셉트가 된다. 이 표현 콘셉트가 TVCM의 영상에서 모델(인물)이 대화 속에 직접 카피를 말하면 핵심카피가 되고, 영상 그림은 '핵심이미지'가 된다. 부광약품의 치약광고는 "뽀드득", CJ제일제당의 다시다는 "아, 그래, 이 맛이야"가 표현 콘셉트 다음 단계의 '키워드, 키비주얼'로 가는 것이다.

요약하면 브랜드 휠은 아이디어를 발상하는 4단계 숙성사고이고, 핵심카피를 찾아가는 단계의 리스트업을 하고, 체크리스트로 이용하면 된다. 각 단계는 각 담당자의 역할과 책임을 부여하는 것이고, 이성적인 것에서 감성적인 것으로 진화 숙성되는 과정이다.

브랜드 휠 사고법이 유용한 이유는 유일판매소구점(USP)이나 단일소구점(SMP)을 찾기 위한 것이다. 광고는 단순해야 한다. 한꺼번에 여러 개를 던져주면 수용자는 다 못 받는다. '원 신, 원 컷, 원 메시지(One Scene, One Cut, One Message)'라는 말을 기억할 것이다.

그림은 깔때기를 위에서 봤을 때 그림이다. 콘셉트 4단계 사고법과 브랜드 휠을 연동해서 이해하면 카피의 80%를 배우는 것이다. '속성(특징) → 혜택 → 가치 → 개성'으로 이어지는 발상법은 수렴 사고이고 최종 카피(메시지)를 발견하기 위한 과정이다.

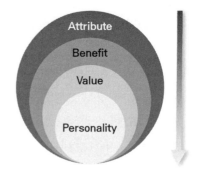

브랜드 휠의 과정: 수렴사고

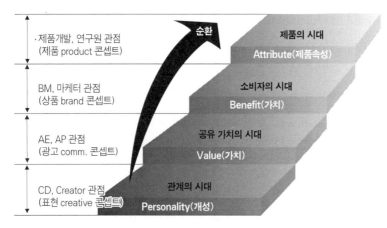

브랜드 휠과 콘셉트 4 단계의 연동

브랜드 휠의 발상법 재확인

콘셉트를 4단계별로 비교하면 콘셉트가 숙성되는 과정을 잘 이해할 수 있다. 콘셉트는 네 가지로 분류할 수 있다. 4단계별 콘셉트는 똑같은 콘셉트가 아니고, 동등한 수평관계도 아니다. 아이디어가 숙성되는 단계다. 제품 콘셉트와 상품 콘셉트는 광고주 쪽에서 고민하는 것이고, 광고 콘셉트와 표현 콘셉트는 광고회사 쪽에서 고민하는 것이다. 그래서 광고 콘셉트는 AE와 AP가 고민하고 표현 콘셉트는 크리에이터와 카피라이터와 CD(제작팀장)가 고민한다.

제품 콘셉트와 상품 콘셉트는 광고주 쪽이라 이성적이다. 광고 콘셉트와 표현 콘셉트는 광고회사 쪽이라 감성적이다. 논리적 사고를 위해 네 콘셉트를 명확하게 분리해서 생각하는 게 좋다. 니콘 카메라는 '고급 정밀기술'이라는 제품 콘셉트로 개발했다. 상품 콘셉트는 정밀기술 중 하나를 골라 '자동 초점'을 강조한다. 광고회사에 넘겨서 '소비자가 얻을 수 있는 가치'를 따져보고 '전문가만이 선택할 수 있다'를 광고 콘셉트로 선정했다. 이제 광고제작을 위해 어떤 메시지(카피)와 비주얼(이미지)을 만들었을 때 소비자가 쉽게 수용할 수 있을까를 생각한다. 제작팀(CD, CW, CMP, AD)이 구체적으로 창작할 수 있게 해주는 개념(표현 콘셉트)이 '10명 중 9명의 선택'이다. 제품 콘셉트에서 표현 콘셉트로 진행하는 과정은 이성적인 것에서 감성적인 것으로 점점 숙성된 사고를 하는 과정이다.

4단계는 철저히 앞 단계와 논리적으로 이어져야 하며, 숙성돼야 하며, 구체적으로 이해할 수 있어야 하며, 하나로 수렴돼야 한다. 다만 이것은 하나의 사례일 뿐이고, 다른 관점에서 전개해도 논리적이면 상관없다. 앞 단계 콘셉트는 다음 단계 콘셉트의 근거(Referance)가 돼야 한다. 4단계별 콘셉트 사고과정은 '하나의 정답'이 아니라, 여러 대안 중 하나일 뿐이다. 그렇지만 소비자가 가장 흔쾌히 받아들일 수 있는 '모범 답안'에 가깝다고 판단해서 만든 것이다.

광고 콘셉트와 표현 콘셉트가 감성적이고 개인의 역량에 따라 달라져서, 여러 대안 중 하나이지만 가능한 한 '최대 다수에게 최대 공감'을 주기 위한 것으로 선택해야 한다. 왜냐하면 광고주 관점에서 소비자 관점으로 전환되고, 제품의 객관적 특성(성분, 속성)에 점점 제작팀(AE, CD, CW)의 주관적 해석으로 진행하기 때문이다. 즉 마케팅 관점에서 커뮤니케이션 관점으로 숙성되기 때문이다. 그래서 광고는 창의적(Creative)이라는 평가를 받는 것이다. '하나의 답'은 아니지만 가장 많은 '공감'과 '구매행동'을 촉발하기 위한 콘셉트로 숙성돼야 한다. 그것이 중요하다.

물론 표현 콘셉트에서 나오는 메시지를 그대로 카피로 써도 괜찮지만, 한 번 더 소비자 언어로 '카피화' 시키면 더 좋다. 심화된 광고화로 '더 좋은 카피'가 될 것이며 소비자들의 메시지 수용도를 높이고 기억하기도 쉬울 것이기 때문이다.

객관적 상관물의 정의

《황무지(The Waste Land)》의 작가이며 주지적인 모더니즘 계열의 작품 활동으로 유명한 T. S. 엘리어트(T. S. Eliot, 1888-1965)가 시의 정의를 말하면서, '사상의 정서적 등가물'로서 객관적 상관물(客觀的 相關物, Objective Correlative)이라는 개념을 설명한 것이 있다. '객관적 상관물이란 특정한 정서를 위한 처방(공식)이 되는 일련의 대상·상황·사건이다. 이는 외적인 사건이 주어지면 대응되는 정서를 즉각적으로 환기시키는 것'이기도 하다.

'황무지'가 무엇인가. 황무지는 메마른 땅이라는 그냥 토지가 아니라, 전쟁과 불안으로 황폐해진 정신세계를 상징하는 매개물이다. 그래서 '4월은 잔인한 달'이 된다. 생산과 탄생과 시작을 알리는 봄으로서의 4월이 아니다. 불임과 불신과 불만의 4월이기에 제 역할을 다하지 못하는 계절이 되어 잔인한 계절이 되는 것이다. 이렇게 시적 이미지라는 정서가 황폐해진 정신과 등가물(等價物)이 되도록 즉각적으로 환기(喚起)시켜주는 것이 '황무지'이고 객관적 상관물이 되는 것이다.

엘리어트가 처음 말한 이 개념은 예술 형식으로 '정서를 표현하는 유일한 방법'은 객관적 상관물의 발견이다. 즉 어떤 특별한 정서를 나타낼 '공식(Formula)'이 되는 일단의 사물, 정황, 일련의 사건들을 찾아내는 것이며, 이것은 독자에게 똑같은 정서(의도된 감성)를 불러일으킬 수 있다는 것이었다. 핵심어와 함께 핵심이미지도 포함해서 객관적 상관물을 확장해서 보면 좋다. 광고의 기억요소는 '카피'와 '비주얼'이기 때문이다.

객관적 상관물은 외적인 사건이 주어지면 대응되는 정서를 즉각 환기시키는 것이기도 하다. 의도한 메시지를 100% 그대로 전달하는 게 중요한데, 잡음(Noise)으로 인해 '선택적 왜곡'이나 '선택적 수용'이 일어난다. 객관적 상관물은 크리에이티브 에센스가 일대일 대응(100% 의미전달) 할 수 있는 많은 가능성 가운데 하나를 선택하여 생활자의 혜택(Benefit)과 연결된 '제3의 무엇'이다. 제3의 무엇은 브랜드를 기억나게 하는 '환기작용'과 연상작용의 연결고리(Hook)가 되어 브랜드 자산을 형성하게 된다. 고로 크리에이티브의 핵심요소가 된다. '브랜드 휠'의 활용가치이다.

생활자에게 '제품의 정서적 등가물'로 인식시켜 의도된 반응을 100%로 일으키도록 유도하는 사물(언어)인 셈이다. 소비자가 광고를 보거나 읽고 나서 '아~, 그 광고가 그런 뜻이구나' 하고 해석할 때, '그런 뜻'이 사람마다 다를 수 있다. 객관적 상관물은 그 해석상의 오차를 최소로 만드는 크리에이티브 오브제(Object)라고 할 수 있다. 이 객관적 상관물은 일부러 가공하거나 미화시키거나 변형시키려고 애쓸 필요가 없다. 사물도 그대로, 메시지도 그대로 자연스럽게 2차로 연상되는 그대로 제시하는 게 좋다. '자연스러운 연결'(Natural Connection)이면 충분하다. 그렇지 않고 어설프게 가공하면 자칫 프로답지 않게 보일 수도 있다.

객관적 상관물의 효과

전략과 아이디어를 통합하면 좋은 키워드와 키비주얼이 나온다. 브랜드 휠이라는 깔대기에서 핵심어(Key Word)를 찾았다면(엑기스가 추출되듯이), 그 핵심어를 읽고 즉각 연상되는 그림을 비주얼로 하면 좋은 광고로 발전하기 어렵다. 핵심어가 1차로 연상시켜주는 그림보다는 그다음에 연상되는 비주얼로 정해야 좋다는 것이다. 광고 크리에이티브는 의외성이 있어야 소비자는 '무엇을 말하려고 하지?' 하는 호기심을 갖고, 광고의 '의미해독 과정'에 직접 참여하게 된다. 이게 바로 객관적 상관물의 효과이다. 형상화와 영상화와 순인상을 쉽게 연상하도록 하는 비유가 '객관적 상관물'이다. 광고 소비자는 그 광고에 개입(관여)하여 나름으로 해석해주기 때문이다.

객관적 상관물은 정서를 객관화하기 위한 '공식' 역할을 하는 대상물이라고 했다. '공식'은 의도된 표현 그대로 연상하게 만든다는 뜻이다. '어떤 특별한 정서를 나타낼 공식이 되는 사물, 정황, 일련의 사건으로서 바로 그 정서를 곧장 환기하기 위해 제시된 외부적 사실들'이다. 다만 **구체적인 사물**'을 통하여 '간접적'으로 정서를 환기한다. '설화수' 광고 하면 '모델 이영애'가 연상되는 것과 같다. '**카피창작의 솔루션**'으로 인정받을 수 있는 '공식'이다.

객관적 상관물은 광고표현에서 메시지를 나타내기 위한 도구다. 그 메시지와 직접 관계가 없는 '제3의 무엇'(단어, 그림)을 끌어들임으로써 간접적으로 드러내는 것이다. 원관념이 있고 보조관념이 있으면 그 사이를 연결(Hook)하고 매개(Medium)하는 사물(단어)이다.

객관적 상관물은 상관어도 포함한다. 누구나 인정할 수 있고 쉽게 연상되는 단어나 그림이다. '최대 다수의 최대 공감'을 위한 '정서 환기'가 이루어지게 하는 자극제이다. 고로 크리에이티브는 '새로운 사고로 객관적 상관물을 발견하여 소비자에게 표현하는 것'이다. 누가 먹어봐도 '**똑같이**' 맛있다는 반응이 나오게 하는 매개체다. **감정이입**이 일어나는데, 주관적인 감성을 대상에 옮겨 이입시키므로 개인차가 생긴다. 하지만 객관적 상관물은 '객관적'이다.

다시 말하면 광고 크리에이티브는 카피라이터(CD)의 일상생활 속 개인 정서가 광고 크리에이티브에 그대로 노출되는 것이 아니라, 그 정서와는 상식적으로 직접적 관계가 없는 어떤 심상, 상징, 사건 등에 의하여 등가물로 표현된다. 객관적 상관물은 '독자에게 어떤 감정을 일으키는 상황 · 사물 · 사건 등'이므로 '사상의 정서적 등가물'이다. 광고 크리에이티브에서는 '이성을 감성으로 표현한 등가물'이다. '이성 → (객관적 상관물(어)) → 감성'의 구조를 만든다.

수능시험에서도 비슷한 시험문제가 나왔다고 한다. '남편은 면도기, 아들은 사진기, 딸은 리모컨이다. 그렇다면 엄마는 무엇인가'이다. 사물을 객관적으로 비유했을 때 무엇이라고 생각하느냐 하는 문제일 것이다. 가정에서 그 사람이 하는 행위나 행동을 관찰하면 적절하게 떠오르는 이미지나 단어가 있을 것이다. 그래서 '엄마는 충전기'라는 모범답안이 나온다. 엄마의 역할과 기능을 가족 모두가 인정할 수 있는 한마디로 연상한 '객관적 상관물'이 충전기가 된 것이다. 거꾸로 하면 의인법이 되기도 할 것이다.

백화점에서도 똑같은 상품을 보고 난 뒤 그 반응을 조사하면 지문만큼이나 다 다르다. 그러나 그 오차를 가장 적게 만드는 정서가 있을 것이고, 그것이 객관적 상관물이다. 크리에이티브의 에센스가 일대일 대응될 수 있는 수많은 가능성 중에서 하나를 선택하여, 생활자와 소비자 혜택을 연결시킨 제3의 무엇이라고 할 수 있다(《광고창작실 Ad. Lab》).

똑같은 광고를 보고 난 뒤에도 그 반응은 천차만별이다. 마지막 순인상(Total Net Impression)으로 남는 게 다르다는 것이다. 그 카피나 비주얼이 환기작용과 연상작용의 고리가 되어 기억되는 사물(단어)이 크리에이티브의 핵심요소가 된다. 생활자에게 '제품의 정서적 등가물'로 인식시켜 의도된 반응을 일으키도록 유도하는 자동응답기와 같다. '객관적 상관물은 감정을 객관화하기 위한 공식 역할을 하는 대상물을 가리킨다.' 그래서 '어떤 특별한 정서를 환기시켜주는 사물(단어)'이 되는 것이다.

사물(카피)은 **구체적인** 것이며 **간접적으로** 정서를 환기시켜준다. 이런 사실(카피)과 사물을 떠올리면 감정을 객관화하여 직접적으로 연상되게 하는 매개물인 셈이다.

객관적 상관물의 5 요건

- 객관성: '최대 다수의 최대 공감'을 얻기 위해선 s 누구나 인정할 수 있는 오브제(핵심 단어)가 돼야 한다.
- 연관성: 브랜드와 목표고객과 소비자 심리와 트렌드와 연결되는 매개체가

돼야 한다.

- **구체성**: 콘셉트(사상)을 연상시키거나 환기시키는 매개체이므로 구체적인 사물(언어)이 돼야 한다.
- **소비자 약속**: 객관적 상관물(어)에는 소비자의 생활문제를 해결하는 편익이 담겨 있어야 한다.
- **미학**: 광고는 아름다움이고 상품미학이고 풍요로운 삶을 제안하는 것이다.

AIDMA 모델에서 AISAS, SIPS모델로 바뀌었다

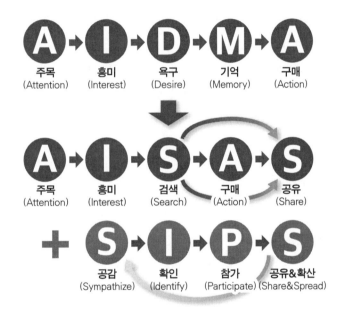

SIPS 모델

SNS 시대의 소비자 행동 모델로 일본의 광고회사 덴츠(Denz, 電通) 사토나오 오픈 랩(サトナオ・オープン・ラボ)에서 2011년 발표한 SIPS 모델이 잘 알려져 있다. 소비자의 수용자로서 정보처리 과정이나 구매행동 과정이 단계별로 진화되고 있음을 설명해주고 있다.

2000년대 이전의 아날로그 시대의 행동 모델인 AIDMA는 Attention(주목), Interest(흥미), Desire(욕구), Memory(기억), Action(행동)이다. 2000년대 인터넷

SNS 시대의 소비자행동모델(New Model of Social Media)은 AISAS다. Attention(구매), Interest(흥미), Search(검색), Action(구매), Share(공유)의 연계 · 순환 모델이다. 2010년대 이후의 모바일 시대에는 SIPS다. Sympathize(공감), Identify(확인), Paticipate(참가), Share & Spread(공유 & 확산)이다.

이런 관계를 관리하는 과정은 메시지의 관리와 이어진다. '가치'와 '의미'를 공유할 때 '진정성(Authenticity)'을 확보할 수 있다. '경험(Experience)'을 통해 다 확인할 수 있다. 고객관계관리는 마케팅이나 커뮤니케이션뿐만 아니라 광고철학적인 배경이 있다. 들뢰즈라는 철학자의 말처럼 '관계'를 관리하는 것이다. 관계관리는 바로 PR이다. '나는 PR만 전공한다'고 하는 것은 어리석은 생각이다. PR을 하는 사람도, 광고도 하고 PR도 하고 같이 할 줄 알아야 한다. 광고회사에서 PR팀이 강해지고 PR회사에서 광고팀이 강해지고 있다. 경계가 사라지고 있다. 카피라이터의 경계도 사라지고 있다.

덴츠에서는 2004년에 제시한 AISAS 모델이 SIPS 모델로 대체되는 것은 아니라고 얘기한다. SIPS는 소셜미디어를 통한 참여자가 많은 경우의 행동모델 방식으로 AISAS와 상호 보완 및 상승작용을 한다.

SIPS 모델의 특성

① 공감하다(Sympathize)

발신원을 향한 공감[기업, 브랜드(상품), 정보를 확산시키는 개인(누가 그 정보를 얘기하고 있는지)], 정보 그 자체에 대한 공감이다. '연결된 경험(Connected Experience)'처럼 각 개인이 체험해봐서 동의할 수 있어야 한다는 뜻이기도 하다. 크리에이티브 표현의 키 포인트가 '공감'이 돼야 한다. '실시간'과 '현장성'과 '진정성'이 기준이 된다.

② 확인하다(Identify)

공감한다고 바로 참가하지는 않는다. 소비자는 예전보다 훨씬 똑똑하고 의심이 많다. 소비자는 공감한 정보나 상품이 자신의 가치관에 맞는지, 자신에게 유익한지를 검색하고 점검한다. 친구/지인의 의견, 전문가의 말, 전문지의 추천, 대중매체의 보도, SNS의 댓글 등에 걸쳐 체크한다.

소비자 보호정신과 기업철학이 필수이며, 그 정보나 상품이 자신의 가치관에 맞으면 유익하다고 확인하고 비로소 참가하게 된다. '확인' 행동은 **주관적이고 감정적**이기 쉽다. SIPS 모델은 '구독경제 시대'와 소셜미디어 상의 '공감'엔 '자발성'이 중요하기 때문이다. 구글링(Googling)하면 알 수 있는 정보과잉의 'TMI(Too Much Information)' 시대라 쉽게 가짜(Fake News)를 확인할 수 없다.

'확인'한 결과, 부정적이거나 거짓된 내용을 보게 되면 '반작용'과 '후폭풍'이 커질 수 있다. 따라서 기업은 소비자에게 항상 투명성을 가지고, 부정적이거나 거짓이 없는 '진정성 커뮤니케이션'을 해야 한다. 기업은 소비자의 '확인'을 통과할 수 있는 가치를 제공하기 위해서 브랜드의 개발, 생산, 유통, 판매, 환류 커뮤니케이션까지 소비자를 참여시킬 수 있는 **통합 프로그램**을 설계하는 게 중요하다.

③ 참가하다(Participate)

기존 소비자 행동 모델에서의 행동(Action)은 '구매'를 의미하지만, 소셜미디어 시대에서의 행동은 반드시 구매가 아닐 수 있다. 'RT, Like' 버튼을 누르는 것이 지인들의 구매를 유발할 수도 있다. 브랜드에서 만든 어플리케이션을 이용하는 것도 그 행동이 소셜미디어상에서 공유될 경우 지인들의 흥미를 일으키게 되어 이것 또한 '참가'가 될 수 있다. 이처럼 **구매를 하지 않는 행동**, 그리고 구매 활동을 포함해서 SIPS 모델에서는 '참가한다'고 본다. SIPS 모델에서는 얼마나 '참가'시키느냐가 얼마나 '공감'시키느냐에 이어 중요한 요소이다.

④ 공유 · 확산하다(Share & Spread)

기존 인터넷에서는 소비자가 속해있는 '인맥'이 겹치는 경우가 특정 집단으로 좁혀졌지만, 소셜미디어는 여러 분야의 인맥이 겹치기 쉽다. 따라서 공유하는 정보가 특정 그룹 인맥에만 공유되는 것이 아니라, 전체로 자동적으로 **확산**(Spread)된다. '확인'하고 '참가'한 소비자는 그 정보를 지인들에게 소셜미디어로 '공유'한다. 공유된 정보를 본 사람들은 '정보'보다는 '발신원'이자 친구인 '당신'에게 공감한다. 그 정보는 발신원의 '공감'을 입고 전파되고 '연대'되는 것이다.

이렇게 S → I → P → S가 계속 반복되면서 S(공감)를 하는 사람들이 기하급수적으로 확대된다. 소셜미디어 시대 캠페인의 과제인 정보확산(침묵의 나선 이론)이 바로 구매증대로 이어진다.

SIPS 모델에 의하면 광고는 공감(Sympathize)을 중시하는 방향으로 변화하게 될 것이다. 또한, 구매 행동은 기업 활동에 참가(Participate)하는 것이라고 생각하며, 정보를 전파하는 방식의 변화를 확산(Spread)으로 생각하는 게 특징이다. 고객 지향의 기업의 광고 커뮤니케이션에 있어 가장 중요한 화두는 '공감'이 될 것이다. 이 공감은 감동인데 '감전(感電)'될 정도의 전율이어야 할 것이다.

소셜미디어는 광고 커뮤니케이션에 다음과 같은 변화를 가져왔다.

첫째, 정보 전달 방식이 변화했다. 기존 매스미디어 시대에는 소비자에게 메시지를 전달하는 일차원적 구조였는데, 요즘에는 인터넷, 스마트폰 보급으로 소비자가 능동적으로 정보를 검색하고 공유한다. 둘째, 과거에는 '거실'이 정보가 소비자들에게 전달되는 플랫폼이었는데, 다양한 이유로 이 거실 문화가 붕괴하면서 소비자들은 세대별, 성별, 소속 커뮤니티별로 다른 정보를 접하게 됐다. 셋째, SNS에서 '좋아요' 버튼을 누르는 등 공감의 가치가 부각됐다. 정보를 공감하고 확인하고 참가하여 확산 공유하는 패러다임은 소셜미디어가 만들어낸 새로운 것이다. 소셜미디어 시대의 광고 커뮤니케이션은 '인맥'과 '공감'을 중심으로 크게 변화하고 있다.

8장
카피의 개념

> "아마추어는 규칙(Rule)을 '따르'지만, 프로는 규칙을 '만든'다."
> "아마추어는 '지식(Knowledge)'을 자랑하지만, 프로는 '지혜(Wisdom)'를 자랑한다."
> "아마추어는 '추상적'으로 말하지만, 프로는 '구체적'으로 말한다."

현대카드 TVCM 'MC 옆길로새' 편(랩, CM Song)은 브랜드 철학인 'Make Break Make'를 힙합 음악과 재미있는 영상으로 표현한 작품이다. 젊은이들에게 성공을 위한 고정관념에서 벗어나 새로운 자신만의 길을 찾으라는 메시지이다. 기존의 관성을 파괴하고(Break) 새로운 관점을 만들고(Make) 다시 타성이 된 관점을 파괴하는(Break) **'청년정신'**과 함께하는 현대카드의 기업철학을 전달하고 있다. 현대카드 TV 광고에서 앵무새가 'MC 옆길로새'가 되어, 일탈을 꿈꾸는 현대인을 주제로 선보인 랩 CM이다('MC'는 랩을 하는 '래퍼'를 가리키는 또 다른 말이다). 물론 실제로 랩을 구사한 래퍼는 앵무새가 아니라 따로 있고, 현대카드 측은 이를 공개하지 않는 '신비주의' 효과를 노리는 광고 전략을 썼다. 일부 가사를 인용한다.

현대카드 CM 'MC 옆길로새' (CM송, 랩)

"이 거리의 옷매무새/는 너무나도 뻔해
머리부터 발끝까지 유행이야 올해
난 싫지 허세/ 무시하지 대세
세상 모두 쫓아가도 쫓지 않아 절대"
(중략)

이 랩은 모음 'ㅐ'로 끝나는 각운(라임)을 절묘하게 구사하며 시청자들에게 흥겨움을 선사했다. 유튜브에 있는 2분짜리 풀 버전 동영상은 조회 수 500만 건을 넘겼을 정도로 큰 인기였다. 젊은이들이 흔히 쓰는 **'축약어 놀이'**의 트렌드도 반영하고 세상살이의 **획일성**(앵무새)을 비판하면서 자신의 정체성을 찾아가자는 카피의 의미로 공감을 얻었다. 이 공감의 확장에 크게 기여한 것은 '**관점전환**'이다. 새로운 가치관을 제안하고 실행하는 모습을 보여주겠다는 의지를 소비자(젊음)가 해석해 냈다고 본다. 카피의 개념을 이해하는 데 아주 좋은 사례라고 생각한다.

카피의 본질은 카피라이터의 자세와도 연관된다. 기본적으로 카피는 카피라이터가 소비자들과 함께 호흡하는 동시대의 사회적 산물이라는 데서 출발한다. 카피라이팅의 경로는 '**움직이는 행렬**(Moving Procession)'이며, 외딴 바위 위에서 그 행렬을 내려다보는 독수리나 사열대 위에 있는 귀빈이 아니다. 카피의 본질은 "행렬과 함께 터벅터벅 걸으며(트렌드를 타면서) 자신이 속한 일행의 생각과 가치를 대변해 사회를 보는 일"이라는 것이다(E. H. Carr,《역사란 무엇인가》). 그래서 카피라이터는 사회를 관찰하는 사람이고 역사가의 시선이 필요하다. 광고는 동시대보다 6개월 정도로 앞서가라는 말이 있다. 동시대의 유행과 소비자들의 생각과 '**시간 차**'(Time Gap)가 너무 멀어도 공감하기 힘들고 너무 늦어도 선도하는 해결력이 약하다는 뜻이다. 항상 살아 숨쉬는 현대인의 감성과 욕망을 발견하게 해주는 노력이 필요하다. 그래서 소비자 심리와 소셜 트렌드를 읽어내는 **동체시력**(動體視力)을 강조하고 싶다. 동체시력은 야구 같은 운동에서 움직이는 물체(야구공)를 정확히 보고 타격할 수 있는 능력이다. 광고에서 동체시력은 움직이는 트렌드와 소비자 심리와 사회변화를 따라잡을 수 있는 실력이라고 할 수 있겠다. 세상살이를 꿰뚫어 볼 수 있는 통찰력이 있는 사람이 카피라이터다.

카피의 개념

광고카피란 무엇인가? 먼저 협의의 개념이다. 광고제작물인 정사진 광고와 동영상 광고(인쇄광고, 전파광고, 뉴미디어 광고물 등)에서 시공간적 음성형태로 존재하거나, 2차원적 지면에 문자상태로 표기되는 모든 말이나 문자를 말한다. '광고물에서 레이아웃, 그림, 영상, 음악 등과 구별되는 문자 텍스트(Words)'를 말한다. 웹스터 사전에서 이렇게 정의한다.

The words of an advertisement, as distinct from the layout, pictures, music, etc (웹스터 사전)

이런 협의의 개념은 겉으로 드러난 형식적이고 표현요소이고 표면상의 특징에 한정하고 있다. 광고 속에 숨어있어 보이지 않고 내용적이고 기획다운 특징을 지나치는 단점이 크다. 다음은 광의의 카피 개념이다.

> "카피란 광고의 세일즈맨십(Salesman Ship) 이상이며, 광고로 만들어지는 모든 이익과 향상을 뜻한다." (P. W. Button이 광의의 개념으로 정의한 카피론)

광고카피는 광고를 보고 듣는 이에게 어떤 믿음을 갖게 하거나 특정 행동을 하게 만드는 설득 메시지(Persuasive Message)이다. 광고카피는 설득 메시지이기에 커뮤니케이션이 전제가 돼야 한다. 설득하기 위해서는 소비자가 광고에 관심을 가지고 보게 만들어야 한다. 카피는 이런 시선을 잡기 위해서 창의적인 메시지나 그림을 보여주어야 한다. 카피는 판매 소구점을 소비자의 이익과 혜택(Benefits)으로 약속해야 한다. 이런 혜택은 기업이나 상품(브랜드)가 이 사회에 존재해야 할 이유나 소비자가 생활문제를 해결하는 데 도움을 주는 명확한 '콘셉트'에서 나온다. 이 콘셉트를 언어로 표현한 게 카피다.

결국 광고카피는 5C '커뮤니케이션(Communication), 크리에이티브(Creative), 고객(Customer), 콘셉트(Concept), 카피(Copy)'의 연계-순환-통합의 시스템 사고에서 나오는 설득 메시지다. 이런 설득 메시지는 핵심 문자 텍스트(Key Word)를 포함하여 시선 잡기(Eye Catching)와 차별화 표현과 독창성으로 임팩트를 생산해야만 광고효과를 낼 수 있기에 핵심 영상(Key Visual)까지 포함한다. 카피는 협의의 형식요소와 광의의 5C를 통합한 개념으로 사용돼야 한다. 더구나 콘텐츠(Contents) 제공자로서 업무를 수행해야 할 디지털 시대에 조명받는 '광고 직종파괴 현상'에서 모두가 설득 메시지(카피)에 관여하고 발상해야 하므로 더욱 개념 전환이 필요하다.

카피의 본질

복잡한 세상살이의 다양한 생활문제들을 해결해야 하므로 광고할 브랜드의 카피는 만들어지기보다는 세상 속에서 발견되는 게 효과적이다. 디지털 시대에 즈음하여 복잡계 세계가 일상화됐고 이해관계자(Stakeholder)가 많아졌기에 더욱 복잡적응계(Complex Adaptive System) 사고가 필요하다. 고객의 심리나 페르소나는 하루에도 수십 번 바뀐다. '본캐'가 있으면 '부캐'도 있다. 질문의 힘(문제의식)을 동원해서 해답을 찾아야 한다. '그래서 뭐?(So what?)', '왜 그래?('Why so?)'라는 질문이다. 카피의 본질을 5C 관점으로 보자.

① 카피는 커뮤니케이션(Communication)이다. 단방향이 아니고 양방향이다.

커뮤니케이션은 양방향 소통이다. 소통 내용은 설득 메시지다. 설득은 상대방이 이쪽 편의 이야기를 따르도록 여러 가지로 깨우쳐 말하는 것이다. 역지사지(易地思之)로 소비자(고객)가 듣고 싶은 것, 느끼는 것, 기대하는 것을 담아내야 한다. 소비자의 마음을 알기 위해서 BMW(Bus, Metro, Walking)로 가보고, 공연장도 가보고 영화도 봐야 한다. SNS 시대엔 다양한 문화가 있기에 사회문화를 읽고 분석하여 진정성을 전달하려고 노력해야 한다. 거대한 사회흐름(Mega Trend)에 숨겨진 메시지를 찾아야 공감이 커진다. 그러므로 새로운 메시지를 발명하려고 하지 말고 발견하도록 해야 한다. 카피라이터가 자기 머릿속을 짜낸다고 좋은 카피가 안 나온다. 그것이 바로 '설득 커뮤니케이션'이다.

② 카피는 크리에이티브(Creative)이다. 관점의 전승이 아니고 관점의 전환이다.

전승은 문화, 풍속, 제도 따위를 이어받아 계승하는 것이나 그것을 물려주어 잇게 하는 것이다. 광고에서 관점의 전승은 부정적이다. 관점의 전환은 크리에이티브로 광고화(Ad. Translation) 하는 것이다. 광고로 전환하는 설득은 직역이 아니고 의역이다. 문자 그대로 사전적 의미를 쓰는 것이 아니다. 소비자들이 어떻게 받아들이고 있는지를 파악해서 쓰는 '의미 번역'이다. 특히 경쟁 브랜드와 차별화되면서 자기만의 특징을 잘 전달할 수 있는지를 따져봐야 한다. 그러니 카피는 크리에이티브이면서 전략이지 전술이 아니다. 그랜드 디자인(Grand Design)의 시각을 가지고 관점을 혁신하여 독창성을 인정받을 수 있게 해야 한다. 광고효과를 누적시키기 위해서 시리즈나 캠페인을 전개할 수 있어야 한다. 관련성(Relevance), 독창성(Originality), 충격성(Impact)이 있는 아이디어를 생산해야 한다. '광고화'를 이해하면 크리에이티브 공부를 반은 한 셈이다.

③ 카피는 고객(Customer)이다. 고객은 세대고객이 아니고 목표고객이다.

보통 목표고객을 설정할 때 2030세대나 MZ세대 등으로 사회심리학적(Psycho Graphic)인 고객을 선정하는 경우가 많다. 이런 고객은 나름대로 유용하지

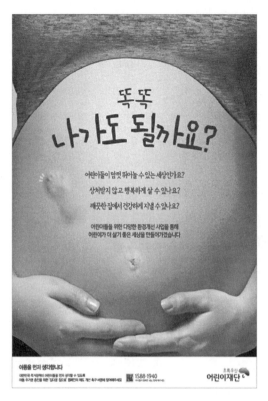

똑똑
나가도 될까요?

어린아이들이 맘껏 뛰어놀 수 있는 세상인가요?
상처받지 않고 행복하게 살 수 있나요?
깨끗한 집에서 건강하게 지낼 수 있나요?

어린아이들을 위한 다양한 환경개선 사업을 통해
어린아이가 더 살기 좋은 세상을 만들어가겠습니다

아동을 먼저 생각합니다

1588-1940
초록우산
어린이재단

저출산 시대에도 출생 후 사회적 보호를 충분히 받지 못하는 현실 속에서 '태아의 질문'을 헤드카피로 올리고 있다. 어린이재단을 통해 육아에 대한 보증을 요구하는 발상이다. 그림(Visual)의 왼쪽에 태아의 발 모습을 생생하게 표현하여 실제 육성이 들리는 듯하다. 카피 문체나 어휘가 어린이다운 감성을 잘 재현하고 있다. '아트와 카피의 행복한 결혼'이다.

만 광범위하게 퍼져있어 대표성을 갖기가 어렵다. 이제는 디지털 시대에 맞게 '족집게(Pinset) 고객'으로 특정 개인을 향한 메시지를 카피로 만들어야 한다. 삼성전자의 가전광고 카피는 '가전도, 나답게'이다. 디지털 고객은 문화와 이데올로기의 통조림이라는 '할리우드 세트'에 갇혀 있고 사회의 지배이념(Dominant Ideology)을 중요시한다. 까다로운 고객의 행동을 변화시키는 것은 감동이다. '지식'이 아니라 '지혜'임을 알아야 한다. 카피는 철저하게 고객의 구매의향률과 브랜드 선호도를 올려 상품 판매제고에 기여해야 한다. '이 카피 잘 썼다'에서 그치는 게 아니라 '이번에 한번 사볼까'가 돼야 한다. 실천 행동이 중요하다.

④ 카피는 콘셉트(Concept)이다. 콘셉트는 만들어지는 것이 아니고 발견되는 것이다.

콘셉트는 상품의 특장점이 소비자 혜택으로 채택되어 생활문제를 해결할 수 있는 상품(브랜드)의 핵심가치나 의미이다. 브랜드의 핵심가치이고 의미이기에 카피라이터가 만들어내면 공감하기가 어려워질 수 있다. 대중들이 의식하지 못하지만 즐기고 있는 가치나 의미를 발견하는 것이 아주 유용하다. 그래서 카피는 쓰는 (Writing) 것이 아니라, 찾는(Finding) 것이라고 할 수 있다. 그러므로 콘셉트를 찾는 카피라이터를 '콘셉트 추출자(Conceptualist)'라고 하며, '콘셉트 추출자'는 글자 그대로 '전체 속에서 어떤 물건, 생각, 요소를 뽑아내는 것'이 '추출'의 핵심이다. 발명가(Inventor)가 아니라 발견자(Discover)이다. 콜럼버스도 아메리카 대륙을 발명한게 아니라 발견했다는 사실과 비유할 수 있다. 물론 상징 상품의 경우에는 의미부여를 하는 판매 메시지도 있다.

아무튼 카피는 상품정보가 아니라 **생활정보**다. 소비자는 상품의 성분이나 속성에는 별 관심이 없다. 그 상품(브랜드)을 사용함으로써 자신의 생활문제를 해결해주기만 바랄 뿐이다. 숙취해소제를 먹는 것은 성분을 먹는 게 아니라 아침에 속쓰림을 없애준다는 메시지에 사먹는다. 이런 문제해결력(Problem Solving)을 콘셉트로 해서 카피를 써야 한다.

⑤ 카피는 수사학이다. 문장이 아니고 문안이다.

문장은 하나의 서술문이고 사실만 전하는 문어체 글이다. 그러나 광고카피는 상업문장이고 객관적 서술문(5W1H)이지만 행동을 촉구하는 격문이다. 무엇을 말할 것인가(What to say)가 명확하면서 어떻게 할 것인가(How to say)까지 포함한다고 봐야 할 것이다. '환경을 보호합시다' 같은 메시지가 아니라 '왜 그렇게 사니, 미련 곰탱아'라고 해야 카피가 된다. 일단은 수사학과 작문법을 준수하면서도 '문법파괴'도 서슴지 않는 용기를 가져야 한다. 대중이 이해할 수만 있다면 '행동언어'와 첨단언어를 거리낌 없이 마구 써야 한다. 카피라이팅은 '연필'로 써야 한다. '지우개 효과'를 활용해야 한다. 쓰고 지우고 쓰고 지우고 하는 '퇴고'를 되풀이해야한다. 우리의 일상구어체를 써서 발견하고 이해하기 쉽게 올리면 된다. 카피라이터 개인의 머릿속에서 작문하지 않아야 한다. 카피는 막 짜내서 나오는 게 아니다. 후원자 있는 시(Sponsored Message)임을 알고 세상 사람들의 심리 속으로 들어가야 카피가 나온다.

녹색연합 광고 카피

꼬박 10년을 참았습니다. 몸도 제대로 가늘 수 없는 좁디좁은 곳에서 말이죠. 참다 보면 나에게도 봄날이 오겠지, 자연으로 돌아갈 날이 오겠지 생각했지만 그건 다

순진한 생각이었습니다. 10살 생일이 되면 나는 이 모진 세상을 떠나게 됩니다. 내 의지와는 상관없이….

내 웅담을 탐하던 사람들이 10살 내 생일에 웅담을 꺼내고, 나를 하늘나라로 보낸다고 하더군요. 결국 이렇게 될 것을 난 왜 바보같이 미련하게 10년을 참고 살았던 걸까요, 그저 눈물만 납니다. 저는 이렇게 떠나더라도 저 같은 운명의 곰이 또 생겨나지 않도록 여러분이 도와주세요.

인간의 관점이 아니라 곰의 관점에서 쓴 카피가 가엽고 안타깝고 불쌍하다. 스스로 생명의 소중함을 제대로 항변하지도 못한 곰의 태도에 답답한 마음으로 소리쳐 외친다. "왜 그렇게 사니? 미련 곰탱아"라고. 생활언어로 터져 나오는 육성(肉聲)이다. 한 생명체가 불가항력으로 희생되는 과정을 깊이 이해하게 된다면 인간(소비자)은 반성하고 후원자로 나설 수 있을 것이다.

'카피와 아트의 행복한 결혼'으로 조화로운 광고를 만들어야 하지만, 비주얼이 강해 흡혈귀 효과(Vampire Effect)가 나면 손해다. 기업이나 상품 생각이 잘 안 나고 흡혈귀 그림(Vampire Video, Visual Scandal)만 기억나는 사례는 피해야 한다. 소비자를 정보처리자로 본다면, 소비자가 특정 상황이나 인물에 주의를 기울이지 않으면 그에게 다른 정보처리 과정(태도, 의견, 기억)이 발생하지 않는다. 유명 배우가 광고모델로 나올 경우, 소비자는 브랜드(기업)보다는 유명 배우에게 시선을 뺏기는 경우가 많고 브랜드(기업)의 특징은 생각나지 않을 때를 말한다. 그래서 유명 배우가 브랜드를 사용하는 상황을 꼭 넣는 스토리텔링을 모색하려고 한다.

카피라이팅의 특징

카피라이팅은 '카피+라이팅'이다. 카피는 메시지이고 텍스트이며 크리에이티브 그 자체라고 했다. 핵심 언어(Key Word)이며 핵심 영상(Key Visual)이다. 카피는 정해진 의미나 가치로 확정적이다. 그러나 **카피라이팅**은 카피를 발상하는 과정 전체를 말한다고 생각하면 좋겠다. 메시지를 찾아내거나(Finding) 발견해내는 (Discovering) 과정이다. 더 좋은 것이 나올 때까지 숙성시키면서 완성된다. '퇴고'를 되풀이하면서 '최상의 경지'까지 진화하는 과정이다. 끊임없이 꼬리에 꼬리를 무는 질문이다. 그러므로 카피라이팅의 특징은 '질문 → 비판적 사고 → 라이팅'의 연계-순환-통합 사고과정이다. 물론 카피라이팅은 '카피+라이팅'이기에 카피와 라이팅이 함께 진화하고 수정되면서 최종 확정된다. 그 사고과정의 특징을 설명하면 다음과 같다. '카피파워'를 만든 카피라이팅의 특징이다.

- 다상량(多商量)이다: 수직적 사고와 수평적 사고를 넘나들어야 한다. 가능한 한 많이 생각하고 많이 써야 한다.
- 연금술이다: '금속+금속+촉매=합금'이 공식이다. 신개념을 창출하기 위해서 여러 가지를 융합하면 좋다.
- 마술이다: '이미지+메시지+엔터테인먼트=매직'이다. 마술을 부리듯 재미있는 신조어로 공략하면 좋다.
- 동사형이다: 목표 고객(심리), 상품, 경쟁, 사회흐름(Social Trend)을 읽고 동사형으로 카피라이팅 하여 행동을 촉구해야 한다.
- 발상력이다: 전략적 사고(핵심목표 고객, 목표, 심리, 시간, 예산)가 다 정해져 있다. 특히 전략적 사고로 구체적 카피를 라이팅 할 때는 '시리즈 광고'가 가장 중요한 개념 중 하나다. 휘발성이나 단발성이면 안 된다. 1차, 2차 시리즈화할 수 있을 때 전략적 사고가 들어가 있다고 볼 수 있다. 브랜드 자산을 누적되게 만드는 것이다.
- 휴머니즘이다: 고객의, 고객에 의한, 고객을 위한 카피를 써야 한다. 상품을 만드는 사람도 쓰는 사람도 모두 사람이다. 감성 소구와 스토리텔링이 필요하다.
- 쓰기(Writing)가 아니라 읽기(Reading)이다: 쓰기 전에 사회를 읽고 소비자 심리를 읽고 분석하라는 뜻이다. 따져봤을 때 그 이유가 명명백백해진다. 카피라이터의 추적자 역할이다.
- 암기(Memory)가 아니라 상기(Recall)이고 연상(Association)이다: 광고 크리에이티브는 쉽게 잊히기도 한다. 시간이 흘렀을 때도 카피나 이미지(Visual)가 기억에 남아있거나 연상되도록 해야 한다.
- 콘셉트 추출 관점의 카피라이팅은 '숨은 그림'(원래 있던 것) 찾기(Finding)다.

카피라이팅은 '다른 그림'(경쟁 브랜드와 차별화되고, 동체시력으로 찾을 수 있다) 찾기(Discovering)다. 카피라이팅은 트렌드 워처(Trend Watcher)이다. 트렌드 편승이 아니다. (편승하면 모방에 걸리고 독창성이 부족해 보인다. 트렌드를 살짝 변형하거나 재해석해야 한다. 모방하지 말고 창조적 파괴를 해야 한다.)

광고 크리에이티브와 카피 읽기

● 하이모, 빠지기 시작하면 광고

헤드라인 겸 슬로건 겸 다양한 목적으로 쓰고 있다. 정통광고의 풀이와는 다르게 시선의 흐름을 메시지에 따라 움직이게 만들어졌고, 타깃의 라이프 스타일을 반영했고, 언어유희를 쓴 광고이다. 또 다른 특징으로는 비주얼이 없는 광고이다. 카피 포맷이 비주얼 역할을 하고 있다. '빠지기 시작하면, 하이모' 시리즈도 있다.

● 겔포스

역사적 사실과 소비자들의 라이프 스타일을 반영해 웃음을 주는 광고다.

● **기아차(레토나)**

　남자들이 많이 탄 레토나의 목표고객을 여성으로 잡았다. 그래서 '레토나군 (軍)?'이라고 했다. 남자 '레토나 군(君)'이 아니라 군대에서 많이 쓰는 차라는 뜻이다. 그만큼 강력하다고 말한다. 적절한 비주얼을 사용한 언어유희다.

● **고등어**

　고등학생을 지칭하는 아주 간결한 키워드로 대학입시광고에 쓰였다. 시선이 단박에 간다.

● **나는 오늘 삼선을 벗는다**

　고3 학생들이 많이 신는 신발이다. 고3의 시선을 잡기 위해 이들에게 익숙한 오브제로 '객관적 상관물'을 사용했다. 고객 관련성을 제고한 사례다.

● **흔들리는 노후, 꼭 잡으세요**

익숙한 전철, 생활 속의 오브제를 가져와서 '흔들리는 노후'라는 카피 아이디어를 사용했다. 국민연금관리공단의 광고로 흔들리지 않는 노후를 즐기려면 국민연금에 가입하라는 광고다. 생활 속의 일상을 스토리텔링 한 광고다.

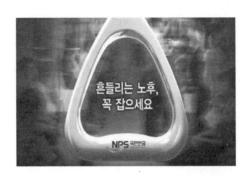

카피라이팅의 발상과 인사이트(Insight)

카피라이팅은 마케팅 분석에서 시장의 트렌드를 읽고 고객의 마음을 꿰뚫어 보면서 니즈(Needs)와 원츠(Wants)를 찾아내는 것을 의미한다. 이러한 고객 인사이트를 바탕으로 개선된 제품과 서비스를 내놓는 전략을 펼치는 것까지 포함해야 한다. 카피화하는 방법 가운데 하나는 메시지(카피)의 구성 단어와 연관되는 비주얼을 거침없이 가져오면 된다. 카피가 확정되면 소비자는 어떤 비주얼도 모두 카피와 연관성을 깔고 있다고 생각하면서 광고를 해석한다. 특히 '고등어' 광고나 '삼선 슬리퍼' 광고가 그렇다. 소비자는 이미 학습돼 있고 '광고적 허용'을 인정하고 있기 때문이다. 그래서 카피가 쉽고 광고 제작도 쉽다고 말할 수 있다.

사물을 보는 방법, 인간에 대한 시각, 발상, 가치관을 부지불식간에 배울 수 있어야 한다. 그래서 다독(多讀), 다작(多作), 다상량(多商量), 다관(多觀)을 주장하고 싶다. 많이 읽고, 많이 쓰고, 많이 생각하고, 많이 봐야 한다.

'아' 다르고 '어' 다르다. '님'이라는 글자에 '점' 하나를 찍으면 '남'이 된다. 그 누구도 쓸 수 없고 자기만이 쓸 수 있는 카피, 즉 개성과 독창성이 있어야 피가 통하고 결이 느껴지는 카피를 만들 수 있다.

김훈의 소설《화장》(化粧, 火葬)에서 카피도 배운다

이상문학상을 수상한 작가 김훈의《화장》은 광고인을 소재로 쓴 소설이다. 《화장》은 2년 동안 뇌종양을 앓던 아내가 세상을 떠나는 장면에서부터 시작한다. 화장품 회사의 상무로 근무하는 '나'(오 상무)는 묵묵히 아내의 장례 일정을 진행한다. 육체적으로는 전립선염을 앓으면서, 심리적으로는 사랑을 앓는다. 또 한편으로는 회사의 중요한 '광고 전략 결정'에 꼭 참여하라는 사장의 지시를 수행하며 책임감으로 살아가는 광고인의 삶이 아주 생생하게 표현돼 있다.

《화장》은 인간의 죽음을 나타내는 화장(火葬)과 삶의 증거라고 할 수 있는 화장(化粧)을 동시에 배치함으로써 '소멸'과 '생성'의 이율배반적인 모순을 대등하게 바라보면서 객관성을 유지하고 있다. '화장'의 이중의미(Double Meaning)가 인간의 삶과 죽음의 양면성을 대변하는 것 같다. 화장(火葬)을 보면서 화장(化粧)을 생각하고, 화장(化粧)을 보면서 화장(火葬)을 생각하는 관점이다. '나'의 관점이 누구에게나 있을 수 있는 보편성을 가지기에 공감이 생기게 된다.

'나'는 50대 중반의 유명 화장품 회사 중역이다. 그의 몸은 노화되고 전립선염으로 날마다 방광의 무게에 짓눌려 살아간다. 2년 동안 서서히 준비해왔을 아내의 죽음을 그는 일상처럼 맞이한다. 이렇게 지루한 그의 삶에, 죽어가는 아내와 대비되는 '추은주'가 있다. 그녀는 회사 부하 직원으로 '나'는 그녀를 남몰래 연모한다. 싱싱하고 아름답고 젊은 그녀는 삶의 욕망을 대변하면서 성적 일탈의 대상으로 등장한다. 소설은 아내의 화장(火葬)을 마치고, 아내가 키우던 강아지 보리의 안락사를 마치고 돌아온 '나'가 회사의 새로운 화장품의 콘셉트를 '가벼워지자'로 정하고 잠을 청하면서 끝을 맺는다.

죽은 아내와 죽은 사람을 위한 화장(火葬), 늙어가는 주인공과 삶의 증거인 전립선염, 추은주의 생명력과 살아있는 몸을 위한 화장(化粧)은 모두 맞물려 있다. 삶과 늙어감 혹은 죽어감, 그리고 죽음에 대한 날카로운 시선과 섬세한 통찰이 이 '화장'에 녹아있다. 모든 소멸해 가는 것과 소생하는 것들 사이에서 삶의 무거움과 가벼움을 동시에 느끼며 살아가는 현대인들의 존재 의미를 냉혹하고 정밀하게 추구한 것이다(안은주).

광고인을 소재로 쓴 드라마나 영화가 있지만, 소설《화장》은 광고 업무의 숙성과정과 광고인의 실생활을 비교적 심층적으로 이해하고 쓴 드문 수작이라고 생각한다. 특히 광고안을 결정하는 토론(브레인스토밍)에서 콘셉트와 헤드카피를 가지고 집중적으로 묘사한 부문은 김훈 작가가 직접 경험했든 취재를 했든 현장감이 살아있어 공감이 크다고 본다. 광고(기획)는 **논리**이고 **설득**이고 **창의성**이고 **감수성**이라는 속성을 가진다는 관점을 마치 카피라이터에게 현장중계 하듯 보여주고 있다. 다큐멘터리(Documentary)나 르포(Reportage) 같은 사실성이 카피라이터에게도 큰 도움이 되리라 생각한다.

그래서 소설《화장》을 길게 인용하고 하고 싶다. 광고카피의 결정과정과 심도 있는 **토론**을 이해할 수 있으면 좋겠다.

(중략)

사장이 오 상무에게 휴대폰을 했다.

"오 상무, 소식 들었네. 지금 어디 있나?"

"병원 영안실에 있습니다."

"이 박복한 사람아. 그 나이에 상처란 견디기 힘든 거야."

"진작부터 각오했던 일입니다."

"그동안 자네 정성이 유별나서, 고인도 여한이 없을 걸세…. 자네가 걱정이야, 회사의 기둥 아닌가."

"저야, 하던 일이 있으니 이럭저럭…."

"그 일 말인데 말이야, 여름 광고 전략은 자네가 끝까지 마무리해주게. 상중(喪中)이라고 미뤄둘 수가 없는 일 아닌가. 자네한테 면목이 없지만, 어쩔 수 없어. 전화로 보고받고 지시할 수 있겠지?"

"모레 중역회의에서 논의되겠지요."

"그야 그렇지만, 회의에서 나온 얘기 대충 들어보고 자네가 판단해서 밀어붙여 주게. 늘 그래왔잖아."

"컨셉(콘셉트)이 어느 정도 좁혀졌으니까, 얘기 들어보고 결정하겠습니다."

"고맙네, 난 오늘 선약이 있고, 내일 저녁때 빈소에 들르겠네."

사장은 팔십 노인이었다. (중략) 직원들은 사장실을 대웅전이라고 불렀다. (중략) 사장은 삼십 대 초에 단신 월남해서 기초화장품 세 종류만으로 회사를 차렸다. 지금은 기초화장품 이십여 종에 색조화장품 삼십여 종을 생산하고 유통시키는 시장점유율 1위의 회사로 성장했다.

(중략)

사장이 아내의 빈소를 지키는 나에게 전화를 걸어서 지시한 사항은 올여름 시장에 출시되는 제품 다섯 종의 선전과 마케팅 전략을 기한 안에 확정해서 집행에 착수하라는 것이었다.

(중략)

금년 여름에는 단기성 개발비 동결로 시장에 내놓을 신제품이 없었다. 몇 년 전에 재고 처리했던 쇼킹 핑크 계통의 립스틱 세 종과 울트라 마린블루와 코발트블루 계통의 마스카라 네 종류와 여름용 선탠크림 라벨과 용기와 포장만 바꾸고 십오억 원의 선전비를 투입해서 시장으로 떠밀어내는 것이 올여름의 영업내용이었다. 건더기는 없고 껍데기뿐이었지만, 이 업계에서 건더기와 껍데기가 구별되는 것도 아니었고 껍데기 속에 외려 실익이 들어있는 경우는 흔히 있었다. 여름 시장에 내놓는 이 재고상품 여덟 가지 전체의 선전과 광고에 적용될 리딩 이미지와 문구를 결정하기 위한 회의가 부서별, 직급별로 다섯 차례 열렸다. 그 회의에서 논의된 리딩 이미지의 문구는 '여름에서 가을까지-여가의 내면여행'과 '여름에 여자는 가벼워진다', 그렇게 두 가지로 압축되어 중역회의에 제출됐다. 장례휴가가 계속되는 일주일 동안 그 둘 중의 하나를 리딩 이미지로 결정하고, 거기에 따른 **포스터와 영상제작, 모델, 촬영기사, 디자이너를 교섭하는 일, 광고매체를 확보하는 일**과 전국 영업조직에 판매전략을 시달하고 훈련시키는 일들을 해당 실무부서에 분담시켜야 했다.

회의 석상에서 중역들은 사장의 판단에 대해 일제히 침묵할 수밖에 없었다. 사장이기 때문이 아니라, 그의 판단이 영업적으로 옳았기 때문이었다.

저녁 열 시가 넘어서 광고기획 1과장 박진수와 광고기획 2과장 정철수가 빈소에 나타났다.

"황망 중에 예의가 아닙니다만, 여름 광고 이미지 문안을 시급히 결정해주셔야겠습니다. 경쟁사들이 먼저 치고 나올 기세입니다."

2과장 정철수가 말했다.

"딴 중역들은 별 의견 없으실 겁니다. 상무님하고 저희들이 결정해서 밀어붙이면 될 겁니다."

1과장 박진수가 말했다. 과장들은 스스로 회사의 실력자임을 의식하고 있었다.

"알고 있네. 아침에 사장께서도 전화로 지시하시더군."

2과장 정철수는 까만 양복 윗도리를 벗고 넥타이를 느슨하게 풀었다. 넥타이를 풀 때 그는 고개를 좌우로 힘 있게 흔들었다.

"그런데 말입니다. '여자의 내면여행'은 너무 관념적이고 스모키하지 않겠습니까? 오히려 가을 시즌에 맞는 이미지가 아닐까 싶은데. '내면여행'을 채택한다면 영상제작도 쉽지 않을 겁니다. 이미지를 돌출시켜내기가 어려울 것 같습니다."

"연상연출로 이 관념성을 넘어가야 합니다. 사인화(私人化)된 정서가 도시 여성에게 어필합니다. 도시로부터 이탈하려는 게 여자들의 여름 정서의 핵심이라고 봅니다."

"그게 문제지요. 밖으로 뛰쳐나가지 못해 안달인 판에 '내면'이란 고루하고 폐쇄적인 느낌이 듭니다. 화장품은 내면사업이 아니라 외면사업입니다."

"전 '여름에 여자는 가벼워진다' 쪽으로 가야 한다고 봅니다. 올여름은 유례없이 질퍽거리고 끈끈할 것이라는 예보가 나와 있습니다. 한국 여자들의 심성에는 풀기가 너무 많지요. 물주머니들이 돌아다니는 거예요. 여자들은 자신들의 이 대책 없는 물기를 증오하는 겁니다. 그러니, 이걸 거꾸로 타 넘어가려면 역시 '가벼움'의 이미지를 밀고 나가는 게 좋을 겁니다."

"여름엔, 여성 존재의 전환점을 강조해야 합니다. 존재의 전환, 낯섦과 설렘, 이런 쪽으로 가야지요. 그러니, '내면여행'을 영상으로 잘 다듬어내는 것도 좋을 겁니다."

"'내면여행'은 품격 있는 이미지가 될 수야 있겠지만 도발성이 모자라요. 기초(화장품)에는 어떨지 놀라도 색조(화장품)에까지 적용하기엔 좀 엉성할 겁니다. 꽉 조여드는 힘이 없잖아요."

"나는 '가벼워진다' 쪽이 오히려 존재의 전환감과 합치된다고 봅니다. 여기에 촉촉함과 메마름의 이미지를 함께 연출해 낼 수 있다면 먹혀들 겁니다. 여름은 무겁고 질퍽거리니까요."

"'가벼워진다'에는 이탈적 정서가 확실히 들어있기는 하지만, 이 가벼움이 그야말로 너무 가벼워서 중량감이 전혀 없는 게 문제지요. 거기에 비하면 '내면여행'의 중량감은 안정돼 있다고 봐야지요."

'내면여행'과 '가벼움' 사이에서 박진수와 정철수는 오랫동안 갈팡질팡했다. 젊은 과장 눌은 그 두 개의 리딩 이미지 중에서 어느 한 편을 택할 경우에, 거기에 맞는 여자 모델들의 이름을 열거하면서, 머리카락의 질감, 눈동자의 깊이, 눈두덩의 높이,

눈썹의 긴장감, 아랫입술의 늘어짐, 아랫입술과 윗입술이 만나는 두 점의 극한감, 어깨의 각도가 주는 온순성과 애완성을 분석해나갔다. 두 과장들은 리딩 이미지가 아직 결정되기도 전에 이미 광고 영상제작에 따른 대비를 하고 있었다. 여성의 신체 부위의 질감을 분석하고 거기에 이미지를 입히려는 그들의 의견은 때때로 충돌하기도 했으나 '광고는 스모키 해서는 안 된다'는 점에는 일치했다. 두 과장들은 또 이미지에 따른 로케이션과 영상 구성의 내용, 손톱, 입술, 눈동자, 허벅지, 장딴지, 눈썹 같은 부분모델을 기용하는 문제와 그 모델들의 신체 특징을 열거해 나갔다. 박진수가 들고 온 가방 속에는 모델들의 신체 부위를 찍은 천연색 사진이 수십 장 들어있었다. 정철수는 지난 일 년 동안 TV드라마, 영화, 가요, 패션, 무용에 나타난 여성성의 이미지들을 수집하고 분석한 자료를 꺼내 보였다. 그의 자료는 A4용지에 깨끗하게 정리되어 바인더에 묶여 있었다.

"모레까지는 결정을 봐야 합니다. 이미지의 내용이 스모키 하더라도 표현은 명료해야 할 텐데요."

정철수가 말했다. 그의 말투는 늘 단정했고 단호했다. 모레라면 발인해서 화장하는 날이었다.

"자네들의 판단을 믿고 있네. 그게 늘 워낙 아리송해서 말이야. 다른 임원들 얘기도 좀 들어보고……"

과장들의 말은 돌격을 지휘하는 장교의 언어처럼 전투적이었으나, 그들의 말은 그야말로 스모키하게 들렸다. 헛것들이 사나운 기세로 세상을 휘저으며 대열 맨 앞에 있었다. 과장들은 자정 무렵에 자리에서 일어났다.

(오 상무가 추은주를 반추하며)

그 어느 여름에. 마린 블루 계통의 아이섀도우와 마스카라는 대박이 터졌습니다. 대리점들은 마진율을 낮춰가며 물건을 요구했고, 광고와 시장관리 업무로 회사는 여름휴가를 연기해가며 분주히 돌아갔습니다. 그 여름에 제작한 광고 포스터 속에서, 정오의 햇살이 직각으로 내리쬐는 지중해는 생선의 푸른 등처럼 무한감으로 빛났고 수평선 쪽 물이랑 너머로부터 바다는 다시 새로운 색조로 피어나고 있었습니다. 그 무한감의 바다 위로 여자의 눈동자가 클로즈업되고 바람에 주름지는 물결이 여자의 눈동자 속에서 출렁거렸습니다. 광고담당 부장들의 분석에 따르면, 그해 여름 장마는 유난히 길고 끈끈하고 질퍽거렸으며, 공기 속에 곤쟁이젓국 냄새가 자욱했는데, 마린블루 계통의 광고는 바스락거리는 환절기를 그리워하는 여름 여자들의 감성을 강타했다는 것이었습니다. 그 포스터는 전국 백화점과 헬스클럽과 찜질방과 지방 대리점에 나붙었고 아홉 시 뉴스 직전의 TV광고에도 나갔습니다. 저는 판촉비를 풀어서 소비자 단체 간부들, 광고매체 간부들, 미용 담당 기자들과 매일 저녁 술을 마셨습니다. 또 새로 생긴 주간지나 월간 여성지의 광고담당자, 새로 차린 광고대행업자들과 쌍꺼풀, 입술, 손톱, 허벅지의 부분모델을 지망하는 여자들의 매니저들은 나를 불러내서 그들의 판촉비로 나에게 술을 먹였습니다. 질퍽거리는, 마린블루의 여름이었지요.

(중략)

아내의 장례가 끝나는 날까지 나는 '내면여행'과 '가벼워진다' 사이에서 아무런 결정도 못 내리고 있었다. 초상을 치른 다음 날 나는 출근했다. 여름 광고 이미지 결정을 위한 마지막 중역회의가 있는 날이었다.

(중략)

그날 중역회의에서도 여름 광고 이미지는 확정되지 못했고, 사장은 나의 판단과 집행에 따르겠다고 말했다. 나는 판단할 수 없었다. 그날 저녁에는 일찍 퇴근했다.

(중략)

개의 사체는 수의사가 처리해주었다. 집에 돌아와서 나는 광고담당 이사에게 전화를 걸었다.

"이봐, 지금 지지고 볶을 시간이 없잖아. '가벼워진다'로 갑시다. '내면여행'은 아무래도 너무 관념적이야. 그렇게 정하고, 내일부터 예산 풀어서 집행합시다."

"알겠습니다. 모델과 카메라 모두 스탠바이 상태입니다. 로케이션 섭외도 끝났으니까 별 어려움 없을 겁니다."

그날 밤, 나는 모처럼 깊이 잠들었다. 내 모든 의식이 허물어져 내리고 증발해버리는, 깊고 깊은 잠이었다. (끝)

9장
카피라이팅이란 무엇인가?

"아마추어는 '한 방'을 바라지만, 프로는 '한 판'을 바란다."
"아마추어는 '몬스터(Monster)'가 되고 싶지만, 프로는 '마스터(Master)'가 되고 싶다."
"아마추어는 먼저 '스케일'을 생각하지만, 프로는 먼저 '스토리'를 생각한다."

'Copywriting = Copy+Write+ing'이다. 카피(Copy)의 개념은 '전략, 콘셉트, 목표고객, 구매심리, 소비자 혜택'에 관한 고찰이다. 광의의 카피 개념을 적용해서 사용하는 게 좋다. 쓰는 것(Writing)은 '메시지, 문법, 수사학, 재미'에 관한 사항이며 문장 작법도 포함해야 할 것이다. 진행형(~ing)은 '소셜 트렌드, 양방향 커뮤니케이션, 디지털 기술 변화'에 관한 사항이며 항상 더 좋은 카피를 찾아가는 과정이라고 생각해야 한다.

'카피 발(發) 비주얼 착(着)' 사고

'카피 발 비주얼 착'은 카피에서 출발해서 비주얼로 도착해야 한다는 의미이다. 모든 사고를 무엇을 전달하고자 하는지 생각해야 한다. 즉, 콘셉트 지향 사고를 해야 한다. 그리고 생활언어를 써야 하고, 고객심리를 알아야 하고, 소비자 혜택 연결, 브랜드를 지향하게 하는 브랜드 관련성을 찾아야 하고, 시리즈 지향적 발상을 해야 한다. 이는 시리즈로 만들 수 있는가 발상해보는 것이다. 그리고 수사학적 응용을 할 수 있는 카피 스킬을 가져야 하고, 엔터테인먼트 기능과 트렌드를 반영할 수 있어야 한다. 이런 것들을 카피라이팅 원칙이라고 한다. 이를 통해 크리에이티브 ROI(Relevance, Originality, Impact)와 카피라이팅의 ABC(Appropriate, Brief, Clear)를 완성할 수 있다. '카피발 비주얼 착' 사고는 '콘셉트 발견 사고'다.

'카피 발, 비주얼 착'이라는 말처럼, '카피'가 무엇보다도 중요하다. 카피가 잘 받쳐주면, 어떤 비주얼이 와도 아무런 상관이 없다. 카피가 강력하게 아이덴티티를 지켜주고 있고, 정확한 메시지를 가지고 있다면 무한 변신, 무한 시리즈, 무한 캠페인이 가능하다. 이게 바로 카피라이팅의 힘이고, '카피 발, 비주얼 착'의 힘이다. 카피라이터는 바람이라는 트렌드를 타서 무한히 멀리, 또 반대로, 무한히 소비자들에게 가까이 다가갈 수 있고 날아갈 수 있는 앨버트로스(Albatross)가 돼야 한다. 소비자에게 가장 가까이 있으면서 그들의 정서, 심리, 의향, 목적, 목표 등을 잘 파악하여 소비자 접점의 언어를 개발하여야 한다.

● **창의적인 광고(Creative Strategy)의 3 기준**
DDB 니드햄(Needham)사는 창의적인 광고의 기준으로 ROI를 채택하고 있다.

- 적합성(Relevance): 기업, 브랜드, 제품과의 연관성이다.
- 독창성(Originality): 아이디어의 독창성과 차별성이다.
- 충격(Impact): 아이디어가 주는 놀라움과 충격이다.

실전 카피라이팅의 특성

실전 카피라이팅(Copywriting)은 copy와 write 과 ing이 결합된 글자이다. 카피의 개념에는 전략, 콘셉트, 목표고객, 구매심리, 소비자 혜택이 있다. 또한 메시지, 문법, 수사학, 재미를 담은 문장 작법이 필요하다. 마지막으로 소셜 트렌드, 양방향 커뮤니케이션 즉 교감이 되는 진행형이 필요한 것이다.

'카피라이팅(Copy Writing)'은 'Copy+Writing+ing'이다. 이 세 가지를 하나하나 나눠서 살펴보도록 하겠다. 우선, 'Copy'이다. 'Copy'에는 전략과 콘셉트가 있다. 그뿐만 아니라, 광고목표, 구매심리, 소비자 혜택과 같은 개념들이 들어가 있어야 'Copy'라고 할 수 있다. 'Write'는 메시지를 쓰는 것이다. 슬로건이든, 캐치프레이즈든, 헤드라인이든, 헤드카피든, 모두 언어로 되어있는 것이다. 그렇기 때문에 기본적으로 문법을 잘 따라야 한다. '문장'이라고 하는 것엔 수사학이 들어간다. 여기에 더해, 재미를 주기 위한 언어유희도 포함돼야 할 것이다. 여기선 명사형으로 쓰인 것이지만, 보통 우리가 영어를 배울 때 'ing'는 '현재진행형'이다. 광고 크리에이티브로 본다면, '현재 진행'이라는 것은 소셜 트렌드라고 할 수 있을 것이다. 진행형이기 때문에, 주고받는 상호작용이 있다. 즉, 양방향 커뮤니케이션이다. 일방적으로 광고주가 메시지를 던지지 않는다는 이야기이다.

'카피라이팅'의 각 개념엔 이런 것들이 숨어있다. 이러한 딥 펀터멘털(Deep Fundamental, 깊이 쓰는 기초적인 것)이 담겨있는 카피를 써야 공감이 크다. 이러한 개념을 갖고 있으면 카피라이터에 대한 이해가 되어있다고 볼 수 있을 것이고, 카피를 제대로 쓸 수 있다.

결국 똑같은 사실이더라도 어느 쪽으로 보느냐에 따라서, 어느 쪽에 관심이 있는지에 따라서 방향이 달라지고, 형태가 달라지고, 어떤 것을 형태로 만들기도 한다. 그런 것처럼, 똑같은 비주얼에도 어떤 카피를 쓰느냐에 따라서 전혀 다른 결과물이 만들어지게 된다. 그만큼 '카피'가 중요하다. 수용자의 시선과 관심을 끌기 위해, 신문은 '제목 장사'라고 한다면, 광고 크리에이티브는 '카피 장사'라고 해도 좋을 정도다.

실전 카피라이팅의 원칙

카피라이팅 원칙엔 어떤 게 있을까? 첫 번째는 '생활언어 사용'이다. 카피라이터는 카피를 만드는 사람이지만, 광고를 소비하는 사람이기도 하다. 동시대를 살아가는 사람들과 교감하기 위해서는 우리의 생활언어를 사용해야 한다. 두 번째는 '고객의 구매심리'이다. 이것은 숨어있는 것이다. 세 번째는 '소비자 혜택 연결'이다. 문제를 해결해주는 혜택에 관해 써야 한다는 것이다. 네 번째는 '브랜드 관련성'이다. 우리는 브랜드를 기억시켜서 사람들이 그 제품을 구매하게 만들어야 한다. 그래서 브랜드와의 관련성을 잘 지킬 수 있는 그런 카피 발상을 해야 한다. 다섯 번째는 '시리즈 지향 발상'이다. 시리즈화가 가능한지에 따라, 그 아이디어나 카피가 경쟁력이 있는지 없는지를 알 수 있기 때문이다. 여섯 번째는 '카피 스킬(수사학 응용)'이다. 카피라이터는 수사학을 할 줄 알아야 한다. 이와 관련된 기본적인 지식을 알고, 그것을 우리의 언어 습관에 맞게 풀어쓰면 된다. 일곱 번째는 '엔터테인먼트 기능'이다. 광고 크리에이티브의 3미는 '인간미, 영상미, 재미'이다. 모두 최근 우리 사회에 만연돼 있는 엔터테인먼트 기능이라고 볼 수 있겠다. 마지막으로, 카피는 트렌드 반영이다. 동시대에 같이 살아가는 고객과 함께 호흡해야 한다. 그 고객이 학습하고 있는 관심사는 스토리텔링에 요긴하게 쓰인다.

아트와 카피의 행복한 결혼

카피를 쓸 때는 항상 '아트와 카피의 행복한 결혼'을 생각해야 한다. 광고 구성 요소에는 비주얼도 있고, 카피도 있다. 이 두 요소가 잘 조화돼야 한다. 이것이 아주 세련되게 완성도 높게 표현될 때, 크리에이티브 파워가 올라간다는 것을 분명히 발견할 수 있을 것이다. 상품미학처럼 광고미학이다.

● 시중유화 화중유시

송나라 소동파는 왕유의 시와 그림을 보고 '시중유화 화중유시(詩中有畵 畵中有 詩)'라고 평했다. 이는 "시 속에 그림이 있고, 그림 속에 시가 있다"라는 뜻이다. 이것을 광고 카피라이팅에 적용시켜보면, "카피 속에 비주얼이 있고, 비주얼 속에 카피가 있다"일 것이다. 즉, 카피가 비주얼을 잘 설명하고 있어 카피를 보니까 비주얼이 떠오르고, 비주얼을 보니까 자연스럽게 어떤 메시지를 전하고자 하는지가 연상된다는 것이다. 이게 바로 아트와 카피가 아주 행복한 결혼을 한 상태이다. 크리에이티브 표현의 두 요소인 비주얼과 카피가 서로서로 보완작용을 잘해주면, 일반 소비자에게 아름답고 조화롭게 보이게 된다.

또한 시모니데스(Simonides, B.C. 5~6세기, 그리스 시인)가 말한 "그림은 말 없는 시이고 시는 말하는 그림이다(Painting is a mute poetry and poetry is a speaking picture)"도 같은 의미이다. 동서양 모두 메시지와 비주얼 요소의 사용이 중요하다고 생각했다는 것을 알 수 있다. 아트와 카피의 행복한 결혼이다. 그림(이미지)과 메시지의 '현대적 케미'를 말한다.

공자는 《논어》의 〈자로〉 편에서 "군자는 화이부동(和而不同)하고, 소인은 동이불화(同而不和)한다"라고 했다. 군자는 화합하면서도 부화뇌동하지 않지만, 소인은 부화뇌동할 뿐 화합하지 못한다. 군자는 서로 다름을 인정하고 화합하지만, 소인은 서로 같은 듯 무리 지어 다니면서도 어울리지 못한다는 것이다. 이것을 크리에이티브 요소로 가져온다면, '화이부동'은 '아트'와 '카피'라고 하는 크리에이티브 요소가 화합했는데도 불구하고, 같지는 않은 상태이다. 아트와 카피라는 크리에이티브 요소는 잘 조화돼 있지만 같지 않다. 두 요소가 같지만 잘 화합하지 못한다라고 현대화할 수 있다. 반면, '동이불화'는 크리에이티브 요소가 같은데도 불구하고, 서로 잘 화합하지 못하는 상태이다.

같으면서도 다르고, 다르면서도 같아야 한다는 것은 광고에서 굉장히 중요하다. 이를 '낡은 것의 새로운 결합'이라는 말로도 표현할 수 있다. 'A'와 'B'라는 전혀 다른 두 요소를 융합시키면 새로운 것들이 탄생한다. 서로서로 다른 듯한 요소인데도 불구하고, 그것이 합쳐져서 새로운 아름다움을 만들어낸다는 것이다. 이것이 바로 '크리에이티브'이다. 우리는 이렇게 아트와 카피가 행복한 결혼을 한 즉, '화이부동'이 되어있는 카피를 써야 한다.

● 4화론

비주얼과 카피로 이루어진 네 개의 사분면이 있다. 위로 갈수록 비주얼이 강하고, 아래로 갈수록 비주얼이 약하다. 오른쪽으로 가면 카피가 강하고, 왼쪽으로 가면 카피가 약하다. 왼쪽 상단에 있는 것은 '그림 화(畵)'이다. 비주얼은 강한데 카피는 약한 상태이다. 시각적인 디자인 중심의 광고가 될 것이다. 왼쪽 하단에 있

	아트	
화(畵)	화(和)	
화(禍)	화(話)	카피

는 것은 '재앙 화(禍)'이다. 카피도 약하고, 비주얼도 약하다. 화를 당할 정도의 최악의 크리에이티브라는 의미이다. 오른쪽 상단에 있는 것은 '조화로울 화(화할 화)(和)'이다. 이는 화이부동의 '화' 자이기도 하다. 비주얼도 강하고 카피도 강한 아주 이상적인 크리에이티브이다. 오른쪽 하단에 있는 것은 '말할 화(話)'이다. 카피는 강하고 비주얼은 약한, 카피 중심의 크리에이티브라고 볼 수 있다.

이렇듯 크리에이티브는 크게 네 가지로 분류할 수 있다. 이것은 우리가 실제로 카피를 분석하고, 카피 작업을 할 때 필요한 사고체계이다. 우리는 비주얼이 강하면서 메시지도 힘이 있는 그런 광고를 만들도록 노력해야 할 것이다.

광고 크리에이티브는 '카피'와 '아트(Visual)'의 **행복한 결혼**이 돼야 한다. 아이디어를 표현하는 두 축이 서로 상호작용하면서 상승효과를 낼 때 광고 크리에이티브는 최고의 최강의 효과를 생산해낼 수 있다. 카피와 아트의 강약에 따라 크리에이티브 파워의 강도도 정해진다. 그러므로 4개의 표현(Creative)의 강도로 나누어 '4화론'으로 설명할 수 있다. Y축은 비주얼이고 위쪽으로 강해진다. 아래는 약하다. X축은 카피고 오른쪽은 강해지고 왼쪽은 약하다.

- 화(和): 비주얼도 강하고 카피도 강하다. 이상적인 크리에이티브다.
- 화(畵): 비주얼만 강하고 카피는 약하다. 그림, 시각 디자인 중심의 광고다.

- 화(禍): 비주얼도 약하고 카피도 약하다. 카피도 비주얼도 약하면 재난 수준의 최악의 크리에이티브다.
- 화(話): 비주얼은 약하나 카피는 강하다. 비주얼적인 힘은 없지만 카피(메시지) 중심의 광고다.

카피와 이미지(비주얼)의 강약을 비평하고 논쟁하면서 크리에이티브 파워를 제고하는 숙성과정을 거치면 효과적이다. '카피와 아트의 행복한 결혼식'을 만들어야 한다.

● 고전적인 창작방법

고전적인 창작방법으로 '온고(이)지신(溫故(而)知新)'을 이야기할 수 있을 것 같다. 이는 옛것을 익히고 그것을 통하여 새로운 것을 안다는 뜻이다. 옛것을 많이 알면, 새로운 것을 만들어낼 수 있다. '법고창신(法古創新)'도 같은 말이다. 이는 옛것을 본받으면서도 변통할 줄 알고, 새것을 창조해내면서도 근거가 있다는 뜻이다. 다만 법고란 옛것을 본받는 것으로 옛 자취에서 헤어나지 못하는 문제점이 있고, 창신이란 옛것을 버리고 새로이 창제하는 것으로서 상도를 벗어나기 쉬운 문제점이 있다. 법고와 창신을 병행한다면 오늘날에도 조화로운 창작을 할 수 있을 것이다. 이것도 물론 다다익선이다. 인풋(Input)이 많아야 아웃풋(Output)이 많아질 수 있기 때문이다. 다음은 '일신일신우일신(日新日新又日新)'이다. 우리는 광고를 '창작'하는 사람이다. 새로운 것을 만들기 위해서는 매일매일 우리의 생활이 창의적(Creative)이어야 한다. 이것은 광고 창작인이 되기 위한 기본이다. 핵심 콘셉트 추출로 경쟁력을 키우는 카피라이터가 크리에이티브 해지기 위한 인위적인 학습이며 그런 환경 조성이다. 매일매일 'Have a creative time'으로 인사해야 한다.

광고 카피를 잘 쓰는 구체적인 라이팅 연습

광고 크리에이티브(카피라이터)는 메시지를 이슈화하고 싶고, 광고주는 상품(서비스)을 많이 팔고 싶어 하고, 광고 대행사는 파괴적인 전략수립과 커뮤니케이션의 실행으로 매체비용을 올리고 싶고, 소비자는 생활 속의 문제를 해결하고 싶고, 사회는 지속 가능한 문화를 만들고 싶다. 올바른 광고 문화를 만들어가는 광고 시장을 만나고 싶어 한다. 따라서 영화를 보고 홍보 스토리를 써보거나, 필자의 책인 《광고창작 솔루션, 만세 3창》을 읽고, 신문 칼럼을 읽고 써보고, 광고 500편을 보고 카피를 읽고 그대로 써보는 등의 방법으로 능력을 향상시켜야 한다.

"정확한 단어와 거의 정확한 단어 사이의 차이는 번갯불과 반딧불 사이의 차이"라는 마크 트웨인의 말이 있다. 즉 더 나은 것을 사고해야 한다는 것이다. 그러기 위해서는 '잘 쓴 글은 없다. 잘 고쳐진 글만 있을 뿐이다'라는 말을 새겨야 한다. 또한, 단어를 바꾸면 세상이 바뀐다(Change a word, change a world)는 말도 기억해야 한다.

카피라이팅은 '카피'를 '라이팅' 하면서 배워야 한다

광고에서 카피는 핵심 메시지이고 백본(Backborn)으로 모든 콘셉트 사고를 한 뒤에 소비자 언어로 표현된 커뮤니케이션의 중심 개념이다. 그러나 카피라이팅을 공부할 때는 이 '카피'는 그냥 복사본이고 벤치마킹하면서 수사학과 메시지와 문장의미를 배우는 '그냥 필사'다. 성공한 광고캠페인의 CM을 분석해보고 메시지를 필사(筆寫, Rewriting)해보는 게 아주 중요하다. 문예창작과 학생들이 유명 소설을 그대로 필사하거나 신자들이 경전을 필사하면서 그 심층의미를 꿰뚫어보려는 노력과 똑같다. 아래의 유명 광고나 TVCM의 카피를 강추하고 싶다. 광고의 고전이 될 예비후보라고 하겠다.

● 창의적 아이디어를 죽이는 다양한 방법은?
새로운 아이디어는 섬세하고 연약하기 그지없다. 코웃음 또는 하품 한 번에도 죽어버릴 수 있다. 빈정대는 말 한마디에도 찔려 죽을 수 있고, 책임자의 찡그린 이마 때문에, 죽을 것처럼 전전긍긍하기도 한다. 새로운 아이디어에 엉뚱한 구석이 없다면 그 아이디어는 별로 희망이 없다. 따라서 가급적이면 창의적이어야 한다. 위대한 정신은 언제나 평범한 정신으로부터 격렬한 반대에 부딪힌다는 스티브 잡스의 말이 있다. 직원들이 첫눈에 몰상식해 보이는 아이디어들을, 경쟁적으로 내놓을 수 있는, 살아 숨쉬는 조직, 수평적 조직을 만들어야 한다. 판단을 유보하고 아이디어를 막 내놓을 수 있어야 한다. 그만하면 됐다는 말을 절대 하면 안 된다. 상투적이고 진정성이 없다.

● 상상력 < 창의력

상상력은 '상상'에서 비롯됐다. 중국의 베이징 근처가 따뜻할 때 코끼리가 살았었다. 추워지면서 죽거나 남쪽으로 이동하여 지금은 없다. 남은 뼈(상아)만으로 코끼리를 상상한다고 해서 생긴 말이다. 상은 사물의 형상, 그림, 본보기, 모범이다.

상상력은 시각적 상상력이다. 'Visul Imagination'으로 눈에 보이지 않는 것을 눈에 보이게 하는 것, 마음에 그려지게 하는 것이다. 즉 객관적 상관물이라는 것이다. 유비로 잘 모르는 것을 잘 알려진 것을 이용해서 이해시키고 비유하는 것이다. 즉 비유 수사학이다. 한 분야의 여러 요소를 타 분야의 요소들과 결합시켜 보는 것이다. '어떻게 왜 무엇을'에 대해 고민하는 일종의 연관성이다. '낡은 것의 새로운 결합'으로 새로운 것을 연상하는 것이다. 광고화를 얘기할 때 화학적 반응으로 새로운 물건을 생산해내는 것과 비슷한 것이 광고의 상상력, 창의력이다. 보이지 않는 것을 보이게 하는 것이라고도 할 수 있다.

● 영상문법, 화법의 혁신

우리가 알아야 하는 다양한 용어에는 먼저 스토리텔링이 있고, 브랜디드 콘텐츠가 있다. '브랜디드 콘텐츠'는 브랜드와 관련된 해결책을 제시하는 것이다. 상황, 사건, 주제의식, 재미 등 브랜드가 주인공인 에피소드를 개발하는 것이다. 브랜드의 일방적 메시지가 아니라, 소비자와 소통하는 메시지를 필요로 한다. 다음으로 바이럴 광고(크리에이티브)는 화젯거리, 이야깃거리가 되는 생활 속 이야기다. 현대 사회에서 하나의 화젯거리, 성공한 광고는 시대를 지배한다. 생활 속 작은 법 의식과 행동을 규제하기도 한다. 이렇게 일상에서 회자되게 하는 것이 바이럴의 효과이다. 다음, 엔터테인먼트 강화가 있고, 브랜드 뉴스룸이 있다. '브랜드 뉴스룸'이란 특정 브랜드와 관련된 모든 자료들이 포함돼 있는 것이다. 대표적으로 코카콜라가 있다. 코카콜라에 방문하면서 브랜드를 찾아오게 한다. 코카콜라 신제품, 역사 등을 공유해 친근감을 높인다. 마지막으로 반전효과가 있다. 카피에 반전 요소들이 필요하다.

● 좋은 아이디어가 떠오르지 않는 이유

도피한다. 이는 자신감이 없다는 것이다. 생각하는 것을 미룬다. 부정적인 관점을 정해버린다. 전체의 의견에 그냥 따라간다. 전문가의 의견이면 좋다고 생각해버린다. 아이디어 싹을 잘못 다룬다. 자신의 능력을 믿지 않는다. 과거의 방식에 따른다. 평균치에 기댄다. 이러한 것들은 결국 자신감이 없다는 것이다. 더 좋은 아이디어가 있다고 생각하지 않고 남의 것을 무조건 좋다고 하는 이기심에서 비롯되는 것이다. 이는 결국 도태되는 것이다.

● 아이디어맨이 되기 위한 훈련

먼저 기존 관념과 관습을 깨뜨려야 한다. 모든 사물에 느낌을 갖는다(!). 모든 사물에 대해 의문을 갖는다(?). 한바퀴 빙 돌려 생각한다(U). 상상력 연습을 생활화한다. 짬 날 때마다 연상하는 연습을 한다. 스캔들을 만들어라. 연애와 불륜 '내로남불' 같은 것이다. 베네통, 소프트곰바우(소주), 캘빈클라인이 스캔들을 만들려 했던 브랜드이다. 키스(Kiss)를 잘해라. 이는 'Keep it simple & stupid'라는 말로, 단순하고 똑똑하게 만들라는 뜻이다. 예를 들면, "매일매일 엉덩이 세수"(웅진비데), "과장 말고 사장 하자"(제59회 프랜차이즈 창업박람회 2021)가 있다. 인간 심리에 노크하라. 결국 사람이 사는 것이기 때문에 사람들을 자극해야 한다. 인간의 심리는 이중성이 있다. 이런 이중성을 건드리는 자극이 최고의 카피로 이어진다. 반전의 명수가 되라. 흔히 생각할 수 있는 것에서 아무나 생각할 수 없는 것으로 생각할 수 있어야 한다. 또한 평범한 것에서 뛰어난 것으로, 눈에 익은 것에서 참신하고 새로운 것으로, 이해하기 어려운 것에서, 누구나 알기 쉬운 것으로, 누구나 알고 있는 것에서 아무도 몰랐던 것으로, 감성을 이성으로 이성을 감성으로 전환해야 한다. 낯설게 하기를 통해 카피 크리에이티브를 해야 한다.

카피 중심으로 잘 만든 광고의 카피를 손글씨로 직접 필사(筆寫)해보는 것이 중요하다. 카피 구조와 스토리텔링과 아이디어 원천 재료를 교과서로 배울 수 있다. 현재 집행되고 있는 광고는 '살아있는 교과서'다.

가슴으로도 쓰고 손끝으로도 써라

문제는 당신이 무엇을 쓰는가에 있지 않고, 당신이 어떻게 쓸 것이며, 어떻게

이 세상을 볼 것이며, 어떠한 각도에서 세계를 볼 것이며, 당신이 어떠한 태도로 이 세계를 포용할 것인가에 있다.

가슴으로도 쓰고 손끝으로도 써라 _안도현

사과를 오래 바라보는 일

사과의 그림자를 관찰하는 일

사과를 담은 접시를 함께 바라보는 일

사과를 이리저리 만져보고 뒤집어보는 일

사과를 한 입 베어 물어보는 일

사과에 스민 햇볕을 상상하는 일

사과를 기르고 딴 사람과 과수원을 생각하는 일

사과가 내게 오기까지의 길을 되짚어 보는 일

사과를 비롯한 모든 열매의 의미를 생각해보는 일

사과를 완전히 잊어버리는 일

카피라이팅에서 호기심이 사색의 출발선이라고 했다. 관찰-관심-관계-관점-관통의 관심법을 익히 알고 있다. '사과'를 가지고 생각하듯 카피라이팅의 발상법으로도 아주 유용하다.

사과를 먹으며 _함민복

사과를 먹는다

사과나무의 일부를 먹는다

사과 꽃에 눈부시던 햇살을 먹는다

사과를 더 푸르게 하던 장마 비를 먹는다

사과를 흔들던 소슬바람을 먹는다

사과나무를 감싸던 눈송이를 먹는다

사과 위를 지나던 벌레의 기억을 먹는다

사과나무에서 울던 새소리를 먹는다

사과나무 잎새를 먹는다

사과를 가꾼 사람의 땀방울을 먹는다

사과를 연구한 식물학자의 지식을 먹는다

사과나무 집 딸이 바라보던 하늘을 먹는다

사과의 수액을 공급하던 사과나무 가지를 먹는다

사과나무의 세월, 사과나무 나이테를 먹는다

사과를 지탱해 온 사과나무 뿌리를 먹는다

사과의 씨앗을 먹는다

사과나무 자양분 흙을 먹는다

사과나무의 흙을 붙잡고 있는 지구의 중력을 먹는다

사과나무가 존재할 수 있게 한 우주를 먹는다

흙으로 빚어진 사과를 먹는다

흙에서 멀리 도망쳐 보려다

흙으로 돌아가고 마는

사과를 먹는다

사과가 나를 먹는다

글쓰기는 부지런한 사랑이다 _이슬아, 〈세바시〉

글쓰기는 확증편향을 막아준다. 다시 한번 세상살이를 확인하게 한다. 글쓰기는 자기와의 대화이다. 스스로 자신에게 질문하고 대답한다. 생각하게 만든다. 글쓰기는 소중한 것을 기록한다. 기억에 머물러 잊혀지는 것을 저장하고 보존해 준다. 말하기는 공중에 일회성으로 휘발되지만 언제나 되풀이해서 읽을 수 있는 저수지다. 글쓰기는 타임 슬라이스로 분석해 준다. 한 부분을 확대해서 크게 보여준다. 글쓰기는 자신의 경험담을 쌓아준다. 일상의 에피소드를 관찰하게 한다. 글쓰기는 자신이 세상의 주인공으로 만들고 '관찰자 시점'을 주어 자신감이 생기게 한다.

'어린이의 글쓰기'에서 배운다. 동심의 세계에서 본 오감만족의 글이 살아있다. 세상살이를 집중해서 보고 몰입하는 데서 오는 놀라운 시선이 있다.

여름 냄새 _이형원

우리는 함께 뒤섞여 놀다가
서로의 냄새에 대해 다 알게 됐다.
우리의 두피에서는 찌든 걸레 냄새가 났다.
우리의 옷에선 남자 중학생 옆을 지나가면
맡을 수 있는 냄새가 났다.

이사 _김서현

다음 주면 이사를 간다는 걸 알았을 때
엄마는 한숨을 쉬며 혼잣말을 했다.
안방에 있는 침대를 가져갈까, 두고 갈까?
가져가기엔 이사 갈 집이 너무 작으니까 두고 가야겠다.
애들 침대만 가져가야겠어.
찬형이 인형은 짐 되니까 그냥 버릴까?
아니야, 지기 돈으로 열심히 모은 건데 챙겨가자.
냄새나는 저 햄스터들은 누구한테 줘버릴까?
에이, 그냥 데려가자.
이삿날이 오자 나랑 동생은
아침부터 새집에서 혼신의 힘을 다해 놀았다.
짜장면도 먹었다.
물건들은 빠진 것 없이 무사히 옮겨졌다.

비평

엄마의 속마음과 대화를 하듯이, CCTV가 녹화하듯이 기억을 잘 되살리고 있다. 지나칠 수 있는 순간포착을 잘하여 공감을 주고 있다. 객관적 진실과 주관적 생각을 잘 섞어놓아 이야기가 살아있다. 이런 관찰은 사물과 사건에 대한 사랑에서 나온다. 내면과 외면의 상호교차이고 상호작용이다. 전체 문맥이 연상되는 효과를 주고 있다. 완벽한 상황재현으로 눈에 선한 표현이 이루어지고 있다. 자신의 이야기를 하면서도 대상(엄마와 동생)을 이야기하여 '관점의 이동'이 이루어지고 있다. 입체적인 관찰이라고 할 수 있다.

좋은 놈, 나쁜 놈, 이상한 놈 _이제하

우리 아빠는 좋기도 하고 나쁘기도 하고 이상하기도 하다.

일단 맛있는 국수를 만들어 주는 때는 좋다.

그런데 내가 잘못하면 버럭 화를 낸다.

그럴 때는 나쁘다.

어쩔 땐 자기가 사실

이순신이라면서 장난을 친다.

그럴 땐 이상하다.

아이가 아빠를 관찰하는 모습이 눈에 선하다. 하나의 대상에 하나의 의미가 있는 줄 알았는데 가만히 보니 세 가지가 숨겨져 있었다. 아빠는 3중 인격체였다. 각각의 성향이 다른 세 사람을 대상으로 쓴 게 아니라, 한 사람이 가진 세 가지 성질을 관찰했다. '기대하지 않았던(Unexpected)' 발견이었다. '뜻밖의'나 '의외성'이라는 '낯설게 하기' 효과가 나타난 셈이다. 아이는 의도하지 않았지만 복합적이고 입체적인 인간본성이나 성향을 자연스럽게 관찰했다고 할 수 있다. 이 글을 감상하면서 입가에 미소를 띠게 되고 재미있다는 말을 할 수 있는 관점이라고 할 수 있겠다. 나도 모르는 '숨겨진 나'를 발견하는 놀라움이다. 광고 카피에 '숨겨진 나'의 다양한 모습이 나오면 재미있어진다. 이런 '발견의 기쁨'은 공감과 탄성이 저절로 나오게 된다. "내 속엔 내가 너무도 많아 당신의 쉴 곳 없네."(〈가시나무〉)

가을 _오현경

고추잠자리 꼬리에

빠알간 가을이 매달렸다.

고추잠자리가

빙빙 돌면

가을은 낙엽을 타고 떨어진다.

싸인펜 _오현경

눈썹은 까만색으로 그리고,
입술은 빨간색으로 그리고,
하얀 치마가 생긋생긋 웃네.

머리를 그리려다 다 써버린
까만 싸인펜.
세게 문지르니 얼마나 아팠을까?
날 예쁘게 그려준 고마운 싸인펜.

필통 속에 넣어서 쉬게 해야지.

비평

초등학교 4학년 10세(1986년생) 어린이가 쓴 동시이고 짧은 일기이고 관찰기이다. 보는 대로 생각한 대로 그냥 펜이 가는 대로 표현한 글이다. 호기심으로 보고 연상되는 동심을 그대로 옮긴 글이다. 다양한 관점이 있고 감정이입이 있고 인간서정이 담겨있다. 싸인펜의 시선으로 본다면 '의인화'가 이루어진 것이며, '전지적 관찰자 시점'으로 보게 되어 속마음을 표현할 수 있게 된다. 속마음은 아무나 볼 수 있는 게 아니니 주관적일 수밖에 없다. 그 주관성이 자기만의 개성이고 차별점이 되는 것이다.

이렇게 글쓰기는 남들이 잘 보지 못한 입체적인 인간과 사건을 잘 설명하기 위해 풍부한 표현을 연습하는 것에서 자연스럽게 이루어진다. 글쓰기는 호기심이나 관심이 있을 때 생기는 사랑으로 시작된다. 사물을 관찰하고 그 본성에 관해 문득 떠오르는 생각에 따라 서술하는 과정이다. 글쓰기는 아무도 보지 않을 것이고 누가 평가하지도 않을 것이기에 멋 부리지 않고 솔직하게 생각과 느낌을 전달하려는 과정이다. 선형적으로 흘러가는 순간을 캡처하듯이 순간포착 하는 것이다.

그래서 롤랑 바르트는 말했다. "글쓰기는 사랑하는 대상을 불멸화하는 일이다." 결국 글쓰기는 시간사랑이고 공간사랑이고 인간사랑이다. 글쓰기는 시간포착이고 공간포착이고 인간포착이다. 글쓰기는 사랑이고 포착이고 재현이다. 이런 글쓰기 과정을 그대로 광고힐 브랜드에 옮기년 카피라이팅이 된다. 브랜드를 보고 느낀 점이나 써보고 알게 된 사실이나 만져보고 느끼는 감정이나 어린이의 동심처럼 생각나는 대로 싸인펜이 가는 대로 써 내려가면 '초벌 카피'가 된다. 소비자 관점으로도 보고 시대의 이슈와도 연결시켜보고 경쟁 브랜드와 차별점을 찾아보기도 하면서 라이팅 하면 된다.

허리띠의 역사 _윤형주

우리 할아버지 때는
배가 고파서
허리띠를 조였고

잘살기 위해
아끼며
허리띠를 조였단다.

요즈음은
잘 먹고 배가 나와서
허리띠를 조이고

멋 내기 위해
허리띠를 조인다.

'사물'을 보고 그 역사를 떠올리는 관점이 크리에이티브의 시작이다. '오늘 여기'에 있는 허리띠를 보고 '어제 거기'를 생각한다면 공간의 관점에서 시간의 관점으로 이동한 것이다. 겉으로 보여지는 의미가 아니라 숨겨진 의미의 발견이 이루어진다. '허리띠를 조이다'라는 행동을 보고 어제부터 오늘에 이르기까지의 역사를 꿰뚫는 시각은 그 자체가 역사의식에서 나온 것이다. '거기부터 여기까지' 의 시간의 축적과 상호작용을 알아채는 순간이다. 잊었던 할아버지 세대를 불러 들이고 홀로 외로이 사물로 남아있는 '허리띠'가 우리 삶의 한가운데 들어와서 역사적 증언을 하고 있다. '허리띠' 속에 숨어있으면서 살아 움직이는 생활현장을 새롭게 재현해내는 주인공이 된다. '허리띠'는 저 멀리 떨어져 있으며 소모품으로 사용되는 객체가 아니라 인간 내면의 욕망과 함께하며 인간의 등가물로 이웃하고 있다는 '의미의 반란'이 아닐까 생각한다. '허리띠 역사'는 서로 다른 의미로 마주

하는 두 시대의 연결고리이고 **객관적 상관물**이다. 누구나 '허리띠'를 보면 할아버지 세대가 연상되고, 할아버지 세대를 떠올리면 '허리띠'가 연상되는 역사다. 가난함과 넉넉함으로 채워진 우리의 지난날과 오늘날 삶의 모습이다. 같은 뿌리를 갖고 삶을 이어가는 세대의 공유가치는 '허리띠'이다. 허리띠는 세상살이 하면서 생기는 좌절과 도전의 역사를 증거하는 사물이고, 맥을 이어온 두 시대의 공통가치이다. 한 시대는 배고파 잘살려고 허리띠를 조였고, 다른 시대는 잘 먹어 나온 배를 감추려고 허리띠를 조인다. 두 시대의 상반된 가치가 서로 맞물려 격려하고 있는 것 같다. 우리가 어떻게 살아왔고 살아가고 있는지를 증언하고 삶의 엄중함을 경계하고 교훈 삼게 만들고 있다. 미래에도 '허리띠'는 역사의 줄기로 살아남을 것이고 계속해서 우리의 허리에 머물러 있을 것이다. 과거, 현재, 미래가 공존하는 생활언어가 되도록 다짐할지도 모른다. 공간의 공유에서 시간의 공유로 '성찰의 시간'을 갖도록 하는 게 바로 허리띠이다.

이런 관점이 허리띠의 재발견이고 콘셉트의 발견이고 창의성의 원천이다. 바로 카피라이팅은 '의미부여'이고 '의미생성'이다. 이를 관점으로 광고카피를 작성하여 '공감'이 생기면 행동도 바뀌고 상품미학도 생기게 된다. 바로 카피라이터가 해야 할 중요한 역할이기도 하다. 그래서 허리띠에 새겨진 '브랜드'를 오래 기억하게 만든다. 이때 구입한 브랜드는 생활용품으로서의 소비재가 아니라 삶의 의미를 담아내고 생의 가치를 높여주는 프리미엄을 얻게 만든다. '나는 소비한다, 고로 존재한다'는 자본주의의 소비문화가 사회체계로서 옹호되는 이유를 알게 된다.

우수 카피의 요건과 사례

시선 잡기, 광고 개입과 해석의 유도, 생활언어(구어체) 사용, 트렌드, 소비자 심리, 브랜드 연계성, 낯설게 하기 등을 활용하면 좋다.

- 산소 같은 여자(마몽드)
- 니들이 게 맛을 알아?(롯데리아)
- 그녀의 자전거가 내 가슴속으로 들어왔다(빈폴)
- 침대는 가구가 아닙니다(에이스침대)
- 열심히 일한 당신 떠나라(현대카드)

- 남자는 여자 하기 나름이에요(삼성 VTR)
- 처음 만나는 자유(TTL)
- 불가능, 그것은 아무것도 아니다(아디다스)
- 또 다른 세상을 만날 땐 잠시 꺼 두셔도 좋습니다(SKT)
- 이게 그냥 커피면, 이건 T.O.P.야(T.O.P)
- 아버님 댁에 보일러 놓아 드려야겠어요(경동보일러)
- 여자라서 행복해요(디오스)
- 그녀는 프로다, 프로는 아름답다(베스띠벨리)
- 아내는 여자보다 아름답다(맥심)
- 진심이 짓는다(e편한세상)
- 사랑하는 아내에게(훼로바)
- 돌 하나 그대로 두면 돌일 뿐입니다(제일합섬)
- 잠가도 잠가도 불안까지 잠글 수는 없습니다(SECOM)
- 아무도 2등은 기억하지 않습니다(삼성)
- 아무도 이 여자를 시골 구멍가게 둘째 딸로 기억하지 않습니다(삼성)
- 넌, 내가 그리 쉽니?(2% 부족할 때)
- MAKE, BREAK, MAKE 어디로든 한 번쯤은 옆길로 새, 뻔한 길로 가지 말고 옆길로 새(현대카드, MC 옆길로 새)
- Think Different(APPLE)

● **Are you gentle, GENTRA**

자동차 브랜드 이름이 '젠틀'(GENTLE)이다. 이동수단으로서 자동차를 '신사도'라는 감성 소구의 메시지로 전환하여 발상하고 있다. 물리적이고 기계라는 작동기기를 의인화하고 광고화(Advertising Translation)시키고 있다. 신사에 관한 매너를 메시지로 전달하면 자연히 '젠틀'이 연상되도록 한 것이다. 자연스러운 연결(Natural Connection)이 이루어져 인지도 향상에 크게 기여할 것이다.

- 여자친구와 테이블에선 90도로 앉는 게 매너다
- 초밥을 먹으러 갈 땐 향수를 뿌리지 않는 게 매너다
- 드레스 셔츠 속엔 속옷을 입지 않는 게 매너다
- 화이트와인은 첨잔하지 않는 게 매너다

● CM 송 카피: 현대카드 'W'

"아버지는 말하셨지. 인생을 즐겨라. 웃으면서 사는 인생, 자, 시작이다. 오늘밤도 누구보다 크게 웃는다. (하하하) 웃으면서 살기에도 인생은 짧다. 앞에 있는 여러분들 일어나세요. 아버지는 말하셨지. 그걸 가져라, 그걸 가져라."

이는 기존 가치관을 정면 부정했다. 시간, 절제, 인생목표 설정, 노력의 소중함에 도전하는 등 가치를 전도했다. 이를 통해 역설적인 크리에이티브를 했다고 볼 수 있다. 또한 과도한 경쟁사회에 대한 도피심리에 "인생을 즐겨라"라는 카피로 공감을 불러일으킨다. 전통의 엄숙주의 가치관의 파괴와 부자의 권력거리가 수평화되고, "말하셨지"라는 카피로 친구화했다. 그리고 기성 가치의 상징인 '부성'의 권유형식이 "아버지가"라는 카피로 드러난다. 이는 새로운 부성상에 대한 갈망의 역설적 표현이라 볼 수 있다. 광고의 쾌락원칙이 적용되어, 이상과 현실의 분리 사고가 나타난다. 또한, 새로운 신화화(神話化)를 통해 신세대의 공감을 확대하고 '광고는 광고이고', '사회가치는 사회가치'라는 것으로 광고적 접근을 했다. 광고의 핵심기능인 '카드 사용 권유'라는 상업적 메시지도 전달하면서, '일도 열심히, 노는 것도 열심히'를 내포했다. "열심히 일한 당신, 떠나라"가 연상된다.

● 윌라(Welaaa) TVCM(15초)

- '사실' 편 카피

(김혜수 멘트와 자막)
"세상에서 가장 놀라운 사실이 뭔 줄 알아?"
"책이 연기를 시작했다는 사실."
"책의 감동을 리얼하게 느끼려면"
"그냥 윌라를 들어."
독서, 영화처럼 생생하게 -
윌라 오디오북(자막)
책, 듣나, 쉽나(무제한으로 즐기자)
"감동 오지."

- '핑계' 편 카피

(김혜수 멘트와 자막)

"세상에서 가장 한심한 핑계가 뭔 줄 알아?"

"책 읽을 시간이 없다는 핑계."

"그냥 월라를 들어."

"더 많은 책을 시간 부담 없이 즐길 수 있어."

독서, 음악처럼 편안하게 –

(자막) 책, 듣다, 쉽다.

월라 오디오북 (자막) 무제한으로 즐기자.

"핑계 대지 마."

비평(월라 카피 크리에이티브 분석)

오디오북 월라가 소비자 혜택으로 무엇을 약속할 수 있는지를 명확하게 전달하고 있다. 성인 한 사람이 일 년에 읽는 책이 한 권도 안 된다고 한다. 바쁜 일상 속에서 독서는 힘들다. 텍스트를 분석해서 읽어야만 이해할 수 있기 때문이다. 제품 콘셉트는 새롭게 시장이 형성되고 있는 오디오북이다. 상품 콘셉트는 독서습관을 바꿔주는 신(新)트렌드로 '오디오북 월라는 들으면서 읽는 책이다'가 된다. 광고 콘셉트는 '월라는 쉽게 편안하게 독서를 즐길 수 있게 한다'가 된다. 책은 독서광이나 지적 활동을 하는 고객이 주요 판매 대상이기에 '지적 호기심'이 풍부한 인물(광고모델)을 쓰면 효과적일 것이다. 그래서 월라의 표현 콘셉트는 '월라는 편안하게 즐긴다'가 될 것이다. 우리 사회의 주요 트렌드 가운데 하나가 '재미'이기 때문이다. 유명 강사 '설민석'이나 스타 유튜버를 모델로 쓰지 않은 이유는 일반 대중의 독서습관을 공유하고 자신의 생활 에피소드로 받아들일 수 있는 인물(Personality)이 효과적이기 때문이다. '편안한 독서'가 가능하기에 이제부터 독서하지 않는다면 모두가 '핑계'일 뿐이라고 멘트한다. 이 "핑계 대지 마"라는 멘트가 핵심 카피(Key Word)가 된다. 이런 카피라이팅 구조를 갖고 있어 공감을 주고 있다. 특히 2차 '핑계' 편에서는 핵심 카피를 반복적으로 사용하여 수용자가 지나치지 않도록 했다. 카피라이터는 모든 카피 구조가 '핑계'를 중심으로 전개되고 있음을 잘 이해해야 할 것이다.

● **SK매직**

- 새로운 생활로 '남다르게' 편

남 NA: 우린 당신의 생활에 묻습니다.

여 NA: 우리가 만든 직수 / 그 직수가 더 깨끗해질 순 없을까? / 아이가 뛰는 건 당연하니까 / 공기청정기가 따라 움직인다면? / 늘 좁게만 느껴지는 주방을 넓게 쓸 순 없을까?

남 NA: SK매직은 남다른 생각으로 답을 찾습니다. / 남다르게.

여 NA: 남다르게.

남 NA: 생활의 문제를 해결합니다. / SK매직

- 새로운 생활로 '끊임없이' 편

남 NA: 우린 오늘의 기술에 묻습니다.

여 NA: 식기세척기가 식기관리까지 할 순 없나? / 흐르는 물까지 UV케어할 수 있을까? / 인덕션 스스로 용기의 위치까지 인식할 수 있다면?

남 NA: SK매직은 끊임없이 질문을 던집니다. / 끊임없이.

여 NA: 끊임없이.

남 NA: 생활의 문제를 해결합니다. / SK매직

● **SK하이닉스 TVCM (청주 편)**

NA: 어~! / 어!

남녀 NA: 2017년 청주 / 예~ 72단 3D 낸드플래시 성공했습니다. / 수고했어, 다음은 뭔지 알지? / 뭔지 알죠.

남녀 NA: 2018년 청주 / 해냈다! 96단 4D 낸드플래시입니다. / 계속 수고해주게! 어! / 아니, 계속?

남녀 NA: 2019년 청주 / 야-! 128단 4D 낸드플래시입니다! / 세계 최초! / 그다음은 뭘까? / 우린 대체 무슨 사이였길래.

남녀 NA: 1377년 청주 / 드디어 다했다! 직지 72벌 손으로 다 써왔습니다. / 나

무에 한번 새겨 볼까요? / 나무 해냈다! 나무에 다 새겼습니다. / 금속
으로 만들어볼까요? / 금속? 드디어 세계 최초의 금속활자 직지를 만
들었습니다! / 오~ / 오! / 어? 이거 유행 지난 서체 아니에요? / 에? /
수정 금방 되잖아요? / 에에~ 다음 생에 봅시다.

NA: 끊임없는 새로운 기술의 탄생 뒤에 멈추지 않는 노력이 있었습니다. 세계 최
초의 금속활자 도시 청주에서 세계적인 첨단 반도체를 만듭니다, SK 하이
닉스.

남녀 NA: 저는 용인으로 발령이 나서, 그럼 이만 / 이런 우연이 있나! 나도 용인
인데 하하하하!

● 박카스 TVCM

박카스는 (   )입니다.

박카스는 (한잔의 추억)입니다.

박카스는 (꼴찌들의 애교작전)입니다.

박카스는 (한잔의 학수고대)입니다.

박카스는 (엄마의 바다)입니다.

박카스는 (한평생… 고맙습니다)입니다.

응원처럼 위로처럼 우리 곁에 늘 박카스입니다.

박카스는 (쨍 하고 해 뜰 날)입니다.

박카스는 (토요일 밤이 좋아)입니다.

박카스는 (매일 그대와)입니다.

박카스는 (진짜 사나이)입니다.

박카스는 (손에 손 잡고)입니다.

박카스는 (대~한민국)입니다.

박카스는 (지킬 것은 지킨다)입니다.

50년 전에도 50년 후에도 박카스는 (박카스)입니다.

● 애플 아이패드 2

우리는 앞으로도 늘 추억을 나눌 것이고,

책 속에 푹 빠질 것입니다.

변함없이 저녁을 요리할 것이고,

경기를 볼 것입니다.

여전히 회의를 할 것이고,

홈 무비를 만들거나 배우는 일도 멈추지 않겠지요?

다만, 그 방법만이 같지 않을 것입니다.

● 초코파이('파이로드' 편)

나는 그곳의 전통을 존중합니다.

나는 그곳의 믿음을 존중합니다.

나는 그곳의 취향을 존중합니다.

그래서 나는 나라마다 새롭게 태어납니다.

그곳에서 최고로 사랑받기 위해, 매일 대한민국을 잊는 연습을 합니다.

고국을 돌아보면 약해지는 나는 초코파이입니다.

파이로드를 따라 지구와 정을 맺다,

오리온 초코파이.

● 웅진 싱크빅 TVCM

교육을 아이들에게 돌려줍시다.

교실은 가르치는 곳이 아니라

배우는 곳이라는 진실을.

마침표가 아니라 물음표가 역사를 바꾸었다는 진실을.

뼈 있는 말보다 체온이 있는 말이 마음을 움직인다는 진실을.

끌려가는 것은 끌리는 것을 넘어설 수 없다는 진실을.

교육의 주인공이 아이라는 그 평범한 진실을.

● **대한항공**

　　대한항공 중국여행 시리즈는 인생의 화두를 던지고 한자성어를 통해 해답을 제시하는 형식이다.

> 오늘의 성공에 안주하는 그대에게
> 한비자 曰,
> "國無常强無常弱" (국무상강 무상약, 영원히 강한 나라도 영원히 약한 나라도 없다)

> 늘 작은 일만 주어진다고 여기는 그대에게
> 이사 曰,
> "河海不擇細流" (하해불택세류, 큰 강과 바다는 물을 가리지 않는다)

> 자식 일이라면 만사를 제쳐두는 그대에게
> 노자 曰,
> "生之畜之 生而不有" (생지축지 생이불유, 낳고 기르되 소유하지 않는다)

> 친구의 부탁을 거절하지 못하는 그대에게
> 포청천 曰,
> "鐵面無私" (철면무사, 얼굴에 철면을 깔고 사사로움을 없애야 한다)

카피 발, 비주얼 착 발상

- 격언, 속담, 경구에서 단어 대체: 새로운 의미를 생성하거나 의외성을 만들 수 있다.
- 강제결합의 은유법: 새로운 관점과 개념을 만들 수 있다.
- 소비자 심리: 생활자의 속마음을 드러내 공감이 클 수 있다.
- 트렌드 연동: 이미 학습된 내용이라 이해하기 쉽다.
- 생활언어 채집: 소비자 자신이 쓰는 말이라 친근감을 느낄 수 있다.
- 객관적상관물(어) 발굴: 기억하기 쉽게 단일 이미지(메시지)를 남길 수 있다.
- 심리적, 물리적 거리 두기(개그 콘서트): 객관성을 부여해 신뢰감을 얻을 수

있다.

- 재해석과 반전 효과: 새로운 발견이라 강한 인상을 남길 수 있다.
- USB 효과: 기대하지 않은(Unexpectedness) 놀라운(Surprising) 구매행동(Behavior)을 유발하는 효과를 얻을 수 있다.

실전 카피라이팅의 핵심 4 요건

- 구어체: 소비자 언어로 써야 한다. 소비자가 생활 속에서 일상적으로 쓰는 말을 가지고 와야 한다. 입에 잘 노는 단어를 써야 한다. 절대로 카피라이터가 개인적으로 만든 말을 쓰면 안 된다. 말을 만들면 문어체가 되어 입에서 꼬인다. 감정이 살아있는 언어라 재미와 유머가 있고 친근감을 줄 수 있다.
- 시각화: 연상(聯想)효과로 기억이 쉽다. 영상미를 제고할 수 있다. 구체적인 사물(언어)로 학습한다. 광고가 끝났을 때도 머릿속에 맴도는 카피와 비주얼이 있어야 한다. 하나의 카피, 하나의 비주얼을 강조하는 이유다.
- 반전(反轉): 스토리텔링 기법으로 의외성(Unexpectedness)을 줘야 한다. 예술적 감동인 '낯설게 하기'로 의외성을 주고 유레카(Eureka)나 와우(Wow)를 만들어야 한다.
- 관련성: 목표고객의 심리와 제품 속성과 브랜드 관련성을 주어야 판매 증대에 도움을 줄 수 있다. 생활 문제의 솔루션(Problem Solution)을 약속하고 제시할 수 있어야 한다.

카피라이터의 기본 발상법 종합:
C.O.R.E. KISS, SCAMMPER, SUCCES's, P.D.A 사고

첫째, 개인의 창의력, 팀의 창의력을 기르는 4요소, C.O.R.E.이다. C(Curiosity)는 '얼마나 호기심이 왕성한가?'이다. O(Openness)는 '얼마나 새로운 것에 대해 개방적인가?'이다. R(Risk Tolerance)은 '얼마나 위험을 감수하는가?'이다. 즉, 기존의 고정관념을 파괴하는, 도전적이고 패기 있는 아이디어를 내야 한다는 것이

193

다. E(Energy)는 '얼마나 열정적인가?'이다. 창의력은 특별한 사람이나 천재만이 발휘할 수 있는 게 아니다. 단계적 프로세스에 의해 점진적으로 향상되거나, 동기화나 협업 등을 통해 결과물로 나타난다. 이런 혁신이 됐을 때, '오픈 이노베이션(Open Innovation)'이 되고, 이런 혁신 아이디어가 나왔을 때, 개인도 성장하고, 조직도 성장할 수 있다. 개인의 혁신적인 아이디어가 기업 성장의 기초가 된다는 것이다.

둘째, KISS이다. KISS는 'Keep It Simple & Stupid'(Speedy & Smart)'이다. 아이디어를 간결하게, 정직하게, 세련되게, 속도감 있게 만들어야 한다는 의미이다.

셋째, SCAMMPERR이다. Substitute(대체), Combine(조합), Adapt(적응), Magnify(확대), Modify(수정), Put to other uses(다른 용도), Eliminate(제거), Rearrange(재배열), Reverse(뒤집어보기)의 첫 글자를 딴 것이다. 특히 마지막 Reverse 즉, '역발상'은 카피라이터의 발상에서 아주 중요한 이야기이다.

넷째, 티크 메시지 작법은 SUCCES's이다. S는 간결성(Simplicity)이다. 핵심(Lead)만 남기고 가지치기를 해야 한다는 것이다. U는 의외성(Unexpectedness)이다. 이것은 강제결합에서 나온다. 강제결합은 의문과 호기심을 발동시킨다. 또, 소비자들이 참여하고, 스스로 문답하게 하여, 광고의 인지도와 이해도를 올린다. C는 구체성(Concreteness)이다. 단순할 수 없다면 통할 수 없다. 많이 아는 사람일수록 알아듣기 힘든 '지식의 저주'에 빠져 수용자를 배려하지 않고 말하게 된다. 복잡하면 안 되고, 딱 오감으로 느끼고, 만지고, 이해할 수 있어야 한다. 즉, 어떤 단서만 줬을 때, 바로 비주얼과 개념, 카피가 연상이 될 정도로 구체적이어야 한다는 것이다. 그다음 C는 신뢰성(Credibility)이다. 제품을 장수하는 파워 브랜드로 만드는 데 기여해야 되기 때문에, '신뢰'라고 하는 것은 굉장히 중요하다. E는 감성(Emotion)이다. '정체성'에 호소해야 한다. 공감할 수 있어야 한다. 특히 요즘 같은 경우엔 더욱 그렇다. 민감하고 날카로워져 있는 것을 부드럽게 완화해주어야 하고, 행복, 자유, 여유를 창출할 수 있는 그런 카피를 개발할 수 있어야 한다. 마지막 S는 스토리(Story)이다. 이는 쉽게 이해하고, 오래 기억에 남기기 위함이며, 광고를 문화 차원으로 끌어올리기 위해서도 중요하다.

다섯째, P.D.A 사고는 'See Positive(남들보다 긍정적으로 보고), See Different(남들과 다르게 보고), See Another(남들이 보지 못하는 것을 보라)!'이다. 이것은 굉장히 중요한 관점이다. 이러한 관점 전환을 통해서 독창성(Originality)이 창조된다.

잘 알려진 롤스로이스 카피와 덜 알려진 도서출판 모아의 카피를 비교해보

자. 비슷한 듯한데 전혀 비슷하지 않다. 비슷하지 않은데 조금 비슷하다. 어떤 상황이 일어나고 있는데, 그 와중에 다른 상황이 일어나고 있다는 내용이다. 차는 달리고 있는 와중인데 시계가 가고 있다. 책을 읽고 있는데 버스는 달리고 있다. '상황'을 설명하고 '다른 상황'을 설명한다. '사고법'이 비슷해서 생기는 기시감(旣視感)이고 미시감(未視感)이다. 카피라이팅에서는 '광고적 허용'에 해당하고 전혀 시빗거리가 안 된다.

> "시속 60마일로 달리는 롤스로이스 안에서, 들리는 건 전자시계 바늘 소리뿐이다." (롤스로이스)
> 《황제의 꿈》을 읽는 동안, 난 내려야 할 정류장을 두 번이나 지나쳤다." (도서출판 모아)

크리에이티브 싱커

카피라이터는 크리에이티브 싱커(Creative Thinker)가 되는 데 최선을 다해야 한다. 이 길은 많다. 브레인스토밍(Brainstorming)도 아이디어 발상법도 '이렇게 하면 광고는 성공한다'는 책도 동굴 속의 메아리일 뿐이다. 발상과 표현에서 실전응용력이 모자란 이유는 구체적이지 않고 '공식'이 아니기 때문이다. 교과서적인 원론 남발이다. 전략적인 아이디어 창출은 주관성과 객관성의 문제와 얼마나 새로운 것인가 하는 문제다. '최대 다수의 최대 공감'을 얻어야 하는 광고 아이디어는 객관성을 가지고 있어야 한다. 그러나 특별한 결합(Special Combination)이 돼야 할 때는 주관성이 강화돼야 한다. 늘 보는 듯한 조합(Routine Combination)에 그친다면 임팩트가 없어 크리에이티브의 강도가 약할 수밖에 없다. 이런 '발상의 캐즘(Chasm)'을 뛰어넘고 양질의 크리에이티브를 생산해낼 수 있을까?

크리에이티브 사고법의 4 유형

크리에이티브 사고법(Creative Thinking)의 4 유형을 생각해보자. 그림에서 세로축은 주관성과 객관성의 정도를 나타낸다. 가로축은 새로운 결합(New

Combination)의 스펙트럼인데, 누구나 생각할 수 있는 일반적인 결합에서 아무나 생각할 수 없는 특별한 결합까지의 정도를 나타낸다. 단순화의 약점이 있지만, 아이디어를 찾아내는 방법의 전형을 보여주고 있다.

첫째, 단어 맞추기형이다. 몇 가지 힌트를 주면 어른들이 단어를 연상해내는 게임이다. 예를 들면, "사람들을 깜짝 놀라게 하고 죽어요", "애들이 좋아해요"라고 말하면, 어른들이 '풍선'이라고 대답할 수 있어야 한다. 보통 '풍선'을 가지고 놀다가 터지면 깜짝 놀라는 일이 있는데, 그 상황을 말해주고 그 힌트에 맞는 '단어'를 연상한다는 게 쉬운 일이 아니다. 지금까지 우리가 받아왔던 교육도 한 방향이었다. 풍선은 바람을 불어넣고 부풀려서 가지고 노는 기구였다. 그다음에 가지고 놀다 터졌을 때 일어나는 상황에 대해서는 생각하지도 않았고 생각해보려고도 하지 않았다. 그런데 어린이가 동심에서 바라본 사고방법에서 참신한 접근법이 발견되는 것이다. 소위 '생각의 감옥'에서 탈출(Escaping)하여 개인적 편견과 선입견에서 벗어나 있기 때문이다. 나아가 남이 날 어떻게 생각할까 하는 사회적 공포와 긴장감을 털어버릴 때 나오는 해방감이 느껴지기 때문이다. 상투적인 것에서 벗어날 때 얻을 수 있는 희열이 얼마나 큰가. 잭 포스터(J. Foster)가 말했다. "어린이처럼 되어라"(Be More Like A Child) 성인으로서 광고인은 너무 많이 생각하고 너무 많은 상처가 있고, 지나친 지식과 경계와 규칙, 심리적 위축과 고정관념에 속박돼 있다. 그래서 '수갑 채워진 바보'다. 어린이는 사회적 제약을 의식하지 않는다. 세상을 실제 있는 그대로 보지만, 가르쳐진 대로 보지 않는다. 어른들은 누구나 당연하게 생각하는 것에도 어린이는 호기심(Curiosity)을 가지고 본다. "엄마, 보험이 뭐예요?", "하늘이 왜 파래요?", "왜 나이키를 신는가?"라는 헤드라인이 가능한 이유다. 자연스럽게 저절로 튀어나올 수 있는 '동심의 질문'을 카피로 만드는 광고 아이디어이다. 주관성이 강하지만, 아주 쉽게 접근할 수 있고 의미해독에 장애요소가 거의 없는 편안한 광고가 될 수 있다.

둘째, 여론조사형이다. 방송사의 인터넷 홈페이지를 통해 1,000명에게 묻는다. 질문을 던져놓으면 네티즌과 열성 팬들이 적극적으로 참여하여 자신의 의견을 올리고 여론을 수렴해준다. 비슷한 의견끼리 분류하고 항목화하면 비교적 객관적인 성향과 가치관을 파악할 수 있게 된다. 예를 들면 '사랑하는 애인에게 꼭 해주고 싶은 선물은 무엇인가'라는 질문이다. 대답은 키스, 향수, 영화 보기, 장미꽃, 여행, 책, 상품권 등 천차만별이다. 그러나 최대다수가 선택한 선물에서부터 가장 인기 있고 매력적인 항목들의 우선순위가 매겨질 것이다. 어떤 아이디어가

주관성

개그콘서트 형 강제결합 만들기 (making) -언어유희, 재미추구	**단어맞추기 형** 생각의 감옥 탈출하기 (escaping) -동심으로 억압 해방
PD수첩 형 사실 추적하기 (finding) -이성 합리추구	**여론조사 형** 여론조사로 선택하기 (selecting) -인간심리 탐험

일반적 조합 ... 특별한 조합

객관성

광고회사 크리에이티브 싱커(Creative Thinker)의 4 유형

공감이 있을 것인지 가늠할 수 있을 것이다. 거꾸로 선물 광고를 만든다면 어떤 품목을 골라야 가장 효과적인 판매 연동 아이디어가 될 수 있을까를 판단할 수 있을 것이다. 고객 개인의 성향을 철저히 여론조사하여 아이디어를 선택(Selecting)한다는 것이다. 데이터베이스를 중시하고 '선호도의 우선순위'를 정해 객관적으로 아이디어를 고르는 방법이다. 물론 인간심리를 꿰뚫는 대탐험을 함께 해야 한다. 겉과 속이 다를 수 있는 인간성의 이중성을 해부해봐야 한다. 자동차 광고를 한다면 어떤 테마로 어떤 스토리텔링을 할 것인가? 최근에 30대 전후 여성 직장인에게서 콘트라 섹슈얼(Contra Sexual)이 유행이 되고 있다. 그렇다면 여성 상사와 부하 남성 사이의 심리적 연애감정을 노골적으로 표현한다면 사회적 논란거리를 광고적인 재미(Creative License)로 제공할 수 있을 것이라는 예단이 가능해진다. 국순당의 소주 '별'은 이별, 작별, 특별 등 '별' 시리즈로 브랜드 인지도를 높이고 구매 고객의 술자리 테마를 제공하여 친근감을 높이고 있다. 드라마 〈넌 어느 별에서 왔니〉를 연상하는 효과를 노린 점도 돋보인다. 조사를 활용하면 지속 가능성이 있는 시리즈가 가능하지 않을까? 객관성이 강하지만 특별한 결합으로 구성된 트렌디 아이디어라고 할 수 있다.

셋째, 개그콘서트형이다. 개그(Gag)란 익살이고 농담이다. 지나치면 위선이고

거짓말도 된다. 유머와 창의성은 둘로 나눌 수 없는 친구라고 한다. 말하자면 송신자가 연결되지 않는 단어나 행동을 강제결합 함으로써 수용자가 기대 불일치(Unexpected Response)를 느끼게 되면서 생기는 웃음이요 심리적 포만감이다. 그러나 가끔 이중의미(Double Meaning)를 사용하여 언어유희(Pun) 기법으로도 쓰이지만 억지로 만들어낸(Making) 해학일 수 있다. "원숭이 엉덩이는 빨개, 빨가면 사과, 사과는 맛있어, 맛있으면 바나나, 바나나는 길어, 길으면 기차, 기차는 빨라." 이렇게 쉽게 연상되는 일차원적인 아이디어여야 한다. 그러나 죽은 비유가 되어서는 흡인력이 적어질 수 있다. 자칫 썰렁해지고 성공확률이 높지 않은 경우도 생긴다. 웃음도 진화하고 고객의 수용태도도 좀 더 강한 걸 요구하는 **한계효용의 법칙**이 작용한다고 봐야 할 것이다. 고급 유머와 블랙 코미디같이 공감도 예측이 어려운 아이디어 발상법이 될 수도 있다. 또한 사회흐름(Social Trend)이 바뀐 디지털 시대의 비유는 또 다른 모습이어야 할 것이다. 옥션의 "파는 사람이 많을수록 가격은 내려갑니다"는 디지로그(Digilog) 시대의 전형적인 아이디어를 선보였다고 생각한다. '파는'의 이중의미가 수용도에서 차이가 나는 것은 개그가 되기 위한 수사학의 의외성에서 차이가 나기 때문이다. 억지로 만들어내는 해학이기 때문에 누구나 쉽게 받아들일 수 있느냐가 관건이 된다. 주관성이 강하지만 일반적인 조합으로 구성되어 한계가 느껴지는 아이디어가 될 수도 있다.

넷째, PD수첩형이다. 방대한 자료와 세계 구석구석을 누비는 열정이 돋보이는 방송 프로그램이다. 아이디어 발굴을 위해 카피라이터나 아트디렉터가 주체적으로 치열하게 사실을 찾아 **추적하고(Finding)** 전국 방방곡곡을 섭렵하는 것과 비슷하다. 객관적이고 합리적인 정보만을 추구한다. 논리 실증주의처럼 엄정한 **증거와 실록**과 **인터뷰와 채록**을 중시한다. 반대논리를 제공하고 상호견제와 균형감각을 유지하려고 노력한다. 사실관계를 따지기에 무미건조하지만 차가운 이성의 날카로움이 가득할 수 있다. "알면 사랑하게 되고, 알면 보이나니, 그때 보이는 것은 전과 같지 않으리라"(유홍준)의 담론과 같다. 사실 인간은 아는 만큼만 느낄 뿐이며 느낀 만큼만 보인다고 하지 않는가. 지식정보사회에서 더욱 소중히 다뤄야 할 아이디어 기법이다. 지식을 많이 습득하라(Get More Input). 쓰레기가 들어가면 쓰레기가 나온다(Garbage In, Garbage Out). 그리고 문제를 정의해야 한다. 정보를 수집해야 한다. 번 바크(B. Bernbach)도 말했다. 무에서 유를 창조할 수는 없다. 제품 오리엔테이션에 꼭 참석해야 한다. 연구원과 대화를 나눠야 한다. 카피는 3H(Head, Heart, Hand)로 쓴다고 한다. 직접 온몸으로 써야 할 것이다. 발로 뛰고 땀과 눈물로 써야 공감이 커진다. 제품을 '보고 보고 또 보고', 소비자에게 '묻고 묻고 또 묻고', 소비심리를 '파고 파고 또 파고'를 이어가야 할 것이다. 특히 영업사원과의 밀착 인터뷰를 빠뜨리지 말아야 할 것이다. 세일즈 토크(Sales Talk)가 입에 달려있고 고객의 접점이다. 진실의 순간(Moment of Truth)이 무엇인지 잘 아는 살아있는 판매 아이디어맨들이다. 생활 속의 문제를 해결하는 게 광고의 본령이다. 디지털 LG 시그니처 TV의 구매준거는 가격인가, 화소인가, 전송방식인가, 성능인가, 고품격인가를 확실하게 개념화하고 객관화하여 고객에게 제시하려는 아이디어 발상법이다. 관여도와 이성적인 구매 패턴에 어울리는 발상법이라고 할 수 있다.

누구나 인정할 수 있는 '발견의 기쁨'을 찾아야 한다

카피라이터는 시각적으로 생각하라. 아트디렉터는 카피적으로 생각하라. 백남준은 여자의 나체를 첼로처럼 연주하지 않았는가. 그림을 단어로 고치고 단어는 그림으로 옮기는 습관을 길러야 한다. 좋은 카피는 그림을 담고 있고 좋은 그림은 카피를 전하고 있다. '대중의 지혜'가 우수할 수도 있지만, '대중의 오류'도 항상 있다는 사실을 알아야 한다. 문제를 푸는 방법은 사람의 지문처럼 다양하다. 어떤 제한을 두지 말고 자신만의 창조적 긴장과 자극으로 방법론을 갖춰야 할 것이다. 다만 많은 문제를 한꺼번에 해결하려 하지 말아야 한다. KISS(Keep It Simple & Short)를 지켜라. 단순하고 짧게 문제를 정의해야 한다. 특히 표현 콘셉트에서 하나의 단어로 요약되지 않으면 그것은 훌륭한 아이디어로 발전될 수 없다. 크로키처럼 핵심을 간파할 수 있는 능력을 길러야 한다. 존재하지도 않는 '생각의 철조망'을 없애야 한다. 결국 아이디어는 내 생각을 객관화하고 아트와 카피의 행복한 결혼을 성사시키는 설득 커뮤니케이션이다. '객관화의 원천기술'은 경쟁상황에 따라, 광고인 개개인의 성향에 따라, 상품의 특성에 따라, 광고목표에 따라 다를 것이다. 그래서 아이디어 발상은 전략과 콘셉트를 생각하는 나의 생각을 바꾸는 것에서 시작한다고 본다. 그때 고객은 '발견의 기쁨'을 얻게 되어 크리에이티브로 받아들이게 된다. '모든 상식과 틀은 사람을 바보로 만들기 때문에 수시로 파괴되고 변해야 한다'는 지향점도 중요하다(오창일,《광고창작실 Ad. Lab》).

10장
'카피 발(發) 비주얼 착(着)'(발상과 표현)

> "아마추어는 먼저 '그림(Visual)'을 생각하지만, 프로는 먼저 '메시지'(Copy)를 생각한다."
> "아마추어는 먼저 '어떻게 할까'를 생각하지만, 프로는 먼저 '무엇을 할까'를 생각한다."
> "아마추어는 '비주얼 발'이 선택이지만, 프로는 '카피 발'이 필수다."

'카피 발 비주얼 착'의 발상을 위해서 필수적으로 분석해야 할 사항이다. 반짝하는 아이디어는 일회성이고 휘발성이라 지속 가능하지 않다. 장기 시리즈를 만들고 사회적인 화젯거리를 창안하기 위한 카피라이팅 전에 거쳐야 하는 표현기획서 작성의 핵심요소라고 생각하면 된다.

아이디어 발상의 기본출발 TBC2

- 트렌드(Trend) 분석: 시대정신 반영
- 상품(기업, Brdand) 분석: 브랜드(광고정체성) 파악
- 고객심리(Customer) 분석: 생활자(소비자) 구매욕구 발견
- 경쟁(표현, Competition) 분석: 차별화 메시지 작성

두타 광고(2015, 겨울) 사례

두타 쇼핑몰이 매장 인테리어를 모두 바꾸고 재개장한 기념 광고다. 적은 광고비 예산으로 효율적인 광고를 집행해야 했다. 전달해야 할 메시지는 '리뉴얼(Renewal)'이다. '완전히 새롭게 재개장한다'는 의미를 강조하기 위한 헤드카피다. 시선을 잡는 메시지가 돼야 한다. '리뉴얼'과 '모두(All)'를 합해 새 탄생을 알리는 카피가 돼야 한다. 'RE NEW ALL'이다. 그래서 'RE NEW AL'이 아니라 'L'이

하나 더 있다. 이 카피를 처음 볼 때는 스펠링이 이상하다고 생각할 것이다. 무언가 틀린 것 같지 않나 하고 궁금증이 생긴다. 바로 호기심이고 관심이다. 이 광고에 개입하기(Engagement) 시작한 것이다. 언론보도에 두타 쇼핑몰이 재개장한다는 시가를 본 기억이 날 것이다. 수용자는 'RE NEW ALL'의 의미를 알게 된다. 헤드카피가 주는 '낯설게 하기' 효과를 이해하게 된다. 문법적으로는 틀렸지만 광고적인 카피미학은 새롭게 느껴진다. 광고적 허용(Creative License)이다. 중의적 의미를 담고 있다. 'Renewal → RE NEW ALL'의 반전효과도 있다. 아이디어가 좋다는 광고효과도 커진다. 이런 호감도가 두타 쇼핑몰의 이미지에 고스란히 옮겨진다.

모든 게 새로워졌다. 이 카피를 쓴 카피라이터는 '기본기가 강한 카피라이터'라고 생각한다. '세상을 확 바꾸는 카피를 쓰겠다'라는 생각을 하고 쓰면 안 된다. 조금씩 살짝씩 비틀어주면 된다. 그러면 가볍고 받아들이기 쉽다.

이제 확정된 헤드카피를 두고 비주얼을 바꾼다면 어떻게 될까? 광고모델이 여성이든 남성이든, 어린이이든 할머니이든 다 좋다. 어떤 모델이든 다 정답이다. 정답이 될 수 있다. 다 가능한 이유는 헤드카피가 확실한 메시지를 담고 있어서 광고 커뮤니케이션 역할을 충분히 하고 있기 때문이다. 꼬마나 할아버지가 가방을 들어도 좋고 안 들어도 좋다. 이것이 바로 '카피 발(發) 비주얼 착(着) 사고법'이다. 다만 여기서 카피를 새롭게 정하는 건 고민해봐야 한다. 무한 시리즈 광고의 생산이 가능하다. 카피 정체성(Identity)과 디자인 정책(Design Policy)만 유지하면 두타 쇼핑몰 광고의 동일성을 유지할 수 있게 된다. '카피 발'이기 때문에 비주얼은 무엇이 나와도 상관없다.

두타광고(2016, 봄)

- 대세를 따르되 따라 하지 말 것: 트렌드를 맞춘 거 같은데 자기만의 스타일도 챙겨야 한다. 카피라이터는 유행이나 트렌드를 잘 잡아야 하지만 자기만의 '정체성'을 잊지 말아야 한다. 트렌드를 분석하고 재해석하여 차별화된 카피를 쓰라는 이야기와 잘 맞는 카피다.

- 뒷모습도 연구할 것: 뒷모습이기에 잘 보이지 않고 숨어있는 '속마음'과 같은 의미(고객심리)라고 할 수 있다. 소비자의 잠재의식 속에 있는 '진짜 마음'(진정성)은 쉽게 드러나지 않는다. 카피라이터가 댓글이나 SNS 대화를 들을 필요가 있다는 뜻이다.

- 나의 모든 것이 나의 아이덴티티: 상품의 정체성을 담고 있어야 한다. 카피라이터는 이 정체성을 소비자 언어로 바꾸어 구체적으로 말할 수 있어야 한다.

- 베이직의 미학 : 카피라이팅의 기본은 소비자 관점의 혜택을 메시지로 바꾸는 능력이다. 세상살이에 대한 관심과 분석을 통한 객관성을 유지하면 좋은 카피를 쓸 수 있다. '트렌드, 상품, 고객심리, 경쟁표현'에 관한 메시지를 기준으로 삼으라고 제시한 레드카피라고 보겠다.

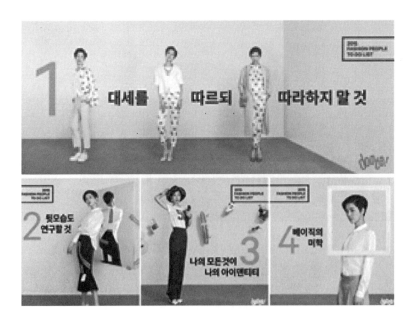

알바트로스

바람은 트렌드다. 바람이 있어야 날 수
있다. 알바트로스는 바람을 잘 이용하여 가장
멀리, 가장 높이 나는 새로 알려져 있다. 날개
가 2m가 넘어 스스로 날지 못하지만 바람을
이용해 아름다운 비행을 하는 것이다. 브랜드

도 트렌드라는 바람을 타 장기적으로 지속 가능한 상품이 되게 위해서 알바트로
스의 지혜를 배워야 할 것이다.

두타 광고(2016, 가을)

당신의 선언을 지지합니다.

카피의 특징은 무엇인가? 이 광고에서 쓰인 언어는 구어체나 생활 언어가 아
니다. 두타의 다른 광고와 다르다. 시류에 따라 트렌드에 맞춰서 광고할 수 있다.
디자인 폴리시, 카피 폴리시를 지키고 있다. 카피를 지을 때 이런 부분도 같이 고
려해야 한다. 이 광고는 형식미도 갖추고 내용미도 갖췄다.
'비맥스' 카피는 TVCM의 30초로는 충분한 상품설명을 할 수 없어 약사의

설명을 유도하는 광고다. 실제 처방전에 따라서 약품 사용설명을 해주는 유통과 정상의 차별점을 강조한 아이디어이다. 약사의 신뢰를 활용하고 고객의 취향을 저격하는 웹툰 스타일의 그림으로 승부하고 있다.

말보로(Marlboro) 담배

1924년 '5월처럼 부드러운 담배'(mild as May)의 여성전용 담배를 출시했다. 1955년 남성전용 담배로 포장과 이미지를 리포지셔닝 했다(Leo Burnet). 도시인의 70%가 향수를 가지고 있는 게 서부개척 시점의 도전정신과 독립심이었다.

대행사 레오버넷에 의해 시작된 말보로 맨(The Marlboro Man) 광고 캠페인의

거친 '카우보이 이미지'는 필터 담배의 대중화를 위해 사용됐다. 전 세계에서 성공을 거둔 캠페인으로 말보로 컨트리의 기원이 됐다.

● **1972년, 말보로 라이트 전 세계 1위**

- '말보로 맨' 카우보이: 미국 남성의 향수 자극, 공간의 자유와 극적 분위기, 서부(골드러시)를 향한 개척정신과 진정성을 상징
- 담배의 진정한 맛의 고향, 말보로 세계로 오라(Come to where the flavor is. Come to Marlboro Country).
- 거칠지만 남성성의 회복에 대한 약속(Benefit) 제시(설득)
- 담뱃갑 패키지의 '상부 개폐(Flip Top)'(Red Roof)
- 담뱃갑에 길게 늘인 빨간색 서체, 집 모양의 삼각형이 특징

● **말보로 광고에서 무엇을 알 수 있나?**

'카피 발 비주얼 착', 카피는 그대로이며 비주얼만 바뀌는데 비슷하다. 카우보이와 말과 황야와 계절성을 부각시키고 있다. 시리즈다. 누적효과를 이용했다. 광고마다 다른 카피를 쓴 게 아니다. 비주얼을 갈아 끼웠다. 내용보다는 '발상을 어떻게 할 것인가'를 아는 게 중요하다. 카피 폴리시(Copy Policy)가 똑같다. 똑같은 카피에 계절벌 상황만 바뀌는 이미지 통합과 일관성을 유지하는 **표현 디자인 전략**이다.

앱솔루트 광고

앱솔루스 퍼펙션 앱솔루트 아이돌 앱솔루트 LA 앱솔루트 서울 앱솔루트 시카고 앱솔루트 맨해튼

디자인 폴리시, 카피 폴리시가 일정하다.

LA에 지역 광고를 해본다고 생각해보자. 지역에 맞는 광고를 해보자. 카피는 앱솔루트 LA 카피로 고정했다. LA 부자촌이다. 풀장이 기본이다. 디자인 폴리시는 병 모양이다. 그래서 풀장을 병 모양으로 만들었다. 카피 발 비주얼 착이다. 독특한 부분이 있긴 하지만 우리도 비슷하게 만들 수 있다. 앱솔루트 맨해튼, 앱솔루트 나폴리, 앱솔루트 서울 등 그 지역의 특성을 잘 보여주는 비주얼을 쓴다. 지금 계속해서 카피 발 비주얼 착 자료를 보여주고 있는데, 광고는 계속 변화를 주어야 한다.

앱솔루트 시카고 광고는 무슨 의미일까. 시카고는 거대한 오대호 옆에 있고 강이 주변에 있어서 바람이 많다. 기압 차이로 바람이 많이 불어서 미국 사람들은 다 안다. 바람에 글씨가 날아가는 게 크리에이티브다. 이런 발상은 유연하게 하면 할 수 있다. 크리에이티브는 혁신적이고 확 바꾸는 게 아니라 기존에 있는 걸 살짝살짝 바꿔주는 것이다.

라디오 주파주 바꿀 때 다이얼을 젖꼭지로 만드는 건 소비자의 본능을 이용한 것이다. 생활에서 약간의 변형을 주는 것. 어렵다고 생각하면 못 한다. 생활 속에 있는 걸 살짝 틀어주는 것이다.

소니 우니?

가부키 분장 배우가 우는 모습을 이미지로 넣어 라임을 맞췄다. 소니가 14년 만에 적자 난 기사에 조선경제에서 뽑은 카피다. 신문 헤드라인을 보고 감탄했다.

모든 게 다 들어갔다. 소니가 얼마나 힘들었을까? 카피를 잘 만들면 신문회사에도 들어갈 수 있다.

독일 폭스바겐의 자동차 비틀 광고

레몬, 이 광고가 가능한 이유는? 레몬은 '불량품'이라는 의미도 지니고 있어 흔히 차가 못생겼다고 생각하는 학습된 지식을 활용했다. 레몬이 객관적 상관물인 것이다. '무슨 관계가 있지?', '왜 그랬지?' 할 때 진짜 이야기하고 싶은 게 아래 나온다. 카피의 중요한 기능 중 하나가 읽도록 유도하는 것이다. 의외적인 객관적 상관물을 던지는데, 이는 예술적인 기능을 한다.

● 쉽고 간결함에 재미까지, 폭스바겐 비틀 광고의 '즐거운 충격'

기업이 소비자에게 브랜드를 알리는 가장 흔한 방법이 바로 '광고'다. 그렇다면 어떤 광고가 기업의 이야기를 담고, 기업이 추구하는 핵심가치를 가장 잘 전달했을까. 자일스 루리 대표는 독일 폭스바겐의 자동차 '비틀(Beetle)' 광고를 대표 사례로 꼽았다.

"1961년 폭스바겐은 자사의 대표 모델인 비틀을 광고하는 데 혁신적인 방법을 시도했습니다. 비틀 광고 전단은 아주 단순한 형태였어요. 비틀의 흑백사진을 크게 쓰고, 밑에 '레몬(Lemon.)'이라는 단어를 직있습니다. 레몬은 과일 레몬을 뜻하기도 하지만, '불량품'이라는 의미도 갖고 있습니다. 그 밑에는 작은 글씨로 이렇게 쓰여

있습니다. '이 차는 앞좌석 사물함 문을 장식한 크롬 도금에 작은 흠집이 나 있어서 교체해야 합니다. 독일 볼프스부르크 공장에서 일하는 크루트 크로너라는 검사원이 발견했습니다. 저희는 3,389명의 검사원을 동원해 생산 공정의 모든 단계를 꼼꼼히 검수합니다.' 1960년대만 해도 광고는 제품을 과장하거나 진실을 왜곡하는 내용을 담는 게 아주 흔한 일이었습니다. 그런 상황에서 폭스바겐은 결점이 있는 제품을 보여주고, 이를 어떻게 처리하는지를 명확하게 언급함으로써 소비자로부터 신뢰를 얻게 됐습니다. 이 광고는 간결해서 한눈에 들어오는 데다, 자기 비하적인 네거티브 전략, 정직함 등이 더해지면서 폭스바겐의 브랜드 이미지를 높이는 데 큰 역할을 했습니다."

루리 대표는 "예나 지금이나 좋은 광고는 일단 간결해야 하고, 사람들에게 즐거운 충격을 줄 수 있어야 한다"고 덧붙였다. "기업은 제품의 정보와 우수성을 어떻게든 알리고 싶어 하기 때문에, 많은 이야기를 짧은 광고 한 편에 다 집어넣으려고 합니다. 그런데 세상은 점점 복잡해지고 있어요. 사람들은 한눈에 들어오지 않는 광고를 보려고 집중하지 않아요. 쉽고 간결해야만 어필할 수 있습니다. 게다가 간결할수록 사람들은 스스로 재해석해 의미를 부여합니다. 생각해 보세요. 책 《어린 왕자》는 어째서 스테디 셀러가 됐을까요? 내용은 참 쉬운데 20, 30, 40대에서 느끼는 교훈이 전부 다르기 때문입니다. 여기에 폭스바겐처럼 사람들의 기대를 넘는 '즐거운 충격'까지 줄 수 있으면 금상첨화죠. 사람들을 웃게 할수록 기억에 오래 남기 때문입니다."

디젤 광고

수병들끼리 키스하는 모습이다. '장면 도둑(Scene Stealer)' 같은 특종기사의 사진 같다. 현장감과 역사성으로 포장했다. 패션업체는 사회적 약자, 성 소수자, 여성에 대한 지지를 보낸다. 패션 브랜드는 진보적인 모습을 보여주어야 한다. 광고는 숨은 설득자(Hidden Persuader)로서 사회적 지지를 이끌어야 한다.

● **디젤 광고, 성공적인 인생을 위하여**(For Succesful Living)

- 카피: LUCKY GUM, ICECREAM, STAR, PILL, DIET, BEER.
  – DIESEL FOR SUCCESSFUL LIVING.
- 광고에서는 기피하는 정치문제를 크리에이티브로 잘 전환한 '칸 국제광고제 금상 수상작품'이다. 20년 전에 나온 광고임에도 콘셉트나 아트워크가 우수한 시리즈 광고다.
- 인민복 입은 사람들이 디젤 광고를 영화처럼 보고 있다. '광고 안에 광고'가 있는 창의적인 구성으로 액자구조라고 한다.
- 탈출하라는 메시지를 담고 있다. 현실세계와 이상세계의 이중구조를 보여주고 있다.
- 무엇을 이야기 할 수 있을까? 표현 콘셉트를 슬로건으로 뽑아주었다.
  카피폴리시, 디자인폴리시가 같고 이를 통해 빈부의 극대비를 보여주고 있다.

● **디젤 BE STUPID 시리즈**

내용이 이해 안 가도 괜찮다. 광고적 허용(Creative Licence)이다. '광고니까~ 뭐', 혐오 등을 제외하고 다 가능하다. 면허 있으면 차 운전할 수 있는 것처럼, 광고니까 허용된다. 디젤의 최근 광고다. 젊음에게 소구하는 혁신안으로 보인다. 'Stupid'와 'Smart'의 비교다. 'Stupid'를 지지하고 있다. '콘셉트 사고'로 본다면 '사회적 소수자'와 동행하겠다는 의지이고 패션철학이다. 사회적 경계(Margin)에

있을 때 크리에이티브 해진다. 스티브 잡스의 'Stay Hungry, Stay Stupid(늘 갈망하고 늘 우직하게 전진하라)'가 생각날 것이다. 4차 산업혁명이나 디지털 격차(Digital Divided)를 논하는데 젊음은 개의치 않겠다는 태도라고나 할까? 사회적 이슈를 적극적으로 다루고 있다. 'Smart Critique, Stupid Creates(똑똑한 비평, 멍청한 창조)'가 인상적이다. 비판적인 것보다는 창조를 꿈꾼다는 '가치'를 지향하고 있다. 서양 철학의 이분법 사고로 표현했다.

디젤은 유명한 캠페인이라서 시리즈로 나온다. 미국에서 시리즈 광고를 하면 40~50편은 기본이다. 그렇게 광고를 많이 만들어낼 수 있는 풍족한 환경이 부럽다. 우리나라에서는 삼성전자가 돈이 많아서 시리즈 광고를 많이 한다. 예산보다도 크리에이티브가 더 중요하다. 카피는 더 중요하다.

광고적 허용으로 카피를 바꿔도 상관없다. 키워드와 키비주얼이 같고 로고 위치(디자인 폴리시)가 같기 때문에 어떻게 만들어도 상관없다. 총체적 순인상은 같다. 중간에 좋은 카피들도 많이 있다. Smart와 Stupid를 바꿔주어도 상관없다. 고민 없이 맘대로 할 수 있다. 비주얼은 아무거나 쓰면 된다. 카피 발 비주얼 착이다.

루이비통 The spirit of traval 시리즈

우리나라 소비자들이 가장 좋아하는 3대 브랜드는 샤넬, 루이비통, 에르메스다. 꼽고 보니 다 프랑스산이다. The spirit of traval 시리즈의 배경과 모델의 세련됨은 우리가 이미 알고 있다. 학습되어있는 것은 낡은 것이다. 루이비통은 같이 있을 수 없는 것을 결합시켰다. 이게 크리에이티브다. '낡은 것의 새로운 결합'이다. 광고적 허용(Creative Licence)이다.

시골에 있는 할머니가 봤다면 '참 희한하네'라고 생각할 것이다. 그게 바로 '낯설게 하기 효과'다. 비주얼은 아무거나 가져와도 된다. 난파선, 요트, 비행기는 안 될까? 배경이 공항은 안 될까? 다 된다. 루이비통이 가방에서 시작했다. 가방은 여행의 필수품이다. 이처럼 상품의 정체성을 확보하고 그에 따른 카피를 써주면 비주얼은 무엇이 나와도 상관없다. 모델로 공군조종사가 나와도 된다.

아이디어발상 수상작

- 제일기획 공모전(공익광고 부문) 대상: "냉장고라면 열어 두시겠습니까?"

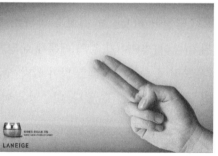

• 2013년 제34회 제일기획 아이디어 페스티벌 인쇄물 부문 동상: 라네즈 〈촉촉하다〉

모든 것이 카피 발 비주얼 착이라고 하고 싶진 않다. 비주얼이 더 잘 설명해주면 카피가 양보해주기도 한다. 80% 정도는 카피 발 비주얼 착인데 예외는 있다. 비주얼이 앞서나갈 수도 있다.

• 희망브리지 늘, 이 정도는 우리도 공모전 가능하지 않을까?
• 무에서 유를 창조하다(한국석유공사)
• 2011년 제32회 제일기획 광고대상 인쇄물 부문 대상: 이중 의미(Double Meaning)로 크리에이티브를 보여주었다. 우리가 해야 할 광고가 이런 광고다. 광고제작을 하는 데 실제 예산이 하나도 안 들었다. 순수 카피만으로 받은 상이다. 이 공모전에 수상하면 당시 제일기획 인턴 면접 면제가 됐다. 촬영기술 있니 없니, 포토샵 할 줄 아니 모르니. 하나도 몰라도 이렇게 고효율 카피 광고로 입상이 가능하다. 이 광고는 시리즈도 가능하다. 광고를 기본적으로 아는 학생이 만든 광고다.

• NPS국민연금 "흔들리는 노후 꼭 잡으세요."는 생활 속에 일어나는 작은 에피소드를 비주얼화했다. 카피에도 기교를 부리지 않았고 이중 의미가 있다.
• 2013년 한국언론진흥재단, 뉴스저작권 보호 공모전 대상: "날로 드시려구요?" 생선에 언론신문지를 입혔다. 생활 속 아이디어다. 수업 중에 한 광고들은 가야 할 길이 에베레스트가 아니라 광덕산 정도라는 것을 보여준다.

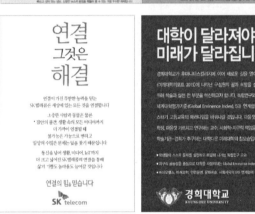

- 한국신문협회, 신문의 날 표어공모: "관심만 있고 관점이 없는 시대, 검색만 있고 사색이 없는 시대, 그래서 우리는 신문을 펼칩니다."

　우리의 시간은 소중하다. 예능 같은 프로그램에 시간을 뺏기지 마라. 예능 프로그램에서 어떤 배우가 등장하고 어떤 행동을 하고는 중요한 것이 아니다. 개념 있는 학생이 돼야 한다. 공모전 대상. 포스터부문. 우리 또래 학생들이 만들었다. "검색만 있고 사색이 없는 시대"라는 카피는 예능 위주의 세계를 비판하는 걸로 보인다.

　우리는 검색만 있고 사색이 없는 시대에 살고 있다. 우리는 '생각하는' 광고인이다. 메시지를 검색만 하지 않고, 사색을 통해서 카피라이팅하는 사람이다. 우리나라가 땅의 크기에서 밀린다면, 우리 카피라이터는 생각의 크기로 맞서야 한다. 그래서 하루하루를 크리에이티브하게 살아야 한다. 계속해서 스스로를 격려하고, 채찍질하고, 성찰하면서 생활한다면,

아주 훌륭한 카피라이터가 될 수 있고, 최소한도 카피 마인드를 가질 수 있다. 그리고 그것이 바로 우리의 경쟁력이 될 것이다.

- 이중 의미를 쓰면 80%는 먹힌다.
- SKT "연결 그것은 해결": 4차 산업혁명에서 중요한 키워드는 연결이다.
- 경희대 광고 "대학이 달라져야 미래가 달라집니다"에서 이상한 점은 없나? 경희대는 1등 대학이 아니다. 구매고려군(Consideration Set)이 아니다. 선점전략 자격이 없다. 경희대는 대학의 미래보다 경희대만 보여줄 수 있는 정체성에 대한 이야기를 해야 한다. 카피를 쓰고 이런 리뷰들을 통해 다듬어가야 한다.
- 두산의 광고 "두산은 지금 내일을 준비합니다"는 두산이 무엇을 가지고 내일을 준비하는지 명확하지 않다.
- LG 광고 "옳은 미래" 또한 무슨 말을 하는지 모르겠다. 대기업 광고인데도 잘 모르겠다. 이런 기업의 광고카피를 바꾸는 것도 좋다.
- 하이닉스 광고 "변화는 안으로부터"는 광고회사에서 만든 티가 안 나는 광고다.

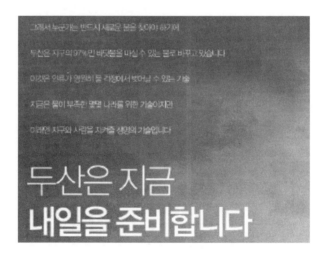

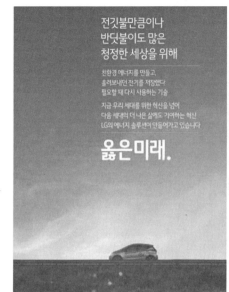

전깃불만큼이나
반딧불이도 많은
청정한 세상을 위해

친환경 에너지를 만들고,
흘려보내던 전기를 저장했다
필요할 때 다시 사용하는 기술
지금 우리 세대를 위한 혁신을 넘어
다음 세대의 더 나은 삶에도 기여하는 혁신
LG의 에너지 솔루션이 만들어가고 있습니다

옳은미래.

1초에도
수천, 수만, 수억, 수조 번씩
제 성질을 바꾸는 그 성질로
세상의 변화를 이끄는 것

사람들은 그것을
반도체라 부르고
SK하이닉스는 그것을
변화, 그 자체라 부릅니다

변화는
안으로부터

안에서 밖을 만들다

SK hynix

카피창작 솔루션, 오씨캠프

11장
상품광고의 분석

"아마추어는 '성공'을 노리지만, 프로는 '성찰'을 즐긴다."
"아마추어는 '수직선'을 높이 보지만, 프로는 '수평선'을 넓게 본다."
"아마추어는 '좋아요(Good)'에서 멈추지만, 프로는 '위대하다(Great)'까지 간다."

인사이트(Insight)

소비자(消費者, Consumer)는 상품을 '소비'해주는 사람이다. 특히 연료·에너지·시간을 소모하고, 햇반을 먹고, 콜라를 마시고, 옷을 사서 쓰는 사람이다. 사람은 상품을 물질로 소모해줄 뿐이다. 써서 없애버리는 폐기의 대상이다. 관점이 상품이 우선이고 주체다. 상품이 소비자의 생활 설계나 인생계획에 어떤 역할을 하는지는 관심이 없다. 소비자는 '생산자(producer)'의 반대이다. Consumer는 소비자, 수요자, 구매자(Purchaser, Shopper), 사용자(User)로 쓰는 게 맞다. 포괄적인 개념이다.

고객(Customer)은 상점에 물건을 사러 오는 '손님'의 뜻이다. 가게에 단골로 오는 손님이다. 소비자가 가치중립적이라면, 고객은 '단골'과 '님'이 붙은 존대어다. '장기적인 교류'와 '모신다'는 뜻도 있어 보인다. 고객은 소모해버리는 물질적인 존재가 아니다. 고객은 상품을 구매만 해주는 관계가 아니다. 고객의 인생 설계나 생활 계획에 도움이 되는 상품을 제안한다. 그래야 판매자와 고객 간의 지속적인 관계가 유지되기 때문이다. 고객은 '동반자'의 뜻으로 써야 아이디어 발상과 관점이 달라질 것으로 생각한다. 특정 고객으로 '핀셋 고객'의 뜻을 포함하고 있다고 생각한다. 고객은 내포의미가 예상고객[prospective customer(buyer)]으로 써야 합리적이다. 그래서 일본 광고회사에서는 일찍이 '소비자'보다는 '생활자'를 많이 썼다. 단어의 뉘앙스가 조금 다르다는 것이며 소통에 큰 문제는 없다.

흔히 쓰이는 '소비자 통찰(Consumer Insight)'은 소비자의 '행동 양식'과 '가치관'을 꿰뚫어보고 이를 제품과 서비스에 반영하는 일이다. 광고는 '소비자에 의한,

소비자를 위한, 소비자의' 커뮤니케이션을 실천하는 설득 비즈니스다. 모든 관심과 목표와 수단이 '소비자'에게 닿아있다. 이 발상 과정에 있는 소비자 인사이트는 어떤 특징이 있을까? 인사이트(Insight)의 '인(in)'에 맞춰 보면 다음과 같다.

인(in)은 정보(Information)이다. 정보를 봐야(Sight) 하는데 정보는 '사회흐름(Social Trend)'에 다 있다. 경제·사회·문화의 모든 세상살이가 흐르고 '사고방식과 구매 행동'을 좌우하는 '의견, 주장, 생각'이 서로 영향을 미치면서 사회는 작동하고 있다. 그 '역사의 행렬'을 잘 관찰해야 인사이트가 생길 것이다.

인(in)은 상품 '안'에 있다는 뜻이다. 상품 '안'에 있는 탄생 비화나 성분이나 연구원의 이야기를 봐야(sight) 한다. '제품의 내재적 드라마'를 발굴해서 스토리텔링을 하면 인사이트가 생길 것이다.

인(in)은 사람 '인(人)'이다. Insight는 '人sight'가 된다. 고객과 소비자를 지향하고, 그들의 속마음과 구매심리를 파악해야 한다. 인간은 복잡한 환경에서 살아가므로 이해관계가 다양하다. 페르소나(Persona)가 많고 겉모습(몸)과 속마음이 다 다르다. 그 심층심리에 흐르는 태도를 파악하면 인사이트가 생길 것이다.

인(in)은 원인의 '인(因)'이다. 원인(原因)은 어떤 사물이나 상태를 변화시키거나 일으키게 하는 근본, 유래, 연유, 까닭이다. 소비자나 고객이 가진 사고방식이나 구매심리는 다 계획이 있고 의도가 숨어있다고 봐야 한다. 그 원인이 되는 사건이나 인물을 밝히면 인사이트가 생길 것이다.

크리에이티브의 기본 원칙은 익숙한 걸 낯설게 하는 것이다. 일상에 파격과 매력을 주는 것이다. 마릴린 먼로의 코의 점처럼, 슈퍼모델 신디 크로퍼드의 입가의 점처럼 작은 것이 파격이 되고 매력이 된다.

내재적 드라마는 중요한 표현이다. 제품을 만들 때 얼마나 많은 시도와 역사가 있었겠는가. '콘택600' 감기약은 한 시대를 풍자했다. 600번 실패하고 나서 만든 감기약이다. 제품 개발의 역사가 있다. 멀리서 찾지 마시라. 제품 가까이서 찾아라. 목표 타깃 속에서 찾아라. 사회흐름 속에서 찾아라. 그 안(in)에 인사이트가 숨어있다.

내 몸에 '법' 대지 마

미투(MeToo) 운동은 페미니스트들이 주도한 사회운동이다. 여성 성추행 문제로 서울 대학로에서 시위할 때 나온 카피다. 그 안에 카피라이팅 마인드가 있는 사람이 있었던 것 같다. 우리의 마음속에 숨어있던 '집단 무의식'과 '여성관'을 시위 주제를 담고 언어교체를 통해 카피라이팅을 했다. '내 몸에 손대지 마'라는 가부장적 사회의 폐해를 우리 사회는 무덤덤하게 생각해왔다. 이를 법 개정을 통해 개선하겠다는 것인데도 여성중심의 개혁법이 되지 않기에 시위를 주도한 것으로 보인다. 여성의 목소리로 항변한다. "내 몸에 법 대지 마", '손'을 '법'으로 바꾸는데 인사이트가 생긴 것이다.

우리의 플랫폼은 웹, 모바일에 맞게 개발해야 한다. 그때도 카피라이터적인 마인드가 필요하다. 광고업계에서는 카피라이터가 필요한 게 아니라 카피라이터 마인드가 필요한 거다. 마케터에게 AP에게, 디자이너에게도 필요하다. 거꾸로 누구나 디자이너가 돼야 한다. 하나만 하려고 하면 안 된다. 카피라이터도 비주얼을 활용할 줄 알아야 하고, 디자이너 마인드도 있어야 한다. 다시 말해 경계가 없다는 것이다. 나아가서 카피라이터도 주인의식(광고주)이 있어야 한다. 지금 '몬소리' 하는가?

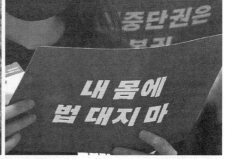

시선 잡기 1

● **티몬: 지금, 몬소리? 티모니는 알고 있다**

● **새울입고 출큰해보니 틴광님콰 같튼온**

소셜 마켓은 경쟁이 굉장히 심하다. 티몬도 소셜 마켓 중 하나인데 제일 열세다. 그래서 의외성을 주는 변칙 플레이를 할 수밖에 없다. 티몬에서 사람들이 대표적으로 옷을 많이 사니까 이와 같은 광고를 했다. 2030 중심으로 광고했고 호기심을 주어 들어오게 유도했다. 바쁜 현대인들이라도 지하철을 기다리면서 자기도 모르게 읽게 된다. 이는 매우 중요하다. 광고에 시선을 주고 광고에 머물게 하는 게 목표다. 브랜드 인지도의 저장기간이 길어지면 단기기억에서 장기기억으로 간다.

Q. 언어파괴를 해도 되는건가?

A. 언어파괴가 나쁜 게 아니다. 타깃에 맞는 언어유희다. 인쇄광고만 그런 게 아니고 TVCM에도 활용이 가능하다. 변칙 안에서 마케팅 가능하다. 소비자의 라이프 스타일에서 나온 것으로, 우리도 문자 보낼 때 이런 식으로 보내기도 한다. 이런 광고는 캠페인으로서 단기간적으로 6개월에서 1년 효과가 있다.

시선 잡기 2. SSG(쓱)

시선 잡기 3. 싫어하는 것도 존중해주세요, 싫존주의

단순한 말장난이 아니고 실존주의를 변형한 언어유희다.

시선 잡기 4. 콘돔 광고

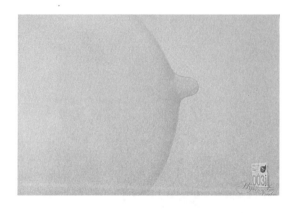

시선 잡기 5. 물 절약 광고: 물을 바코드로 표현

시선 잡기 6. 벤츠 광고

벤츠 광고는 칸느에서 대상을 받은 광고다. 다른 차들이 벤츠를 보려고 급정거해 생긴 스키드 마크가 인상적이다. 언어의 장벽을 뛰어넘었다. 볼수록 좋다.

시선 잡기 7. 집 나가면 개고생이다

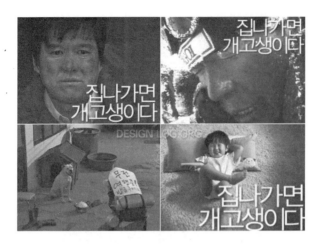

시선 잡기 8. 무풍당당(+청정당당)

'무풍당당'은 '위풍당당'을 바꿔서 표현한 것이다. 우리가 잘 아는 표현을 바꾸는 것과 더불어 우리가 잘 아는 속담을 바꾸는 것도 좋다.

224

시선 잡기 9. SK 하이닉스

반도체 칩을 태극기의 건곤감리에 대체
시켰다. 국가대표 첨단기업 이미지를 애국심
과 연동했다.

시선 잡기10. 독도광고

시의성 있게 시사뉴스를 활용했다 곤히 잠든 모습을 연상시킨다.

시선 잡기 11. 동물보호협회

의외성을 수며 상을 탄 광고다. 상어가 없어져서 편할 줄 알았는데 그런 기대
를 깨뜨렸다. 광고가 소비자의 마음을 앞서가야 한다.

시선 잡기 & 시각화: 배민, 정적이지만 움직이는 느낌(사선방향)

사선 처리 카피도 좋다. 말 바꾸기의 출발점이다. 축적의 시간이 중요하다. 질문형 카피에 생활언어를 사용하여 쉽게 이해하며 친근감을 주고 있다.

365mc 광고 디벨롭 사례

1차 '365mc'의 표현은 광고화가 덜됐다. 티몬 벤치프레임. 지방흡입술 병원이라는 것을 한눈에 알 수 있지만 주목도가 떨어지고 병원들도 광고 경쟁이 심하다. '상품미학'이 없다. 그래서 전략을 바꿨다. 외모지상주의는 사회적 비판을 받았다. 외모지상주의는 클리셰이며 부정적이다. 그럼에도 광고는 아름다워야 한다. 예쁘고 아름답고 풍족하고 넉넉해야 한다. 우리는 쪼들려도 '위대한 개츠비'처럼 화려해야 한다. 내가 살이 쪘다 하더라도 보기 싫다. 광고비를 '헛' 썼다.

이후 경쟁 PT를 통해 새 광고가 나왔다. '지방이'를 나폴레옹으로 바꿔주었다. '내 사전에 불가능은 없다.' 체 게바라, 아인슈타인, 공자, 소크라테스 등이다. '무한 시리즈 광고'가 가능하게 만들었다. '빼=365mc' 비만해결의 절대성 이론을 응용했다. 역사적인 영웅과 성현들을 패러디하고 권위주의에 대한 비판으로 친근감을 주고 있다. 친근감은 아주 중요하다. 심리적 거리를 줄였다는 것이다. 그리고 '헤드라인의 완성체'를 만들었다. 서브헤드를 달아서 보충해줬다. 지방이라는 캐릭터를 개발해 비만해결에 대해 공감하는 사람들이 쉽게 기억할 수 있는 스토리를 전달하고, SNS에서 확산시킬 수 있는 화젯거리와 감각적인 아트까지 갖춘 좋은 광고를 만들었다. 나훈아의 '테스 형'이 생각난다.

카피창작 솔루션, 오씨캠프

쥬비스 다이어트

일반적인 여성의 상품화 광고다. 그런 점에서 '365mc'의 광고는 크리에이티브 하다.

산소 같은 여자

이영애는 광고로 뜬 스타라고 할 수 있다. 전지현도 삼성프린트 광고 모델이 계기가 되어 스타 반열에 올라간 것은 마찬가지다. 다른 경쟁사가 따라올 수 없는 압도적인 우위성과 초격차로 대스타가 됐다. 앞으로는 그런 일이 잘 안 생길 것이다.

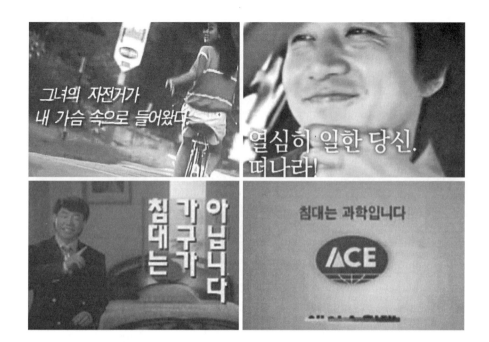

"니들이 게 맛을 알아?(롯데리아는 좋겠다)", "그녀의 자전거가 내게로 들어왔다", "침대는 과학이 아니다", "열심히 일한 당신 떠나라", "남자는 여자 하기 나름이다" 같은 명 카피들이 있다.

검색만 있고 사색이 없는 시대. 검색만 하지 말고 사색해서 발전시켜라. 은유법을 써라. 은유법(A=B)은 강제결합과 의미부여가 가능하여 새로운 관점을 생산하는 데 유용하다.

현대차의 소나타 광고 분석

1945년 제 2차 세계대전의 종전일인 8월15일에 맨해튼 타임스퀘어 광장에서 감격의 포옹을 촬영한 사진(수병과 간호사의 키스)이다. 최고의 순간포착으로 알려진 '장면 훔치기(Scene Stealer)'를 소나타 자동차의 등장과 연계시킨 발상이다. 다른 행인들은 소나타를 보고 있는 장면이 애교스럽다. 신차 광고의 혁신이라고 할 수 있다.

어린이재단 광고 분석

'사라진다'는 메시지(카피)를 전달하기 위해서
미세먼지나 유해성분으로 오염되어 보이지 않는
공기 상황을 점점 흐리게(Decresendo) 표현한 아이
디어다.

그랜드성형외과 광고 분석

'외모지상주의'의 폐해에도 불구하고 2013년대 초반기에 서울 강남권을 중심
으로 화제성 광고를 전개한 그랜드성형외과 광고 시리즈물이다. 광고목표는 치
열한 경쟁 중인 브랜드의 인지도를 올리고, 고객의 선호도와 신뢰도를 높여 진료
를 유도하는 '구매의향률'을 제고하는 것이다. '무엇을 말할 것인가?'는 생활자(예
비 고객)의 심리를 감안하는 것이 필요하다. 성형수술이니 진료수준이나 의사의 유
명도도 선택기준이 될 것이기 때문이다. '성형미인'에 대한 기본욕구에 관한 긍정
의식을 알리고, 성형의 트렌드를 반영하여 자신감을 가지고 방문하라는 소구가
효과적일 것이다. '어떻게 말할 것인가?'는 젊은 여성을 목표로 함으로 '고객의 생
활언어', '개인적인 친근감'과 '공감 생성' 등에 주력했다고 본다. 상투적인 표현(비
포/애프터 비교)을 탈피하고, 이중의미(Double Meaning)의 재미(Fun 기법)를 주는 '언어
유희'의 경쾌함을 주려고 했다. 고객심리에 숨어있는 '질투심'을 건드리면서 '반전
효과'를 잘 챙겼다. 강렬한 열정을 나타내고 시선을 잡기 위해 빨강(Red)으로 컬러
커뮤니케이션 효과를 주고 있다. 카피 내용에서도 '스토리텔링 효과'를 주기 위해,
'수다 같은 이야기'를 압축하고, 긴 수다 가운데 한 구절을 인용한 효과를 전해준
다. 마치 '리얼리티 효과' 같아 실제 수술사례나 상담을 소개하는 듯하다. 또한 '노
이즈 마케팅'으로 '개'라는 생활언어를 과감하게 사용하여 의원의 자신감이 묻어
나도록 했다. 호기심 유발과 바이럴 효과가 커 화젯거리가 되고 대화 소재로 많이
인용되기도 했다.

매체는 전철 2, 3호선의 와이드 컬러, 계단 벽면(캐노피) 광고를 중심으로 조
명광고와 액자광고를 집행했다. 버스 외부광고, 카페 진동벨, 플래시에도 집행했

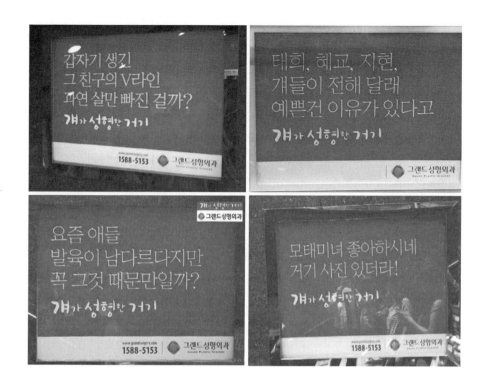

다. 지역은 성형수술 수요가 많은 서울 강남역 10번 출구 캐노피 광고, 경기도 일부에 집중했다.

한국관광공사 캠페인 '이날치'와 앰비규어스 댄스컴퍼니

2020년 전 세계인에게 한국관광 영상에 빠지게 만든 화제작이다. 전통 국악 판소리 리듬 얼터너티브 팝과 모던 룩을 가미하여 크로스오버시킨 성과다. 힙합과 K-뮤직의 혼성으로 독특한 매력을 생산하여 국악의 '현대적 재해석'의 진가를 발휘했다. 소수 지지층(Mania)을 넘어 '국악 대중화' 문제를 한꺼번에 해결한 반란이었다. 재해석이 다양한 장르에 적용된다면 문화 다양성에도 이바지할 것이다. 몇 가지 카피라이팅과 연계한 시사점을 살펴보자.

첫째, 융합이다. 소리꾼 보컬과 베이스 기타와 드럼의 이색조합이다. '한국의 리듬'을 주제로 했기에 적합한 편성이다. 악기 편성을 간결하게 하면서도 '흥'을 재현하는 데 집중했다고 한다. 둘째, 춤(무용)과 협업이다. 춤(무용)의 안무가 화려하거나 권위주의적인 동작이 아니다. 어색한 듯하지만 쉽게 따라 할 수 있게 했

다. 의상도 도깨비나 무당처럼 'B급 정서'로 심리적 거리감이 없이 감상할 수 있게 했다. 컬러나 디자인은 우리 민족의 '집단 무의식'의 뿌리에 숨어있는 것을 끄집어올린 듯하여, '거부할 수 없게' 만들었다. '기시감'인 것 같고 '미시감'인 것 같아 매력이 있다. 셋째, 스토리텔링이다. 밴드명 '이날치'는 조선 후기 8대 명창 중 한 명인 이날치의 이름에서 따왔다. '판소리 수궁가의 맥'을 이어가면서 정신적인 후원자에게서 '국악인의 소명'을 다하겠다는 의지를 천명했다고 본다. 우리의 이야기와 정체성을 지키고 발전시키겠다는 자존감은 예술인과 멤버들에게 소중한 자산이다. 고전으로서 수궁가에는 인생의 지혜와 삶의 해학을 담고 있기 때문이다. 넷째, 신세대와 구세대의 상호작용이다. 멤버는 권송희(1987년생), 신유진(1993년생), 안이호(1980년생), 이나래(1986년생)는 소리꾼 보컬이며, 장영규(1968년생), 정중엽(1983년생)은 베이스, 이철희(1970년생)는 드럼이다. 20대에서 50대까지의 인적 구성은 세대통합의 상징처럼 보인다. 재해석의 과제를 생각한다면 다양한 관점의 감성을 도입하는 데 보이지 않는 역할을 했다고 본다. 이날치 멤버들은 2018년 수궁가 모티브 음악극 〈드라곤 킹(용왕)〉 공연 이후 2019년 현대카드 주최로 단독공연 〈들썩들썩 수궁가〉에서 호흡(팀워)을 맞추었다고 한다.

　이런 해석이 가능하다면 카피라이팅에도 '융합+협업+스토리텔링+재해석'으로 콘셉트를 개발하고 카피 메시지('범 내려온다')를 작성한다면 성공예감이 가능할 것 같다. 바로 기시감과 미시감의 매력은 '낡은 것의 새로운 결합'과 같은 방법론이다.

광고카피를 잘 쓰는 구체적인 라이팅 연습

광고 크리에이터(카피라이터)는 메시지를 이슈화하고 싶고, 광고주는 상품(서비스)을 많이 팔고 싶고, 광고 대행사는 파괴적인 전략수립과 커뮤니케이션의 실행으로 매체비용을 올리고 싶고, 소비자는 생활 속의 문제를 해결하고 싶고, 사회는 올바른 광고문화를 만들어가는 지속 가능한 문화를 가진 광고시장을 만들고 싶다.

● **라이팅 연습 방법**

- 다시 한 번 보기, 광고 500편 보기, 카피 읽고 그대로 써보기.
- 신문 칼럼을 읽고 써보기.
- 장편(掌篇, Conte, 콩트)을 읽고 써보기.
- 영화를 보고 홍보 스토리를 써보기.
- 좋은 광고 있으면 카피를 꼭 써보기.
- 정확한 단어와 거의 정확한 단어 사이의 차이는 하늘과 땅 차이다. 즉, 광고화가 잘된 카피와 덜된 카피는 하늘과 땅 차이다.
- 한 번 더 검토하는 자세가 필요하다. "잘 쓴 글은 없다. 잘 고쳐진 글만 있을 뿐이다."(마크 트웨인)
- 다시 한 번 더 'Change a word, Change a world(단어를 바꾸면 세상을 바꾼다)'의 중요성을 깨닫기 바란다.

손흥민, 박지성은 축구를 잘한다. 축구를 잘하려면 기본적으로 드리블을 잘해야 한다. 카피를 잘 쓰려면 카피를 잘 따라 써야 한다. 그들도 호날두를 보고 모방해봤을 것이다. 카피 잘 못 쓴다고 좌절할 필요도 자만할 필요도 없다. 처음엔 따라 쓰면 다 잡힌다. 놀라운 일이다. 다 들리고 잡히는 게 아니다. 처음엔 들리지 않았던 게 들린다. '카피라이팅'보다 '카피라이팅 마인드'가 중요하다.

12장
광고회사의 광고

"아마추어는 '설명'하려고 하지만, 프로는 '설득'하려고 한다."

"아마추어는 '덧셈'을 하려고 하지만, 프로는 '뺄셈'을 하려고 한다."

"아마추어는 하나의 병에 '열 가지 약'을 쓰지만, 프로는 열 가지 병에도 '하나의 약'을 쓴다."

김환기 작가의 작품

김환기 작가의 2.5×2.5m의 '점화 작품'인 〈우주(Universe)〉가 홍콩 경매시장에서 최고가(약 132억 원)로 낙찰됐다고 한다. 한국 현대미술의 대가 작품 가운데 최고가 베스트 10 중에 6개가 김환기의 작품이라고 한다. '우주'는 다양하고 깊은 빛의 푸른 점·색조로 시각적 울림을 주고 있다. 마치 밤하늘의 대우주를 헤엄치고 있는 삼라만상을 응시하고 있는 듯한 착시효과도 준다. 점으로 그림을 완성하기까지 1~2년 걸렸다고 한다. 일어나서 그리고 일어나서 그렸다고 한다. 위대한 작가의 작품을 '명작'이라고 하는 이유를 알 듯하고, '스탕달 신드롬(Scandal Syndrome)'이 생각난다. 온전한 몰입으로 피와 땀과 눈물로 그렸지 않았을까 추측한다. 〈3-Ⅱ-72 #220〉는 거대 화폭 전면을 덮은 붉은색과 삼각형의 푸른색의

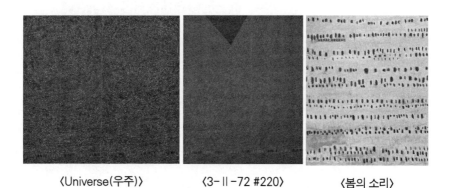

〈Universe(우주)〉　　　〈3-Ⅱ-72 #220〉　　　〈봄의 소리〉

'색감 대비'가 절묘한 아름다움을 빚어낸다. 고도의 절제미 속에서도, 그림이 메시지를 담고 있고 메시지가 그림을 연상하게 한다. 추상회화이면서도 구상화의 메시지(카피)를 인식할 수 있다고 본다.

〈봄의 소리〉는 점, 선, 면 등 순수한 조형적 요소로 한국적 보편 정서를 내밀하게 표현했다. 제목처럼 싱그러운 봄의 전령사들이 노래하는 듯하다. 절제미를 심화하면서 자연의 조형성을 청각이미지로 전환하는 듯하다.

이우환 작가의 작품

이우환 작가의 작품은 움직임이 느껴진다. 관점을 전환할 때 '동체시력'을 작동시켜야 할 것 같다. 여백이 가득한 화면 위에 점들이 진해졌다가 흐려졌다가를 반복하고 있다. 간격은 조금씩 다르지만, 미묘한 규칙을 가지고 있는 듯하다. 〈점으로부터〉, 〈선으로부터〉 시리즈는 반복이 계속되면서 차이가 만들어지는 과정을 보여주고 있다. 복잡적응계의 프랙탈(Fractal)처럼 '새로운 질서'와 '무한'을 경험하게 한다. 착시가 일어난다. 의도적인 일방향성이면서 위아래를 바꿀 수 있는 양방향성이다. 붓은 내렸는데 그림은 올라간다. 이중성이다. '정·중·동'의 교감이 살아있는 느낌이 든다. 정사진인 미술작품에서도 동영상을 느낄 수 있다. 카피라이터는 '영감'과 '체험'을 얻기 위해 다양한 전시회나 영상을 봐야 한다. 매일 스마트폰을 보는 인류를 '포노 사피엔스'라고 한다. 경험을 위해서라면 좋지만 '사색'의 과정을 잊지 않아야 한다.

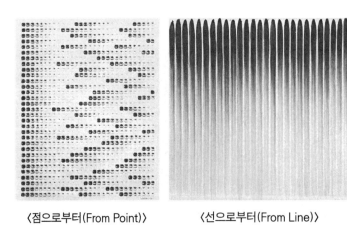

〈점으로부터(From Point)〉   〈선으로부터(From Line)〉

르네 마그리트(Rene Magritte, 1898-1967)의 '데페이즈망'

'화가'보다 '생각하는 사람'으로 불리기를 원했던 초현실주의자 마그리트는 항상 새로운 시선으로 세상을 바라보았다. '데페이즈망(Dépaysement)' 기법으로, 친숙한 대상들을 예상하지 못하는 결합(Unexpected Connection)으로 배치한다. 데페이즈망은 초현실주의 발상과 표현기법이라고 할 수 있다. '일상적 관계'를 '이상한 관계'에 두는 것이다. '낡은 것의 새로운 결합'과 같다. 매일 보던 '상식의 맥락'에서 못 보던 '비상식의 맥락'에 배치함으로써 기이한 '낯설게 하기 효과'를 보여준다. 이를 통해 '상식을 파괴'하고 '사고의 일탈'을 유도한다. 하늘에서 양복을 입은 사람이 쏟아진다든지('골콩드'), 중력을 이겨내고 공중부양 한다든지('피레네의 성'), 밤낮이 공존한다든지('빛의 제국') 등이 대표적이다. 르네 마그리트가 그린 세계는 분

명히 낯설어 보이지만 거부감이 없고 '신기성(Wow)'에 취하게 만든다. 대중들은 고정관념을 벗고 자유로운 생각의 반전에서 '개념 발견의 미학'을 느끼게 된다. 첩보영화에서 주인공이 '살인면허'를 가진 것처럼 '창의성 허용(Creative license)'으로 수용하기 때문이다. 드디어 누가 봐도 파이프인 것을 "이것은 파이프가 아닙니다" 라고 적어놓은 미술이 나온다. 빅 크리에이티브(Big Creative)의 충격과 대반전이 카피라이터의 상상력을 자극한다. 시인 로트레아몽이 '데페이즈망'의 힘을 말했다.

> "재봉틀과 우산이 해부대 위에서 우연히 맛난 것처럼 아름답다."

데페이즈망은 생활 주변에 있는 대상들을 사실적으로 묘사하고 그것과는 전혀 다른 요소들을 작품 안에 배치하는 방식이다. 일상적인 관계에 놓인 사물과는 이질적인 모습을 보이는 초현실주의의 발상법이다. '크기'를 전달하기 위해 작은 화분을 확대해서 표현하고 있다. 고객과 비례관계를 설정하여 진정으로 실물 크기임을 강조하여 표현 콘셉트를 강화시키고 있다. '낯설게 하기'기법도 포함하여 충격효과가 큰 데페이즈망 발상법이다.

'개념미술' (Conceptual Art)

《하나이면서 셋인 의자》(One and Three Chairs)는 1965년에 미국의 조셉 코수스(Joseph Kosuth, 1945-)가 만든 작품이다. 의자 하나, 의자 사진 하나, 그리고 사전에서 말하는 '의자'라는 단어의 정의로 구성된 작품으로, 개념미술의 대표적인 사

례다. 의자 사진은 전시실에 설치된 모습의 실제 의자를 찍은 것이므로, 전시 공간에 따라 작품도 매번 바뀐다. 개념 미술가들은 기존의 예술계가 '이것이 예술이다'라고 분명한 기준을 내린 것에 반발하여, '예술은 무엇인가'라는 근원적인 질문을 던진다. 작품의 생산보다는 작품을 '기획하는 과정'을 중요시한다. 개념미술은 시각적인 대상보다는 그 대상을 바라보는 관념, 즉 작품의 의도나 개념, 아이디어가 가장 중요하다고 생각한다. 자기가 만들 작품의 개념을 먼저 잡고 기획하여 '완성'한 뒤, 작품을 본 관객들이 새로운 관점에서 다시 생각하게끔 의도하는 식이라는 것이다. '예술과 문화는 미(美)와 양식이 아니라, 언어와 의미의 집합체'라고 주장한다.

창작은 '제작'의 의무에서, 작품은 '재료'의 감옥에서, 수용은 '지각'의 관례에서 해방됐다. 미술작가의 역할이 달라졌다. 새로운 이미지를 창조해내는 게 아니라, 원래 있는 것에 '새로운 의미를 부여'하는 게 미술작가의 새로운 역할이라는 것이다. 오늘날 '콘셉트'는 예술의 영역을 넘어 삶의 모든 범위에서 사용되는 일상 용어가 되어버렸다. 콘셉트 개념과 4단계 사고법에서도 '의미'와 '가치'를 부여하는 것이라고 했다.

광고 카피라이터의 '발상과 표현법'도 이런 예술사적 작가들의 독창적 감성과 개념을 배우고 익혀 현장에서 '발견의 기쁨'을 만끽해야 하지 않을까 생각한다. 카피라이터가 '카피 라이팅'을 할 때도 브랜드를 '사색'하고 카피를 '뇌고'하고, 또 '사색'하고 '뇌고'하는 '생각(Think) 99%'의 일상을 살기 때문이다. 카피라이터의 본질을 심화시키기 위해서라도 한 번쯤 감상하면 좋겠다. 자기 정체성(Identity)을 찾아가는 과정이기 때문이다. 광고회사는 자기 정체성을 전달하는 표현을 어떻게 할까? 대행사에서 광고할 때는 TF팀이 구성된다. 그 회사의 최고의 크리에이티브이다. 룰을 바꾸면 새로운 뉴스를 만든다.

TBWA 광고회사의 글로벌 캠페인

- '나침반, 사전 색인' 광고는 TBWA 광고회사의 글로벌 캠페인이다. 고정 관념을 깨는 크리에이티브 회사를 강조했다. ❶
- "오빠 회사에서 무슨 일 해? 카피 맞는데"는 생활언어로 쓴 국내 로컬회사에서 만든 광고다. ❷
- "찌릿찌릿한 마케터, 일곱 명만 뽑습니다"라는 카피 발 비주얼 착의 대표 광고이다. 낚시의 찌처럼 '민감한 센스'가 요구되는 마케터의 요건을 강조하고 있다. 광고행사의 사원모집 광고다. ❸
- "예리한 AE 일곱 명만 뽑습니다"는 면도날을 대각선으로 표현해 '동감(動感)'을 준다. 7명과 날카로움을 통합한 '객관적 상관물'로 면도날을 둔 게 핵심이다. 비주얼을 어떻게 표현하느냐를 벤치마킹할 수 있다. 군더더기 없다. 특별한 의미부여도 하지 않는다. 무엇을 기억시킬 것인가를 잘 천착했다. ❹
- "뾰족한 카피라이터 다섯 명만 뽑습니다." 앞의 광고와 같은 시리즈지만

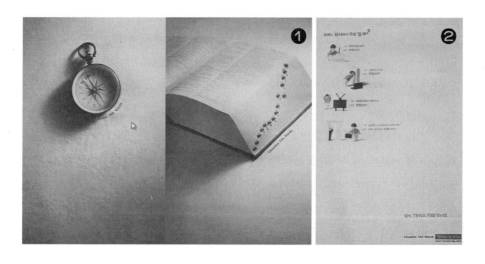

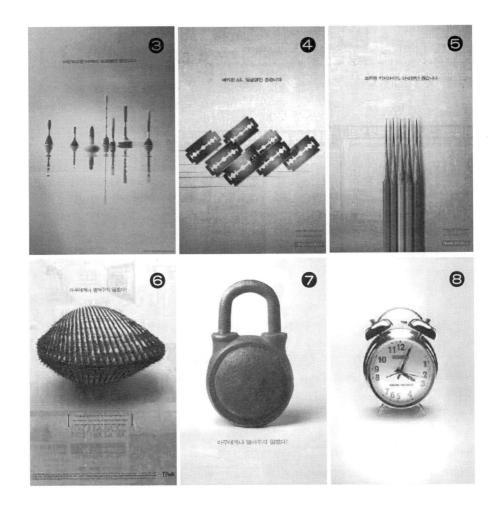

내용이 다르다. '뾰쪽하다'라는 콘셉트를 연필로 표현한 게 압권이다. 빼빼로 '천천히 걷는 길' 시리즈에 힘이 생기려면 이렇게 해야 한다. ❺

- "아무에게나 열어주지 않겠다." 입을 꼭 다문 '조개'로 비주얼 착을 했다. '아무에게도 열어주지 않는다'를 연상할 수 있는 오브제(객관적 상관물)는 횟집 조개가 아니라 갯벌에서 갓 잡아온 듯한 조개다. '카피 발, 비주얼 착'의 시리즈 광고다. 아마추어는 조개 주변에 갯벌 배경을 넣었을 것이다. 광고의 고전은 그냥 오브제를 가지고 오면 된다. 소비자는 광고에 참여(Engagement)하여 스스로 해석할 줄 안다. '광고적 허용'도 포함한다. ❻

- 시리즈를 강조한다. 같은 시리즈로 한다면 뭐가 나오겠는가? 비주얼로 '녹슨 자물쇠'다. 최신 자물쇠 말고 오래된 자물쇠가 열리지 않는다. "아무에게나 열어주지 않겠다!" 카피가 어렵지 않다. 생활 속에서 쓰는 편

안한 말이다. 인위적인 조작이 아니고, 일부러 만들려고 하지 않았다. 가공하지 않았다. 디지털 시대에 더 중요한 것은 '진정성'이고 '사실충실성(Factfullness)'이 공감의 원천이다. ❼

- 시계를 변형시켰다. 굉장히 뛰어난 크리에이티브다. 회사가 주장하는 광고 콘셉트인 '룰을 깨라'를 시계에 대입시켰다. 세상살이의 모든 사물을 가져와서 아무거나 바꾸거나 변형시키면 일단 크리에이티브의 요건을 갖춘 것이라고 생각하면 좋다. '광고 크리에이티브? 그렇게 어렵지 않아요.' ❽

단절을 넘어

'단절을 넘어(Beyond Disruption)'는 TBWA 광고회사의 '기업 철학'이다. 광고회사답다. 현대 디지털 시대인 지금은 크리에이티브를 위해 규칙(Rule)을 넘어 단절로 가야 한다. 'Beyond'는 예술작가의 주제어이기도 하다. 한국의 대표 작가 김환기의 '주제의식'이기도 하다. '하나의 핵심어'(Key Word)를 우주의 별자리 순환으로 표현했다. 광고 크리에이티브 방법론과 유사하다고 생각한다. 하나의 콘셉트가 우주로, 우주 앞에선 인간으로, 하나의 세계로 넘어갔을 때 만들 수 있는 크리에이티브 작업이다. 작가가 우주를 관조했듯이 관람객이 작품을 관조하게 만든다. 'blue'의 오묘함이 더해진다.

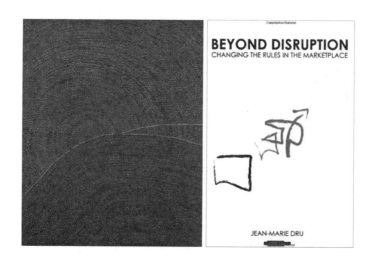

금강기획

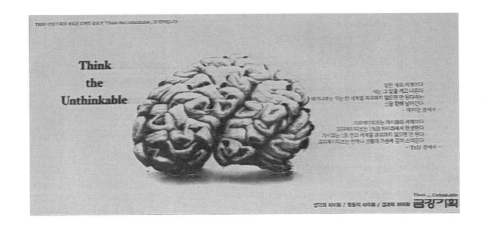

- '생각할 수 없는 것을 생각하라(Think the unthinkable).' 책은 사람이 만들고 사람은 책을 만든다. '낡은 것의 새로운 결합'이라는 낯설게 하기가 창의성의 기본이다. 강제결합을 두려워하지 마라.
- 계란이 부화할 때 병아리가 안에서 깨면, 밖에서 어미 닭이 깨줘야 한다(줄탁동시). 좋은 멘토, 교수, 선배 등과 항상 상의하고 리뷰를 해야 한다. 리뷰를 하면 항상 좋은 게 나온다. 생각할 수 없는 걸 생각할 수 있는 기회로 삼아야 한다.
- 헤드카피는 시선을 잡아주면 된다(아이캐치). 설명은 아래 써서 읽게 하면 된다.
- "광고에서 진실을 빼면 남는 건 껍데기 아니오?" 이처럼 도발적인 카피를 써도 좋다.
- 중간이 다 필요한 건 아니다. 카피를 썼지만 비주얼을 위함이다. 구체적인 내용은 알 필요 없다. '금강기획은 진실을 잘 전달하는 모양이네' 하고 생각하게끔 하면 된다.
- "15초는 거짓말을 하기에는 너무 짧은 시간입니다." 일종의 미끼다. 시선 잡기다. 시선을 잡기 위한 전략이다.
- "오리엔테이션", "프리젠테이션." 오리엔테이션 때 복잡한 심정이 프리젠테이션 때 쓸모 있게 된다. 실타래, 이어폰 같은 걸로 대체될 수도 있다.
- "시력과 시각의 차이." 차이를 보여주려고 애쓰지 않아도 된다. 시력에 관

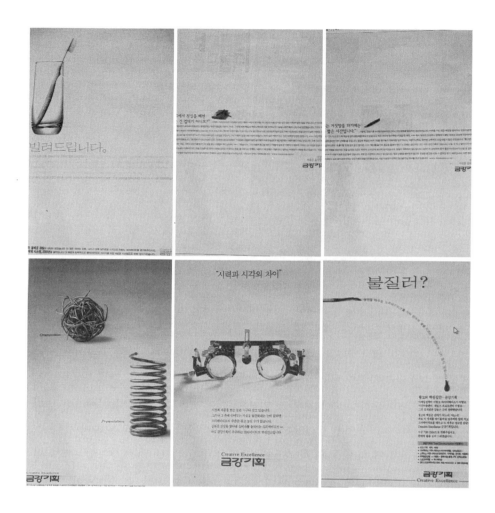

련된 상관물만 보여줘도 된다.

- "불 질러?" 성냥뿐 아니라 라이터, 촛불이라도 상관없다. 궁금증을 유발한다. 대행사 광고 스타일은 이렇다.
- "길이 없으면 만들어간다." 일상적인 생각을 하지 않겠다는 의미다. 그림은 마음대로 바꿀 수 있다. 이 비주얼은 중요성이 덜하다. 얽매이지 말고 이 카피가 무엇을 의미하는지 비주얼로 표현해주면 된다.
- "8할 7푼 3리." 광고 성공률, 이건 거짓말이다. 일반 판매 물건이 아니니까 거짓말해도 상관없다. 잘해봐야 50% 정도 성공률이다.

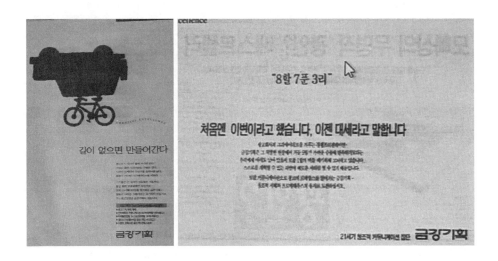

대홍기획

- 시선 잡기(Eye Catching)인데 '이러지 않을까' 하고 보고 들어오는데 학습의 힘이 없다.
- "Tool" 광고는 정제되고 깊이 있는 크리에이티브와는 다르다. 우리는 광고를 만드는 데 급급한데, 그러지 말고 소비자들에게로 가라. 소비자들의 목소리를 갖고 오면 효과를 볼 수 있다. 헤드라인에서 다 담고 있는 비주얼을 사용하면 카피나 비주얼을 봤을 때 누구나 자기 지식수준으로 들어온다. 그다음에 비주얼 카피를 담으면 좋아진다.
- "한국 사람들" 광고는 좋은 광고가 아니다. 헤드라인을 그대로 비주얼로, 비주얼을 그대로 헤드라인으로 만든 광고는 좋은 점수를 못 받는다.

오리콤

비주얼 중심으로 시각 효과를 주고, 오리콤의 '오'를 연상시키는 감탄사를 사용하고 있다.

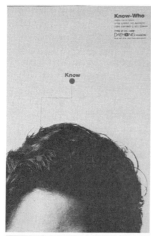

카피창작 솔루션, 오씨캠프

첨언: 카피라이터의 디저트

"아마추어는 '운명'을 믿지만, 프로는 '소명'을 믿는다."
"아마추어는 '최선을 다했다(Best)'에 멈추지만, 프로는 '더 좋은 게 있다(Better)'를 찾는다."
"아마추어는 '외부(적)'에서 성패 요인을 찾지만, 프로는 '내부(나)'에서 성패 요인을 찾는다."

빠른 시일 안에 광고 10,000편 보기

프랑스 칸 국제광고제에서 심사위원으로 활동했을 때, 8박 9일 동안 광고를 4,000여 편을 본 것으로 기억한다. 그래서 칸 국제광고제에 참석하고 돌아오면 1년 아이디어 농사가 끝난다고 말했다. 그만큼 많은 광고를 숙고해서 보면 아이디어 원천 자료를 참고하여 새로운 아이디어를 쉽게 생산해낼 수 있었다는 뜻이다. '인풋이 있어야 아웃풋이 있다'는 경험법칙이다. 이렇게 집중해서 광고를 강제적으로 볼 수 없는 예비광고인은 어떻게 할 것인가. 빠른 시일 안에 광고 10,000편을 보는 것이다. 15초짜리 TVCM을 기준으로 하면, 1분에 4편, 하루에 1시간을 투자하면 240편을 볼 수 있다. 일주일이면 1,680편이다. 6주일이면 10,000편을 보게 된다. 앞으로 광고창작 관련 업무를 평생직업으로 30년 이상 할 예비 크리에이터라면 이 정도의 시간을 조기에 투자하지 않을 이유가 있겠는가. 시작이 반이라고 했으니 지금 당장 실행해야 할 것이다. 영화인이 되고 싶으면 각종 장르의 영화를 수백 편 보듯, 소설가 지망생이라면 소설을 수백 편 읽고 쓰듯이 광고인이 되려면 꼭 광고를 10,000편 이상 봐야 한다. 재미있는 광고를 보면 광고를 보는 눈이 높아지고 스스로 바꿔보고 싶은 욕구가 생긴다. 이 과정 하나하나가 광고 한 편을 만드는 실습을 한 것이 된다. 이는 전문가가 되려면 10,000시간을 투자해야만 한다는 아웃라이어 원칙과 일맥상통한다고 본다. 거의 10년의 시간인 10,000시간에 비하면 충분히 투자할 만하지 않은가.

처음 카피라이터에 입문하면, 선배 카피라이터가 헤드라인을 쓰거나 초안을 작성한다. 신입사원은 일부 수정하고 정서를 했었다. 이런 일이 매일 되풀이된다. 한 자 한 자를 정서해가며 곱씹으면서 선배 카피라이터의 숨결, 리듬, 문체를 흡수하는데 몰두했었다. 훌륭한 광고 캠페인의 콘셉트와 아이디어를 비평하고 분석하면서 **자가학습**이 이루어지고, 차곡차곡 아이디어 뱅크에 크리에이티브 파워가 누적되면서 '광고의 명인(Master)'이 되는 것이다.

우리가 즐겨 보는 TVCM의 프로그램 광고에는 20여 편이 나온다. 개그콘서트류의 과장법으로 전개한 아이디어도 있고, 이중의미, 언어유희(Pun), 연상효과 등을 이용하여 새로운 즐거움을 창출하고 있다. 지하철 광고나 신문광고의 메시지(카피)를 바꿔보고 공모전에 참가하면서 이런 기법을 응용하여 광고 크리에이티브를 창작해보는 과정을 즐기는 것부터 시작하면 된다. 그러면 아이디어 발상이 어렵다는 사람은 없을 것이라고 확신한다. '시간은 흘러가는 게 아니라, 쌓이는 것'(산토리 위스키)이기 때문이다.

학이시습(學而時習)

《논어(論語)》맨 첫머리에 이 말이 쓰인 것은 '삶의 기본'이라는 특별한 의미를 강조한 게 아닐까. 원문은 '學而時習之不亦說乎(학이시습지불역열호: 배우고 때로 익히면 또한 기쁘지 아니하냐)'이다. 듣고 보고 알고 깨닫고 느끼고 공부한 것을 기회 있을 때마다 실지로 그것을 연습해보고 실험해본다는 뜻이다. 그렇게 해서 배우고 듣고 느끼고 한 것이 올바른 내 지식이 될 수 있으며 자기 수양이 될 수 있고, 갈고 닦아서 인격을 이루게 되고 나중에 새로운 결과물을 만들게 된다는 말이기 때문이다. 학(學)은 지식의 전달이요, 습(習)은 생산의 문제다. 학은 교수의 연구요, 습은 교육과 창작의 문제다. 공부하면 지식의 전수이고 생산하면 연구요 성과(Performance)다.

글 짓는 데 무슨 별법(別法)이 있나? 그저 수긋하고 '삼다(다독, 다작, 다상량)' 하면 그만이라고 하던 시대도 있었다. 지금도 생이지지(生而知之)하는 천재라면 오히려 삼다의 방법까지도 필요치 않다. 그러나 배워야 아는 일반인에게 있어서는, 어느 정도의 과학적인 견해와 이론, 즉 작법이 천재에 접근하는 유일한 방도가 아닐 수 없을 것이다.

명필 완당 김정희는 "사란 유법불가 무법역불가(寫蘭 有法不可 無法亦不可), 난초를 그림에 법이 있어도 안 되고, 법이 없어도 또한 안 된다"라고 했다. 그래서 벼루 10개의 밑창을 뚫도록 쓰고 쓰고 또 썼다고 한다. 명필은 그렇게 완성됐다(《완당 평전》). 요즘 화두로 말하면 자기만의 방법론과 의지를 가지고 우공이산(愚公移山)의 집념을 가지면 광고 크리에이터의 꿈은 이룰 수 있다. 주위를 살피지 않고 '미움받을 용기'를 가지기 바란다. "무소의 뿔처럼 혼자서 가라", 그렇게 갈 수 있으면 꼭 성취하게 될 것이다.

천의무봉(天衣無縫)

천사가 지은 비단 옷은 바느질 자국이 없는 완벽한 의상이라는 뜻이다. '좋은 글'도 군더더기가 없고 매끈해야 되지 않을까. 좋은 글이란 사람을 취하게 하는 동시에 깊은 생각에 잠기게 한다(스티븐 킹, 《유혹하는 글쓰기》). 좋은 글은 기술이 아니다. 손끝에서 나오는 재주가 아니다. 마음으로, 눈물로, 땀으로, 때로는 피로 쓰는 것이 좋은 글일 것이다. 글은 곧 그 사람의 사상이고 혼(魂)이라고 한다. 방탄소년단(BTS)도 〈피 땀 눈물〉을 노래했다. 영국의 수상 처칠도 전쟁 중에 자신의 '피, 수고, 눈물, 땀'을 약속했다. 그래서 광고창작도 글쓰기에서 출발하기에 수많은 퇴고를 거듭하고 소비자 심리와 사회 트렌드에 이어지면서 끊임없이 새로움(Creative)을 창안하고자 하는 땀과 눈물의 진정성이 필요하다.

"20년 동안 말을 써왔다고 충분히 카피를 잘 쓸 수 있다고 생각할 수는 없다. 그 말들이 정말 살아있다고 할 수 있을까? 진부하고 경솔한 말투, 시대에 맞지 않는 단어, 무책임한 상투어가 얼마나 많은가. 짧은 카피에 반복되는 어휘가 또 얼마나 많은가? 이것도 '언어의 폭력'이다. 생각을 말로 다 한다는 것은 정말 어렵다."(일본 하쿠호도 C.W.)

광고 크리에이터(카피라이터)는 '적자생존의 인생'이다

적자생존은 다윈의 《종의 기원》에 나오는 말이다. 생물이 생태계에 살아남기 위해서는 그 환경에 적응하고 진화해야 한다는 것이다. 이 '적자생존'을 광고적인 다중의미로 해석하면 다음과 같다. 비록 견강부회이고 말장난처럼 들리겠지만 자의적 뜻풀이를 해본다. 먼저 '적자'의 재해석이다. 네 가지로 볼 수 있다.

첫째, 환경변화에 잘 따르고 잘 맞아 적응력(適應力)이 뛰어난 광고인만이 살아남는다. 둘째, 의뢰인의 요구와 소비자의 욕구를 만족시키는 적합(適合)한 광고를 만들어야 한다. 셋째, 메모지에 아이디어를 적고(Writing) 메시지를 쓰는 사람만이 체계적으로 생각하면서 쓰니까 살아남는다. 넷째, 문제의식을 갖고 그 문제를 해결하겠다는 '붉을 적(赤)'(열정)을 가진 사람이 환경변화에 도전하고 혁신을 주도하니까 살아남는다. 이에 더하여 '생존'의 의미를 개인적 소견으로 덧붙인다면, '생각한다, 고로 존재한다'의 앞글자를 딴 축약어가 '생존'이 되지 않을까 한다. '소비한다, 고로 존재한다'는 현대인을 설득하는, 콘셉트(Concept)를 개발해야 하는 크리에이터의 생활을 빗대어 보았다. 소비자를 생각하는 '광고인의 상(像)'이고, 크리에이터(카피라이터)의 자질이다. 그래서 광고 크리에이터는 '적자생존의 인생'이다(오창일,《콘셉트의 에너지 법칙》).

참고문헌

권오윤 외(2019). 검색광고의 이해. 한울아카데미.

권오현(2019). 초격차. 썸앤파커스.

김동규(2017). 광고카피의 탄생 1. 한울아카데미.

김병희(2007). 광고카피창작론. 나남.

_____(2008), 광고 크리에이티브에 관한 연구경향과 연구과제, 광고연구(2008. 12).

_____(2018). 광고와 PR의이론과 실제. 학지사.

김영석(2019). 설득커뮤니케이션. 나남.

김정현(2003), "광고표현요소의 커뮤니케이션 효과에 관한 연구", 광호학연구, 제14권 2호.

김철민(2001), "광고 아이디어 발상과정에 대한 체계적 접근 모형: 개인수준의 아이디어 발상을 중심으로". 한국심리학회지.

김현정 외(2020). 스마트 광고기술을 넘어서. 학지사.

류진한(2012). 슬로건 창작의 기술. 한경사.

마샬 벤 엘스타인 외 지음, 이현경 옮김(2019). 플랫폼레볼루션. 부케.

서울예대(1981). 리듬 시간 공간. 서울예대 출판부.

_____(1983). 시간 공간 창조(특수연구 2집). 서울예대출판부.

_____(2018). 서울예대 발전전략 2025 보고서.

손별(2011). 카피 없는 광고. 커뮤니케이션북스.

오창일(2005). 광고크리에이터 필독서. 북코리아.

_____(2006). 광고창작실. 북코리아.

_____(2011), "광고 크리에이티브 디렉터의 발상유형 연구: 애드버타이징 모델의 행위자를 중심으로 한 질적 연구", 한양대학교 박사학위 논문.

_____(2012a). 광고 크리에이티브 디렉팅 모델론. 디자인학연구.

_____(2012b). 킹카 교실. 북코리아.

_____(2016). 콘셉트의 에너지 법칙. 커뮤니케이션북스.

_____(2020). 광고창작 솔루션, 만세 3창. 북코리아.

유건식(2019). 넥플릭소노미스. 한울아카데미.

조병량 외(2010). 광고카피의 이론과 실제. 나남.

주디스 윌리암슨 지음, 박정순 옮김(2007). 광고의 기호학. 커뮤니케이션북스.

천현숙(2010). 카피라이팅의 원리와 공식. 커뮤니케이션북스.

한스 로슬링 외 지음, 이창신 옮김(2019). 팩트풀니스. 김영사.

허버트 제틀 지음, 박덕춘 옮김(2016). 영상제작의 미학적 원리와 방법. 커뮤니케이션북스.

Julia Cameron(2016). Artist's Way. tarcher perigee

Ralf Langwost(2004). How to Catch the Big Idea. Publicis KommunikraionsAgentur GambH.

United Technologies Corporation 지음, 신해진 옮김(1993). 카피, 카피, 카피. 한겨레.

www.naver.com (지식백과).

www.google.com (학술검색).

카피창작솔루션, 오세캠프

부록 1: 국내 광고회사 상위 20개사 슬로건

기준: 2020년 광고계동향 3~4월호

구분	회사명	슬로건
1	제일기획	We create connected experiences that matter.
2	이노션월드와이드	Discover innovative power in you.
3	HS애드	The difference (Discovery / Digital / Detail).
4	대홍기획	We are a data-driven total marketing solution company.
5	SM C&C	We make you entertaining.
6	퓨처스트림네트웍스	Make a better connection with digital technology and creative.
7	TBWA코리아	The disruption company.
8	레오버넷	Creativity has the power to transform human behavior.
9	맥켄에릭슨	Truth well told.
10	오리콤	IMC idea group.
11	한컴	Excellence in creative brand communication.
12	차이커뮤니케이션	Creativity / Human-centric / Advancement / Integration.
13	모투스컴퍼니	Strategy creative media plan.
14	DDB코리아	Results, Driven through business creativity.
15	키스톤마케팅컴퍼니	24시간 On, 멈추지 않는 디지털 브랜딩 시계.
16	엘베스트	Leading communication partner.
17	BBDO코리아	The work. The work. The work.
18	상암커뮤니케이션즈	Restart Sangam.
19	하쿠호도제일	가장 세계적인, 한국적인 광고회사.
20	농심기획	Smile together.

부록 2: 글로벌 광고회사 상위 20개사 슬로건

기준: 2018년 건 리포트 선정 톱 에이전시 네트워크 순위

구분	회사명	슬로건
1	BBDO Worldwide	The work. The work. The work.
2	Macann World Group	We help brands play a meaningful role in people's lives.
3	Ogilvy & Mather	브랜드의 가치를 가장 높이 평가하는 사람들에게 최고로 평가받는 대행사가 되는 것.
4	DDB	We believe creativity is the most powerful force in business.
5	Leo Burnett	Creativity has the power to transform human behavior.
6	TBWA Worldwide	The disruption company.
7	J. Walter Thompson	We inspire growth for ambitious brands.
8	VMLY & R	Global brand and customer experience agency.
9	Saatchi & Saatchi	Nothing is impossible.
10	Wieden + Kennedy	An independent creative network.
11	Havas Worldwide	Making a meaningful difference to brands, businesses, and people.
12	Publicis Worldwide	Lead the chacge.
13	Dentsu	Good innovation.
14	FCB	Never finished.
15	Cheil Worldwide	We create connected experiences that matter.
16	The North Alliance	We create new paths to growth.
17	Gery Group	Creativity solves business problems.
18	R/GA	Transformation at speed.
19	Serviceplan	House of comunication.
20	Droga5	We solve problems through creativity and collaboration.

부록 3: 국내 기업 상위 50개사 슬로건

기준: 2020년 공정거래위원회 발표

구분	회사명	슬로건
1	삼성	새로운 미래 창조.
2	현대자동차	New thinking. New possibilities.
3	SK	OK! SK.
4	LG	Life's Good.
5	롯데	함께 가는 친구, 롯데.
6	포스코	The power of with.
7	한화	지속 가능한 내일.
8	GS	모두가 선망하는 Value No.1 GS.
9	현대중공업	Global Leader, 미래를 개척하는 현대중공업.
10	농협	함께하는 100년 농협.
11	신세계	고객의 행복한 라이프스타일과 지역사회의 발전을 추구하는 가치 창조 기업.
12	KT	당신의 초능력, 5G.
13	CJ	문화를 만듭니다, CJ.
14	한진	대한민국 수송 산업의 역사는 곧 한진그룹의 역사.
15	두산	두산은 지금 내일을 준비합니다.
16	LS	함께하여 더 큰 가치를!
17	부영	사랑으로.
18	대림	기본을 지켜 혁신을 이루다.
19	미래에셋	Permanent Innovater 미래에셋.
20	금호아시아나	아름다운 기업, 금호아시아나.
21	S-OIL	Create the new era, S-OIL.
22	현대백화점	고객을 행복하게, 세상을 풍요롭게.
23	카카오	"Connect everything" 새로운 연결, 더 나은 세상.
24	한국투자금융	Leading financial group in Asia.
25	교보생명보험	상품 채널 혁신 NO.1 생명보험회사.
26	효성	Connected beyond.

구분	회사명	슬로건
27	하림	Farm to table.
28	영풍	대한민국 기간산업의 프라이드, 세계 속의 영풍입니다.
29	대우조선해양	신뢰와 열정(Trust & Passion).
30	KT&G	Korea Tomorrow and Global.
31	HDC	더 나은 삶에 대한 믿음.
32	KCC	소재로 세계로 KCC.
33	코오롱	Lifestyle innovator.
34	대우건설	Build together.
35	OCI	Creates elements for a better world.
36	이랜드	Everyone's Land.
37	태영	Life value creator.
38	SM	약속 지키는 문화.
39	DB	Dream Big.
40	세아	세상을 아름답게.
41	네이버	세상의 모든 지식, 네이버.
42	넥슨	두근두근 넥슨.
43	한국타이어	행복을 향한 드라이빙.
44	호반건설	마음을 다하여 행복을 짓습니다.
45	셀트리온	전 세계 우수의약품 공급을 통한 인류의 건강과 복지 증진의 가치 실현.
46	중흥건설	고객중심 커뮤니티, 첨단시스템, 특화.
47	넷마블	강한 넷마블.
48	아모레퍼시픽	A More Beautiful World.
49	태광	The Global Innovator.
50	동원	새로운 가치를 창조하는 사회필요기업, 동원그룹.

부록 4: 글로벌 기업 상위 50개사 슬로건

기준: 2020년 글로벌 브랜드 가치 순위(브랜드 파이낸스 선정)

구분	회사명	슬로건
1	Amazon	Work hard, Have fun, Make history.
2	Google	Do the right thing.
3	Apple	Think different.
4	Microsoft	Be what's next.
5	Samsung Group	Inspire the world, create the future.
6	ICBC	Integrity leads to prosperity.
7	Facebook	Bring the world closer together.
8	Wallmart	Save meney, Live better.
9	Ping An	Safe and well.
10	Huawei	Make it possible.
11	Mercedes-Benz	The best or Nothing.
12	Verizon	Can you hear me now? Good.
13	China Construction Bank	Builds modern living.
14	AT & T	Your world. delivered.
15	Toyota	Today tomorrow toyota.
16	State Grid	Trust Worthy. Sincere. Credible. Responsible.
17	Disney	To make people happy.
18	Agricultural Bank of China	Helping you grow.
19	WeChat	The new way to connect.
20	Bank of China	Excellence for You.
21	The Home Depot	How doers get more done.
22	China Mobile	Reaching out from the heart.
23	Shell	You can be sure of shell.
24	Saudi Aramco	Where energy is opportunity.
25	Volkswagen	Das auto.
26	Youtube	Broadcast yourself.
27	Tencent QQ	Largest chat community in the world.

구분	회사명	슬로건
28	Starbucks	To inspire and nurture the human spirit – one person, one cup and one neighborhood at a time.
29	Wells Fargo	Together we'll go far.
30	BMW	The ultimate driving machine.
31	Deutsche Telekom	Life is for sharing.
32	Moutai	Only make the best.
33	PetroChina	Caring for energy, caring for you.
34	Coca-Cola	Life tastes good.
35	Mitsubishi Group	Drive your ambition.
36	McDonald's	I'm lovin' it.
37	Taobao	To the greatness of small.
38	NTT Group	Trusted global innovator.
39	Bank of America	Bank of opportunity.
40	Nike	Just do it.
41	Porsche	There is no substitute.
42	Sinopec	Smart energy, Smart life.
43	IBM	Think.
44	CITI	Live richly.
45	Honda	Power of dreams.
46	Marlboro	Marlboro country.
47	Deloitte	Always one step ahead.
48	Chase	The right relationship is everything.
49	Tmall	You won't be disappointed.
50	UPS	What can brown do for you.